GOLDMANN
ARKANA

D0869497

Buch

»Die meisten Scheidungen sind überflüssig«, glaubt Eva-Maria Zurhorst, die aus ihrer Erfahrung als Beziehungscoach reichlich Einblick hat in den Frust und das zermürbende Alltagshickhack vieler Paare. In einer Zeit, in der fast jede zweite Ehe geschieden wird, ist diese Ansicht nicht gerade trendy. Doch die Autorin räumt gründlich auf mit der Erwartung, beim nächsten Partner bzw. der nächsten Partnerin werde alles anders. Beim nächsten Mal trifft man nämlich über kurz oder lang wieder auf dieselben Probleme. Anhand zahlreicher prominenter und anonymer Beispiele macht Eva-Maria Zurhorst deutlich, woran es eigentlich hakt, wenn vom Anfangsglück einer Partnerschaft nicht mehr viel übrig bleibt außer Enttäuschung, Ärger und Wut.

Die Autorin zeigt, wie wir die Partnerschaft als Entwicklungsweg nutzen können. Denn eine tiefe Beziehung und Liebe sind gerade dort möglich, wo wir die Hoffnung vielleicht schon aufgegeben haben. Dieses Buch ist ein flammendes Plädoyer für das Abenteuer Alltag in Beziehungen und eine Liebeserklärung an die Ehe.

Autorin

Eva-Maria Zurhorst war ursprünglich Journalistin und hat für Printmedien, Hörfunk und als Buchautorin gearbeitet, unter anderem in Südafrika und Ägypten. Später wechselte sie als Coach und Kommunikationsberaterin in die Wirtschaft. Heute arbeitet sie, nach einer psychotherapeutischen Zusatzausbildung, als Beziehungs- und Karrierecoach mit Unternehmern, Managern und Paaren. Egal, um welche Probleme es vordergründig geht, der Focus ihrer Arbeit konzentriert sich immer auf die Entwicklung von Liebe zu sich selbst. Ihre Arbeit ist getragen von dem Glauben, dass jeder Mensch genau das entsprechende Potenzial in sich trägt, um seine beruflichen und persönlichen Ziele zu verwirklichen. Eva-Maria Zurhorst lebt mit ihrer Tochter und ihrem Mann in Wuppertal.

Von Eva-Maria und Wolfram Zurhorst
sind bei Arkana außerdem erschienen:

Liebe dich selbst und es ist egal, wen du heiratest
(Hörbuch, 33934 und Praxis-CD, 33910)

Liebe dich selbst und freu dich auf die nächste Krise
(HC, 33754 und Hörbuch, 33935)

Liebe dich selbst – sich selbst annehmen und dadurch
die Liebe zu anderen entdecken (CD, 33926)

Liebe dich selbst – LIVE (CD, 33941)

Liebe dich selbst auch wenn du den Job verlierst (HC, 33861)

EVA-MARIA
ZURHORST

Liebe dich selbst

und es ist egal,
wen du heiratest

GOLDMANN
ARKANA

Die Originalausgabe erschien 2004 bei Arkana, München.

Verlagsgruppe Random House FSC-DEU-0100
Das FSC-zertifizierte Papier für dieses Buch
Holmen Book Cream liefert Holmen Paper, Hallstavik.

1. Auflage
Vollständige Taschenbuchausgabe September 2009

Lektorat: Kristina Lake-Zapp
Umschlaggestaltung: Design Team München
Umschlagmotiv: Design Team
SB · Herstellung: CZ
Satz: Barbara Rabus
Druck und Bindung: GGP Media GmbH, Pößneck
Printed in Germany
ISBN 978-3-442-21903-2

www.arkana-verlag.de

Für Wölf und Annalena
Für Ruth und Eberhard

Ich werde erobert,
besiegt und entmachtet.
Von der Liebe.

Inhalt

II. Teil

Ich liebte sie nicht,
weil wir zueinander passten.
Ich liebte sie einfach.

Robert Redford alias Tom Booker im *Pferdeflüsterer*

Vorwort
Geben Sie nicht auf

Ich weiß, dass es geht. Ich weiß, dass aus Ihrer Beziehung genau die Beziehung werden kann, die Sie sich wünschen. Das Schicksal hat Ihnen dieses Buch in die Hände gespielt. Vielleicht haben Sie es ja nur geschenkt bekommen, von einem dieser wohlmeinenden Freunde. Vielleicht lesen Sie diese ersten Zeilen nur, weil jemand gesagt hat: »Komm, wenn du deine Beziehung retten willst, dann lies so was endlich mal.« Vielleicht hat Ihr Partner mit diesem Buch gedroht wie mit einem Nudelholz: »Tu doch endlich mal was für unsere Ehe!« Vielleicht lag es einfach plötzlich vor Ihrer Nase, in einer Buchhandlung, auf einem Couch- oder Nachttisch und sagte: »Schlag mich auf und lies mich.« Vielleicht waren Sie aber auch schon lange auf der Suche nach Antworten auf Ihre Fragen, nach einer neuen Sicht, nach einer tief greifenden Veränderung Ihres Liebeslebens ... Wenn Sie jetzt gerade diese Zeilen lesen, dann seien Sie sich auf jeden Fall sicher, dass Sie bewusst oder unbewusst den Wunsch haben, Ihre Beziehung zu vertiefen oder endlich eine tiefe Beziehung zu finden. Seien Sie sich sicher, Ihre Seele will sich von ganzem Herzen geben, selbst wenn Ihr Verstand vielleicht noch etwas anderes sagt.

Auch wenn Sie die Hoffnung womöglich schon aufgegeben haben, dass Ihre Ehe tiefer und erfüllender sein könnte, dass es noch mal klappen könnte mit Ihrem Partner, wenn Sie oder Ihr Partner eine Affäre oder immer wieder neue haben; wenn die körperliche Liebe Ihre Erfüllung verloren hat. Wenn Sie sich nur noch streiten; wenn alles einfach nur leer ist, so vor sich hin dümpelt und Sie sich und Ihren Partner mit freundlichen, aber leeren Nettigkeiten schonen. Vielleicht können Sie nicht mehr verzeihen und sind gefangen in Ihrem Groll. Vielleicht führen Sie über aufgeschraubte Zahnpastatuben oder Krümel auf dem Tisch Kleinkrieg und sind erschreckt über die stetige Aufrüstung zwischen den Fronten. Vielleicht haben Sie aber auch schon dutzende von Büchern gelesen, Seminare besucht, sogar eine Paartherapie gemacht und dennoch den Glauben an eine Lösung für Ihre Beziehung verloren.

Es kann trotzdem gehen! Alles kann sich um hundertachtzig Grad wenden, zwei Menschen können wieder – oder zum ersten Mal richtig – zusammenfinden. Ich weiß, dass das möglich ist, selbst wenn es klingt wie ein Wunder. Wenn man es erlebt, fühlt es sich auch manchmal an wie ein Wunder. Aber es liegt trotzdem ganz und gar in Ihrer Macht. Sie können genau die Beziehung führen, die Sie sich wünschen, und zwar genau mit dem Partner, den Sie jetzt haben. Egal, wie distanziert, unattraktiv oder abschreckend er gerade auf Sie wirkt. Ich weiß einfach, dass es geht. Ich weiß es deshalb, weil ich es selbst erlebt habe. Vielleicht bin ich verdächtig, so etwas wie eine Beziehungsspezialistin zu sein, weil ich das Thema schon seit vielen Jahren studiere, schon so viel darüber gelesen und von großartigen und kompetenten Lehrern gelernt habe. Vielleicht deshalb, weil ich schon mit vielen Menschen an der Heilung ihrer Beziehung gearbeitet habe. Das alles ist wichtig. Aber die Wahrheit ist: Ich weiß deshalb, dass es geht, weil ich heute noch mit meinem Mann verheiratet und von tiefstem Herzen dankbar dafür bin.

Wir galten vom ersten Tag an nicht als Traumpaar. Es gab Jahre, da hätte niemand auch nur einen Pfifferling auf unsere Ehe gegeben. Aber heute glaube ich, dass dieser vermeintliche Mangel zwischen uns beiden mich gezwungen hat, nach der wahren Kraft einer funktionierenden Beziehung zu suchen. Heute bin ich überzeugt davon, dass das Leben uns zusammengeführt und so unendlich viele Hürden in den Weg gestellt hat, weil deren Überwindung, der wachsende Glaube und damit die Heilung unserer selbst unsere eigentliche Lebensaufgabe war. Ohne diese Herausforderung hätten wir nie entdecken können, wie viel Liebe und Geduld, Stärke und Mut schon immer in unseren Herzen wohnten, hätten wir nie erfahren, dass zwei Menschen zusammen alle scheinbar unüberwindbaren Gräben überwinden können; hätte ich nicht Stück um Stück annehmen können, dass alles an mir in Ordnung ist. Hätte ich dieses Buch nicht schreiben können.

»Ich weiß, dass es geht!« ist die eigentliche, wahrhaft authentische Kraft meiner Arbeit. Und es ist auch die Kraft, die in diesem Buch steckt.

Meiner Tochter und meinem Mann in tiefer Dankbarkeit verbunden

Wuppertal, im Juni 2003 *Eva-Maria Zurhorst*

Warum dieses Buch?

Weggehen, um wiederzukommen

Ich wollte dieses Buch nicht schreiben. Dieses Buch habe ich geschrieben, weil ich es schreiben musste. Es ließ mich nicht in Ruhe, es breitete sich einfach in mir aus, begegnete mir überall. Es wollte auf die Welt, und das offensichtlich durch mich.

In meinem Leben ging es immer um die Erforschung von Beziehungen, allerdings ohne dass mir dies lange Zeit auch nur im Geringsten klar gewesen wäre. Ich hatte jede Menge eigene Ziele, Pläne und Wünsche. Aber häufig, wenn ich sie mit aller Kraft verfolgen wollte, kam alles ganz anders. Mein Leben hat mich früh daran gewöhnt, dass ich es nicht kontrollieren, darüber bestimmen kann. Dass es sich entfaltet und ich lediglich dazu aufgefordert bin, dieser Entfaltung beizuwohnen. Auch gegen meinen Willen hat es mich gelehrt, dass es immer – Zyklus um Zyklus – in Bewegung ist, immer im Wandel begriffen. Dass dieser Wandel mein eigentlicher Lebenssinn ist. Dass sich in jedem dieser Zyklen die Dinge vollenden und sterben. Dass ich damit gleichzeitig zur Neuordnung, Neubewertung und Neuentwicklung meiner selbst und damit zum Wiedererlangen meiner Lebendigkeit geführt werde.

Mit jedem Zyklus, der mich in der Vergangenheit schon

geängstigt und geschüttelt hat, lernte ich, noch tiefer darauf zu vertrauen, dass immer etwas Neues kommt. Ich lernte, wach zu bleiben, ein Gespür für die Richtung und den Sinn meines Lebens aufrechtzuerhalten. Ich lernte, vertraute Gewohnheiten und Muster aufzugeben, die mich von dort zurückhielten, wo ich gerne wäre. Ich lernte, darauf zu vertrauen, dass die unbekannte Strecke, die noch vor mir lag, der beste Teil der Reise sein könnte. Dass an der nächsten Weggabelung wieder eine Chance wartete, neu zu erfassen, was für mein Lebensglück eigentlich wichtig ist. Nie war wirklich Ende. Immer entpuppte sich das Fremde in mir, der Makel, die scheinbare Behinderung, als Wegweiser. Immer eröffnete sich dahinter eine Möglichkeit, ein tieferes und authentischeres Gefühl von Erfüllung zu erfahren als jemals zuvor. Wieder und wieder war ich gezwungen auszuhalten, dass sich ein gewohnter Raum leerte – nur um Platz zu schaffen für etwas Neues. Aber dieses scheinbar Neue trug in seiner Tiefe doch immer das Gleiche. Am Ende ging es in meinem Leben immer – auch wenn es mir eben lange Zeit nicht bewusst war – um die Erforschung von Beziehungen und die Annahme meiner selbst.

Als Fünfjährige fühlte ich mich oft einsam. Mich überkam manchmal eine so seltsame Angst, dass ich es nicht wagte, mit jemandem darüber zu reden. Ich hatte das Gefühl, das Leben sei irgendwie nicht echt. Ich beobachtete die Menschen und fragte mich, ob sie wohl alle Bescheid wüssten und nur ich keine Ahnung hätte. Ängstlich stellte ich mir vor, dass die Personen um mich herum vielleicht nur Schauspieler wären, die sich ein Theaterstück ausgedacht hätten. Dass ich womöglich die Einzige wäre, die das alles für wahr hielt. Die Einzige, die echte Furcht kannte oder sich wirklich freute. Oder ich fragte mich, ob es vielleicht auch genau andersherum sein könne. Dass vielleicht nur ich ahnte, dass irgendetwas gar nicht real sei an diesem Leben. Dass ich mich deshalb häufig so fremd und einsam fühlte, während alle anderen bestimmt glücklich und zufrieden wären.

Während der Schulzeit bekam ich, wenn ich unter Leuten war, häufig starke Migräneanfälle und konnte es nur noch in einem dunklen Zimmer aushalten. In meiner Jugend begann ich in Ansammlungen mit vielen Menschen plötzlich zu hyperventilieren, bis ich ohnmächtig wurde. Kaum volljährig, verließ ich eher fluchtartig unsere Kleinstadt und trat aus der katholischen Kirche aus in der Hoffnung, irgendwo sonst Glauben und Zugehörigkeit zu finden. Mit Anfang zwanzig hatte ich das große Glück, als Journalistin nach Ägypten gehen zu können. Die kulturelle, religiöse und räumliche Distanz zu meinem bisherigen Leben weckte all meine Neugierde. Ich war fasziniert von der allgegenwärtigen Präsenz der im Alltag gelebten Religion. Leben und Glaube schienen hier in Verbindung zu stehen. Aber der Preis dafür war hoch: Während die Muezzins durch die Straßen von Kairo hallten, waren diese voll von bedrohlich begierigen Männeraugen und von sich selbst aufgegebenen Frauen.

Mit Ende zwanzig trieb mich meine innere Suche bis ans Kap der Guten Hoffnung. Aber selbst im Land von Schwarz und Weiß konnte ich keine Klarheit finden. Stattdessen wurde ich dort Wanderer zwischen den Welten und traf bis in den innersten Kern verfeindete Menschen mit den trotzdem gleichen, tiefen Sehnsüchten – egal, welche Hautfarbe sie hatten. Irgendwann war mir auch hier kein eindeutiger theoretischer Anti-Apartheids-Standpunkt mehr vergönnt. Ich fühlte mich nicht länger im Stande, als aktuelle Journalistin zu funktionieren. Drei-Minuten-Hörfunk-Beiträge über die Lage am Kap kamen mir wie eine Vergewaltigung der Wahrheit vor. Die Fragen, die mich nach Gesprächen mit rechtsradikalen, Hakenkreuz tragenden Buren oder jahrelang gefolterten schwarzen Untergrundkämpfern wirklich bewegten, waren nach zwei Jahren immer weniger politischer als vielmehr psychologischer Natur. Ich begann, mit Blinden über Südafrika zu sprechen. Sie hatten gelernt, eine andere Hautfarbe zu riechen oder zu hören. Alles schien mir absurd. Ich hatte nur noch eine Sehnsucht – ich wollte die Menschen unterschiedlicher Hautfarbe wieder in Kontakt bringen. Um meinen Erfahrungen treu bleiben zu können, beendete ich meine Laufbahn als Journalistin in Südafrika und schaffte mir in einem Buch ausreichend Raum für meine komplexen, manchmal verwirrenden Begegnungen mit den Schwarzen und Weißen am Kap.

Zurück in Deutschland, wartete schon der nächste Lehrzyklus im Forschungsprojekt Mensch auf mich. Die Mauer war gefallen. Ich wurde verantwortlich für Kommunikation, später auch für Personalwesen bei einem großen ehemaligen Ostunternehmen in Berlin. Gut drei Jahre war ich unter den Pionieren des Aufbau Ost, als mich eines Morgens in meinem Büro ein Nervenzusammenbruch ereilte. Ich hätte an diesem Tag erstmalig die Kommunikationsstrategien, die ich für unser Unternehmen entwickelt hatte, einer breiteren Öffentlichkeit vorstellen sollen. Der Zusammenbruch war nur der Höhepunkt eines schleichenden Prozesses gewesen.

Tagelang hatte sich alles in mir gesträubt, diesen Vortrag zu halten. Ich hatte ihn mit größter Mühe so geschrieben, wie »man« als Managerin solche Präsentationen formuliert: Charts, Zahlen, Diagramme, managerale Sprache. Aber das alles war es schon lange nicht mehr, was mich bei meiner Arbeit bewegte. Wieder waren es die Menschen. Diesmal war der Spannungsbogen nicht schwarz-weiß. Auch für die interne Kommunikation in unserem Unternehmen zuständig, war ich neben meinen offiziellen Aufgaben zu so etwas wie der Übersetzerin zwischen Ost und West, zwischen Management und Arbeiterschaft avanciert. Ich führte Coaching-Prozesse und Persönlichkeitsentwicklungs-Seminare und wurde von unserem Vorstandsvorsitzenden bei allen möglichen Verhandlungen als Mittlerin eingesetzt. Wieder stand ich vor der Herausforderung, scheinbar unüberwindbare Gräben zwischen Menschen kommunikativ zu überwinden. Offiziell war ich verantwortlich für meinen Bereich, dessen Mitarbeiter und dessen Tagesgeschäft, aber innerlich war ich ein weiteres Mal in meinem Leben vollkommen erfüllt von Forschergeist und dem Wunsch, Menschen unterschiedlicher Sozialisation einander näher bringen zu können.

Diesmal hatte ich besonders lange versucht, den Anforderungen gerecht zu werden. Äußerlich dynamisch, ließ ich mich von einem stetig voller werdenden Terminkalender kettenrauchend durch einen Zwölf-Stunden-Tag jagen. Im Inneren war ich immer öfter geplagt von medizinisch nicht begründbaren Herzrhythmusstörungen und diffusen Angstgefühlen. Es war, als ob ich eine Rolle spielte, unter der ich mich selbst nicht mehr wiederfand. Der Nervenzusammenbruch hatte Kraft genug, mich ein weiteres Mal aus allem herauszureißen, mir meinen Mut und die Treue zu mir selbst zurückzubringen: Ohne zu wissen, was kam, reichte ich meine Kündigung ein und gab meinen gut bezahlten Job auf. Damit war ich gezwungen, mich auch von meinem Sportwagen, meiner opulenten Penthouse-Wohnung, den Reisen und Nächten in Luxushotels zu verabschieden. Ich renovierte einen heruntergewohnten Altbau und lebte dort ziemlich zurückgezogen von kleinen Jobs als Texterin ohne irgendeine Idee, wie mein Leben weitergehen sollte.

Erschöpft und ausgebrannt kam ich mir vor, wie jemand, der die ganze Welt überall und nirgends vergeblich nach einer Antwort auf seine Fragen nach der menschlichen Natur abgesucht und durchforstet hatte. Ich war gerade zweiunddreißig, hatte eine ziemlich umwegige Karriere mit einem Nervenzusammenbruch abgeschlossen und lebte nun nach Jahren als Weltenbummler zurückgezogen als Eremit. Ich war reduziert auf ein Thema: Wie finde ich Erfüllung? Wie kann ich dabei gleichzeitig etwas wirklich Sinnvolles tun? Und wie kann ich Verbindung zwischen Menschen schaffen?

Ich bekam eine seltsame Antwort auf diese Fragen: Ich wurde schwanger. Meine Spirale war verrutscht. Das Schicksal schenkte mir ein Kind, das genug Lebenswillen besaß, um sich an meiner Verhütung vorbeizudrängen. Und als Vater brachte es mir einen umtriebigen jungen Mann, der weder Zweifel noch Suche kannte und dessen Lebenserfahrungen und -perspektiven zu meinen nicht unterschiedlicher hätten sein können: Er war sechs Jahre jünger als ich und vom Leben gewöhnt, dass es ihm ohne große Umwege bescherte, was er sich von ihm wünschte. Jungenhaft attraktiv, fast immer guter Laune, wollte er Spaß haben, die Umsätze seines Unternehmens und seinen beruflichen Einfluss steigern. Irgendwann besser zu sein als seine großen Brüder – das war es, was er damals vom Leben erwartete.

Bis er mich kennen lernte, war er meist ins Nachtleben und heiter seichte Affären vertieft. In seinem Freundeskreis und seinem Lebensalltag wirkte ich wie ein Fremdling, nicht nur weil ich gänzlich anders aussah als die grazilen, geradlinigen Geschöpfe, die der unbekannte Vater meines Kindes vor mir hatte. Auch er verkörperte nichts von meinen bisherigen Idealen: Es war warm in seiner Nähe, er brachte mich zum Lachen. Aber weder hatte uns beim ersten Blick in die Augen der Blitz getroffen, noch war er der Kreative – der begnadete Architekt oder wortvirtuose Autor –, von dem ich immer geträumt hatte. Er war nicht der breitschultrige Mann zum Anlehnen und auch nicht auf der Suche nach dem Sinn oder der Frau des Lebens. Ich dagegen war bis zu diesem Zeitpunkt immer auf der Suche nach dem Mann fürs Leben gewesen. Vergeblich. Stets in der Hoffnung auf ihn, fand ich zwei Lieben und eine lange Reihe von Liebschaften. Mein Herz hatte nie Ruhe finden können. Obwohl ich so gerne bleiben wollte, mich so gerne ganz geben wollte, riss mich immer wieder etwas fort: Bei den einen war es die Angst, verlassen zu werden, bei den anderen die Angst, erdrückt zu werden. Alle, die mich kannten, waren sich einig: Sie ist unvermittelbar!

Mit uns war es unspektakulär. Keine große romantische Geschichte. Ich kannte meinen sechs Jahre jüngeren Ehemann ja kaum. Wir waren kein Traumpaar, das konnte jeder sehen. Aber Eltern waren wir, das konnte auch bald jeder sehen. Für mich war klar, ich würde dieses Kind bekommen. Und für ihn war klar: »Das kriegen wir schon hin!« Wir ließen alles hinter uns, zogen in eine neue Stadt und heirateten.

Zwei Jahre später: Unsere Tochter kann laufen. Unsere Ehe ist ein spießiges Tal der Langeweile. Mutti kocht, Vati arbeitet. Kaum etwas, was uns wirklich verbindet. Mein Ehemann kommt immer später und seltener nach Hause, ich ersticke zwischen Sandkästen und Krabbelgruppen. Wir streiten uns immer öfter. Die einen Freunde hatten es ja von Anfang an gewusst, den anderen schien es unausweichlich: Mit den beiden konnte das ja nicht gut gehen.

Nichts ist erfüllend, aber wir trennen uns nicht. Wir richten uns ein. Viele routinierte Abläufe und lieb gewonnene Gewohnheiten. Ein gemeinsames Kind. Anfänglich wurschteln wir uns durch – seelisch und körperlich immer sprachloser. Stille und laute Machtkämpfe. Schließlich quälen wir uns durch: heimeliger Alltag und heimliche Affären, Karrieresprünge, Umzüge, Hoffnungslosigkeit und Neuanfänge. Wir trennen uns trotzdem nicht. Immer wenn wir so weit sind, werden wir ergriffen von Traurigkeit, taucht dieses lange verloren geglaubte, warme Gefühl von tiefer innerer Verbindung zwischen uns auf. Nichts Wildes, nichts Leidenschaftliches – ein leises, melancholisches Gefühl in Erinnerung an Liebe, das, so überraschend es gekommen ist, auch genauso schnell wieder verschwindet.

Dieses Gefühl ist zwar noch nicht die Antwort auf meine innere Suche, aber es übt magische Anziehungskraft auf mich aus. Es scheint wie ein Geheimcode, den ich nur entschlüsseln muss. Wir versuchen, dieses Gefühl aktiv zu suchen. Wir beginnen, es zu erkunden. Irgendwie ahne ich, dass es in einer Beziehung um etwas anderes geht als um den einen wahren Richtigen. Irgendetwas in mir sagt: Gib noch nicht auf! Irgendwie entdecke ich Gräben zwischen uns wieder, die mich schon von gänzlich anderen Männern getrennt haben. Ja, wenn ich verzweifelt und ehrlich genug bin, muss ich mir eingestehen: Das alles kenne ich schon. Er ist so wenig schuld wie die anderen! Irgendwie befinde ich mich an diesem Punkt meiner Ehe mitten im Township von Südafrika, direkt an der Mauer zwischen Ost und West. An dem scheinbar unüberwindbaren Punkt, an dem ich schon immer die Menschen zusammenbringen wollte, obwohl sie sich getrennter nicht fühlen konnten.

Wir treffen uns nun häufiger an der Grenze unserer Verletzungen. Reden miteinander, beginnen die Welt des anderen langsam mit Neugierde statt mit Angst und Abwehr zu betrachten. Ich werde zur Beziehungsforscherin, lese jedes Buch zu diesem Thema. Besuche Seminare, beginne eine eigene therapeutische Ausbildung. Immer häufiger trauen wir uns, unsere jeweilige Wahrheit dem anderen wirklich zu offenbaren. Indem wir aussprechen, wie weit entfernt wir voneinander sind, desto näher kommen wir uns. Mit wachsendem Mut beginnen wir, über unser wenig ideales Eheleben auch mit Freunden zu reden. Anderen geht es auch nicht besser. Erleichterung. Noch mehr Nähe zwischen uns und mit anderen.

Während mein Mann immer häufiger nach Hause kommt, steige ich wieder in den Beruf ein. Mittlerweile ausgebildete Psychotherapeutin, arbeite ich mit Menschen, die beruflich in ähnliche Sackgassen geraten sind wie ich damals als Managerin. Endlich stehen die Menschen im unmittelbaren Fokus meines Tuns. Ich beginne zu verstehen, dass man alles, was man selbst erst einmal geheilt hat, an andere Menschen weitergeben kann. Meine berufliche Suche, der Zickzack-Kurs von damals – alles macht Sinn. Zur gleichen Zeit beginnt meine Ehe zu erwachen – Erfolg und Erfüllung stellen sich parallel ein.

Zu Beginn dieser Phase fügen sich einmal mehr die Dinge in meinem Leben auf wundersame Weise. Während ich noch nicht einmal ahne, dass bald eine Beziehungswelle über mich hereinschwappen könnte, lerne ich Dr. Chuck Spezzano kennen. Die Blockaden meiner Ehe haben mich zu einem seiner Vortragsseminare geführt. Da sitze ich nun zwischen hundertfünfzig anderen Menschen und weiß nur, dass er ein angesehener Beziehungsspezialist aus Amerika sein soll und viele Bücher geschrieben hat. Ich habe davon noch keins gelesen.

Es dauert ungefähr zehn Minuten nachdem er mit seinem Vortrag begonnen hat, dass ich im Inneren so bewegt und angerührt bin, dass ich die Tränen nicht zurückhalten kann. Dieser Mann vorne scheint meine Suche, jeden meiner Gedanken zu kennen. Er spricht entscheidende Thesen und Gesetzmäßigkeiten von Beziehungen so selbstverständlich aus – Thesen, die ich lange schon in mir hin und her wälze, denen ich aber in ihrer tiefen Wahrheit nie ganz vertraut habe.

Außerdem hat er offensichtlich als Spion jahrelang bei uns zu Hause hinter dem Vorhang verbracht. Mit jedem seiner Beispiele, jeder Fallgeschichte, jedem Witz ist es, als ob er meinen Mann und mich in- und auswendig kennt. Ich bin erschüttert, berührt und befreit zugleich.

Drei Tage lang muss ich mich wieder und wieder meinen Tränen und einer tiefen inneren Bewegung beugen. Dann weiß ich, dass ich auf bedeutende Fragen in meinem therapeutischen und persönlichen Leben eine Antwort bekommen habe, die mich, egal, um welches Problem es auch in meinem Leben geht, immer mit der Liebe zu mir selbst konfrontiert. Meine Ehe und meine Arbeit hatten mich schon lange auf diesen Kern hingeführt, aber noch nie hatte man ihn mir so fundiert, detailliert und präzise nahe gebracht. All die Antworten waren immer in mir gewesen, aber ich hatte ihnen nicht vertraut. Chuck Spezzano hatte seinen Blick darauf gerichtet, und endlich entfaltete und verdichtete sich in mir eine neue Verständniswelt. Ich war glücklich und von unendlichem Forschergeist.

Meine Art zu arbeiten verändert sich erneut. Meine Beziehung zu meinem Mann ändert sich erneut. Wir lösen die nächste Schicht in unserer Ehe: Wir zeigen uns noch ehrlicher, wie fremd wir uns gewesen waren. Dafür bekommen wir jeder vom anderen auf einmal Verständnis und Unterstützung, wo sonst ständiger Kampf herrschte. In unserem neuen Bewusstsein für unsere Unterschiede und Sehnsüchte bedarf es immer weniger Worte, und doch verbessert sich unsere Kommunikation dramatisch. Freunde trauen ihren Augen nicht. »Ausgerechnet die beiden ...« Unsere neu gewonnene Kraft und Liebe sind nicht mehr zu übersehen. In alltäglichen Situationen wirken wir wie frisch verliebt.

Zur gleichen Zeit bricht in unserem Freundeskreis die Krankheit aus, die wir gerade heilten. Kaum ein Tag in meinem Leben vergeht, ohne dass mir nicht jemand von den Schwierigkeiten in seiner Partnerschaft erzählt. Immer mehr Männer, Frauen und Paare scheinen in einer Sackgasse angekommen zu sein. Manchmal werde ich von der Wucht dieses Themas regelrecht erschlagen. Gestern noch Plaudereien übers Wetter, heute Trennung und kalte Verbitterung am anderen Ende: »Meine Frau ist gerade ausgezogen. Sie will mit ihrem Liebhaber zusammenleben.« Manchmal gibt es vier kleine Kinder, manchmal haben beide einen Geliebten. Manchmal ist einfach nur alles leer zwischen den beiden Partnern, manchmal ist es wie im Krieg. Es hat etwas von einer sich ausbreitenden Epidemie. Der schleichende, aber unaufhaltsame Krankheitsverlauf endet immer häufiger im Tod durch Scheidung. Immer schneller, immer öfter, unter immer spektakuläreren Bedingungen laufen die Beziehungen auseinander. Gute Freunde, Nachbarn, Kollegen – niemand will sich trennen, aber alle haben resigniert, fühlen sich gezwungen, diesen letzten Schritt zu tun.

In meiner Praxis taucht das Thema anfangs eher über Umwege auf, verlagert sich der Schwerpunkt erst unmerklich. Vor allem die Männer kommen in erster Linie immer noch auf der Suche nach wachsendem Erfolg und beruflicher Erfüllung zu mir. Aber meist reichen ein, zwei Zielfindungsgespräche, und alles beginnt sich um Beziehungen zu drehen – Beziehungen zu Kollegen, Mitarbeitern, Vorgesetzten –

und – für meine Klienten überraschenderweise – auch zum Partner. An diesem Punkt stockt bei vielen von ihnen plötzlich der Atem, versagt die Kontrolle, beginnen Tränen zu rollen, weil das wahre Zentrum des Orkans zu Hause direkt durch die Mitte des Ehebetts fegt.

Mit dieser lang aufgestauten Welle von Gefühlen geht meist eine tiefe Erkenntnis einher: Zwar endlich weit oben auf der Karriereleiter angekommen, müssen die Männer sich eingestehen, wie sehr sich ihr ganzes Tun verselbstständigt und von ihren Fähigkeiten und Bedürfnissen entfernt hat. Wie sehr sie sich dabei gleichzeitig von ihren Partnern und Familien entfernt haben. Wie groß ihr Wunsch nach einer erneuten Verbindung von persönlichen und beruflichen Zielen ist. Meist verliert die bisherige uneingeschränkte Ausrichtung auf den beruflichen Erfolg langsam an Gewicht, wenn die Kräfte zehrenden Schwierigkeiten in der privaten Partnerschaft endlich in den Mittelpunkt der Gespräche rücken dürfen. Auf einmal taucht der Wunsch auf, wieder mit dem Partner zu reden, diesen doch einmal zu unseren Sitzungen mitzubringen.

Schließlich sehe ich mich in meiner Praxis immer öfter mit den Beziehungsproblemen konfrontiert, die ich so lange selbst erlebt hatte. Immer mehr Paare kommen so hoffnungslos und verzweifelt, wie ich es selbst gewesen war. Kaum jemand will die Trennung. Kaum jemand versteht, wie sich dieser Virus in die Beziehung hatte einschleichen können. Die meisten sind resigniert, voller Schuldgefühle oder Angst um die Kinder.

Ohne dass ich diesen Weg bewusst gewählt oder verkündet hätte, wurde ich zu so etwas wie einer Beziehungsfachfrau. Ich wurde dazu, so wie ein Flussbett vom Fluss stetig ausgehöhlt wird. Meine Ehe war die Quelle. Bücher und Ausbildungen die ersten Schneeschmelzen. Chuck Spezzano eine Überschwemmung. Meine Klienten mein stetiger Fluss. Sie wurden zu meinen Lehrmeistern. Mit jeder ihrer Fragen zeichnete sich immer deutlicher eine Landkarte durch das Beziehungsdickicht ab. Mit jeder ihrer Fragen erkannte ich, dass in dem, was ich in meiner Ehe durchlebt und erfahren hatte, Gesetzmäßigkeiten verborgen waren. Dass private und berufliche Beziehungen – ja sogar Rassenkonflikte – gleichermaßen nach diesen Gesetzmäßigkeiten verlaufen. Dass jede Beziehung nur in ihrer Tiefe verstanden und gelebt werden will. Dass die Probleme in einer Beziehung nur für die Menschen, die in ihr leben, als Aufforderungen verstanden werden müssen, sich selbst zu heilen. Dass Trennung keine Lösung ist, sondern nur ein Aufschub der Heilung.

Mit diesem Buch soll der Fluss weiterfließen. Mit ihm möchte ich meiner Dankbarkeit Ausdruck verleihen für das Geschenk der Liebe in meinem Leben. Von tiefstem Herzen würde es mich glücklich machen, wenn es Menschen, die den Glauben an ihre Ehe oder Partnerschaft verloren haben, noch rechtzeitig vor der Scheidung erreichen kann. Wenn ich ihnen mit diesen Zeilen etwas von der Hoffnung, Liebe und dem Mut weitergeben kann, die ich auf diesem Weg gefunden habe. Wenn ich sie ermutigen kann, das Gleiche auch in ihren Beziehungen wieder zu entdecken.

Für wen ist dieses Buch?

Dieses Buch ist für Menschen, die in einer festen, aber unbefriedigenden Beziehung leben. Für Menschen, die vor der Scheidung stehen oder in einer Dreiecksbeziehung leben. Für Menschen, die fremdgehen, betrogen werden, geradezu zwanghaft den Partner wechseln müssen oder immer wieder verlassen werden. Für Menschen, die auf der Suche sind nach Heilung für ihre Beziehung, die aber vielleicht nicht den Weg in eine Paartherapie wagen oder nicht die richtige gefunden haben. Für Menschen, die vielleicht schon einen längeren Leidensweg hinter sich haben.

Vielleicht sind Sie ernüchtert, erleben Ihre Ehe als Routine. Vielleicht sind Sie resigniert, haben kaum noch Hoffnung, jemals wieder echte Nähe zu Ihrem Partner finden zu können. Vielleicht will trotzdem noch irgendetwas in Ihnen um die alte verblasste Liebe kämpfen. Vielleicht sind Sie aber auch verzweifelt, weil Sie einen heimlichen Liebhaber oder eine Geliebte haben und geplagt sind von Schuldgefühlen und Angst um die Kinder oder Ihren Partner.

Vielleicht denken Sie bereits an Scheidung, haben Angst vor dem Aussprechen der Wahrheit, vor dem Geständnis, dem Auszug oder einem Rauswurf. Was auch immer nicht stimmt in der Beziehung – meine Erfahrung zeigt, dass es im

Grunde zwei Arten gibt, mit einer belasteten Beziehung umzugehen: Entweder fühlen Sie sich so erdrückt, dass Sie glauben, wegzurennen sei die einzige Chance, oder Sie verdrängen jedes Störgefühl sofort und versuchen es mit den drei Affen zu halten, die nichts sehen, hören oder sagen. Vielleicht schauen Sie selbst, ob und wo Sie sich wiederfinden:

Gehören Sie zu den von innen Ausgelaugten …

Scheint äußerlich vieles intakt zu sein, innerlich fühlt es sich aber erstarrt und kraftlos an? Werden Sie manchmal überfallen von einem dumpfen »Soll-das-wirklich-alles-gewesen-sein«-Gefühl? Plätschert alles so dahin? Ist es, als ob Sie sich selbst oder Ihrem Partner etwas vormachen, als ob Ihr Partner der Letzte ist, der wirklich weiß, was in Ihnen vorgeht? Kennen Sie die Angst, dass die anderen etwas merken könnten von der Lüge in Ihrer Partnerschaft? Ist da immer öfter im Restaurant, auf Partys, unter Freunden diese »Die-anderen-sind-wahrscheinlich-glücklicher«-Fantasie? Machen Sie immer mehr, und wird's gleichzeitig immer weniger? Ist die Sexualität unterwegs verloren gegangen, ist sie mechanisch versiert oder verlangt ständig nach neuen, ausgefalleneren Kicks? Fühlen Sie sich ausgebrannt? Haben Sie gerade einen Liebhaber oder eine Geliebte? Träumen Sie von der großen Liebe oder wenigstens von einer aufregenden Affäre? Haben Sie Angst um die Kinder? Angst davor, den anderen verlassen zu müssen? Angst vor dem Scheitern Ihres Lebenstraumes? Angst vor der Wahrheit Ihres Herzens?

… oder zu den von außen Gehetzten

Sind Sie eigentlich viel zu beschäftigt, um sich mit Ihrer Beziehung zu beschäftigen? Mögen Sie diese Diskussionen um Befindlichkeiten nicht? Geht Ihr Inneres im Grunde niemanden etwas an? Haben Sie trotzdem manchmal Angst, verlassen zu werden? Zweifelt Ihr Partner gerade an seinen Gefühlen für Sie? Haben Sie lange schon eine Ahnung oder gerade erfahren, dass Ihr Partner in jemand anderen verliebt ist? Sie verstricken sich immer mehr in Arbeit, neue Hobbys und Termine, sodass Ihnen gar keine Zeit bleibt für Ihren Partner? Fühlen Sie sich von Ihrem Partner ausgeschlossen, unter Druck gesetzt, belagert oder aus dem Haus getrieben? Haben Sie das Gefühl, dass alles, was Sie tun, nie genug ist für Ihren Partner? »Passieren« Ihnen Affären, ohne dass Sie es eigentlich wollen?

Betäuben Sie sich mit Alkohol, Essen, Drogen, Sex, Fernsehen, Computer oder anderen Süchten, die Sie nicht mehr selber steuern können? Süchten, die entweder in heiterer Gesellschaft oder beim Alleinsein besonders stark werden?

Wenn vieles oder nur etwas davon auf Sie zutrifft, dann bedarf es nicht der Trennung von Ihrem Partner, sondern der Arbeit an Ihnen selbst. Es bedarf einer echten Entscheidung zur Heilung. Es bedarf nicht endlich des einzig richtigen Partners, sondern schonungsloser Offenheit und des Mutes zur Wahrheit in Ihrer Beziehung, und es bedarf Willenskraft, Verstehen, Zeit, Geduld und viel, viel Übung.

I. Teil

Endstation Ehealltag

1. Kapitel

Es ist egal, wen Sie heiraten

Es ist egal, wen Sie heiraten. Sie treffen dabei sowieso immer nur sich selbst. Der andere ist immer nur die Leinwand, auf der Sie Ihre eigenen unerfüllten Bedürfnisse, Ihre eigene Fähigkeit zu lieben, Ihre eigenen Blockaden und Verletzungen, Ihre eigene Lebendigkeit, vor allem aber Ihre eigene tiefe, innere Spaltung zwischen Sehnsüchten und Ängsten betrachten können. Kein Partner kann Ihnen zu Wohlergehen verhelfen, noch kann er Ihnen Selbstachtung oder Selbstvertrauen gewährleisten. Egal, wen Sie treffen, Sie begegnen am Ende sich selbst. Und deswegen können Sie meiner Erfahrung nach auch ruhig bei dem Partner bleiben, bei dem Sie gerade sind – egal, wie unangenehm Ihnen dieser Zustand erscheint. Gerade da, wo es sich besonders festgefahren, kalt, wutgeladen, hasserfüllt oder abstoßend anfühlt, gibt es eine Menge zu tun – und zwar in Ihnen selbst.

Ich bin mir im Klaren darüber, dass diese These sofort alle möglichen Widerstände hervorrufen wird. Von Kind an haben wir gelernt, dass nur der richtige Prinz auf die richtige Prinzessin treffen muss, und wenn sie nicht gestorben sind, dann leben sie noch heute glücklich und zufrieden ... Meistens enden die Märchen allerdings am Tag der Hochzeit. Meistens fängt der Ehealltag aber nach der Hochzeit erst richtig an. Und immer häufiger hört die Ehe weit vor dem und *wenn sie nicht gestorben sind* leider auch schon wieder auf.

Jede dritte Ehe endet hierzulande vor dem Scheidungsrichter. In den Ballungsgebieten sogar jede zweite. Seit Anfang der Neunziger ist die Tendenz kontinuierlich steigend, fand die Entwicklung ihren vorläufigen Höhepunkt mit der Scheidung von über zweihunderttausend Ehepaaren allein 2003. All diese Menschen haben geheiratet, weil sie etwas gesucht haben und weil sie geglaubt haben, mit dem anderen genau das gefunden zu haben. Und sie haben sich später scheiden lassen, weil sie dieses Etwas dann doch nicht bekamen. Der Partner kommt ihnen vor wie eine Mogelpackung, in der etwas anderes drin war, als vorher draufstand. Die Ehe mit diesem Menschen scheint rückblickend betrachtet ein Betrug gewesen zu sein.

Die meisten Scheidungen sind überflüssig

Wenn ich behaupte, dass bestimmt siebzig Prozent der Ehen nicht geschieden werden müssten; wenn ich behaupte, es sei egal, wen Sie heiraten, Sie träfen dabei sowieso immer nur sich selbst, dann möchte ich Sie mit dieser vielleicht provokanten These dazu bewegen, die Ehe als etwas ganz anderes zu begreifen, als Sie es bisher getan haben: Die Ehe ist nicht die Geschenkverpackung für eine Romanze, der wahre Sinn der Ehe ist immer, die inneren Konflikte der beiden Partner ins Gleichgewicht zu bringen. Damit ist sie ein Ort tiefer Heilung und der Entdeckung wahrer gebender Liebe. Alltagsphilosophen behaupten, das Leben sei eine Schule. Wenn dem so ist, dann sind die intime Beziehung und die Ehe eine Art Elite-Universität. Hier stehen Sie vor den schwierigsten Prüfungen, hier können Sie am meisten lernen und wachsen – aber auch am meisten empfangen …

Dies hat die Natur so angelegt, auch wenn uns die Brüder Grimm und all ihre Nachfolger in Hollywood etwas anderes glauben machen wollen. Tief im inneren Kern der Ehe liegt die herausforderndste Dynamik des Lebens – eine Art Paradoxon – versteckt: Obwohl die ihr innewohnenden Möglichkeiten der intimen Begegnung allumfassender sind als in irgendeiner anderen Beziehungsform, tauchen doch unsere Defizite nirgendwo deutlicher auf als in einer verpflichtenden, dauerhaften Partnerschaft. Nichts zwingt uns mehr als die Ehe zu erkennen, dass wir als Individuum aber keineswegs allumfassend sind, dass uns immer etwas – nämlich unsere bessere Hälfte – fehlt, dass wir *nur* Mann, *nur* Frau sind.

Wir alle werden als Mann oder als Frau geboren und befinden uns damit qua Geburt im größten Spannungsfeld, der größten Polarität des menschlichen Lebens. Vom ersten Moment an sind wir Menschen nicht ganz, sind wir entweder – oder, sind wir männlich oder weiblich. Vom ersten Moment an sehnen wir uns nach körperlicher, emotionaler und seelischer Wiedervereinigung mit dem anderen Pol. Die Suche nach der anderen Hälfte ist Teil von uns, die Sehnsucht sozusagen Bestandteil des genetischen Codes. Davon in jeder Zelle unseres Körpers, in unserem ganzen Sein unablässig angetrieben, treffen wir irgendwann endlich jemand, der das zu sein scheint, was uns fehlt. Endlich werden wir ein Paar – heiraten wir, scheint unsere Sehnsucht gestillt, fühlen wir uns wieder vollkommen und eins.

Aber wie oft wirkt so ein Paar nach Jahren der Gemeinsamkeit tatsächlich noch vollkommen und eins, verbunden und ganz? Wie oft spürt man noch Harmonie und Freude und erlebt tiefe und lebendige Kommunikation? Welches langjährige Paar kennen Sie, das tatsächlich noch davon beseelt ist, durch den anderen ganz geworden zu sein? Welches Paar, das Unterschiede als Herausforderung akzeptiert, mitfühlender und großherziger zu werden? Welches Paar, das Spannungen als Wegweiser betrachtet, sich gegenseitig besser verstehen zu lernen? Wenn wir der Scheidungsstatistik von oben glauben, dann könnte man daraus schließen, dass das Leben mit einem anderen Menschen im Laufe der Zeit eher zu einer unerträglichen Last wird. Dass es uns all unsere Hoffnung auf Erfüllung und unseren Glauben in das andere Geschlecht nimmt, anstatt Glück, Einheit und die lang ersehnte, harmonische Nähe zu bringen, die wir uns bei der Heirat erhofften.

Dieses Buch handelt vom Glück. Von Glück und Harmonie in Beziehungen. Es behauptet sogar, dass beides von Jahr zu Jahr wachsen kann. Es zeigt, dass man immer wieder von neuem eine Menge für dieses Glück tun kann. Aber es möchte Sie eben gerne von dem Irrglauben befreien, dass Sie nur den richtigen Partner bräuchten zu diesem Glück. Es bekräftigt, dass Sie allein es in der Hand haben, Ihre Beziehung wieder mit Leben und Liebe zu erfüllen. Dazu müssen Sie allerdings den Raum Ihrer Suche auf Ihr Inneres begrenzen.

Der einzig wahre Partner sind Sie selbst

Das Einssein, nach dem alle so ruhelos suchen, existiert tatsächlich. Nur nicht da draußen, wo wir es vermuten. Vielmehr finden wir unser ideales Sein, dieses Gefühl von Ganzheit, nur bei uns selbst, in unserem eigenen Inneren. Jeder wurde damit geboren, aber kaum jemand erinnert sich noch daran. Es liegt in uns wie der Same einer Sonnenblume, der vom ersten Moment an bereits alle Informationen für die spätere Pflanze in sich trägt. Nie würde sich der Same einer Sonnenblume während des Heranwachsens fragen, ob er vielleicht lieber ein Apfelbaum werden möchte. Er wächst einfach und wird die beste Sonnenblume, die er sein kann.

Unser menschliches Heranwachsen verläuft meist weniger ungestört und eindeutig. Die Begrenzungen unserer Erziehung, die familiären Anforderungen und gesellschaftlichen Einflüsse wirken häufig wie seelische Genmanipulationen auf unseren Samen. Im Laufe der Zeit hinterlassen sie so starke Prägungen und Eindrücke, dass wir von unserer ursprünglichen Vollkommenheit nicht mal mehr eine Ahnung haben. Unser Kern ist aus unserem Blickfeld verschwunden – denn aus den Störungen, Einschränkungen, An- und Überforderungen haben sich unzählige Spannungsfelder entwickelt, die sich wie ein dichter Nebel um unser Samenkorn angesiedelt haben. Uns fehlen die Wurzeln und natürlichen Handlungsimpulse, nach denen wir uns spontan ausrichten können. Wir haben kein Gefühl mehr von natürlicher Verbindung. Was wir nur nicht verstehen, ist, dass uns nicht die Verbindung nach außen, sondern die Verbindung nach innen fehlt. Wir haben keinen Zugang mehr zu unserer Quelle, zu unserer natürlichen, kraftvollen und intuitiven Lebendigkeit. Was dazu führt, dass wir um diese vermeintlich unsichere Leere eine harte Schale entwickeln –, unsere Rolle, die wir spielen, die Persönlichkeit, für die wir uns halten.

Manchmal identifizieren wir uns so stark mit ihr, dass wir im Laufe der Zeit vergessen, wer wir wirklich sind. Wir fragen uns dann, ob Apfelbaum sein nicht besser, ob Sonnenblumen sein nicht falsch ist. Ohne den Kontakt zu unserem eigentlichen Sein sind wir immer auf der Suche nach etwas, fühlen uns dabei ständig ambivalent und von unseren entgegenwirkenden Bedürfnissen zerrissen: Da gibt es die Sehnsucht nach Freiheit genauso wie den Wunsch nach Nähe. Kaum erleben wir unsere Leidenschaft, folgt auch schon die Angst davor. Emporgehoben von unseren Träumen, landen wir direkt vor unseren unüberwindbarsten Blockaden. Großzügigkeit wechselt sich ab mit Gier. Eine Menge Widersprüche aus heiß Geliebtem und strikt Abgelehntem, aus bewussten und unbewussten Seiten lassen uns hin und her gerissen sein, treiben uns an, lassen uns suchen, jagen uns durch das Leben: Da möchten wir einfach mal von allem weg, fühlen uns aber verpflichtet, uns zu kümmern. Da will alles in uns losbrausen und wild sein, aber unsere Erziehung erlaubt uns das nicht. Da sehnt sich die überfließende Frau in uns nach hemmungsloser, körperlicher Liebe, aber unsere mütterliche Seite trägt für alle und alles Verantwortung. Da träumt der kraftvolle Mann von mehr Freiheit und Abenteuer, aber der kleine Junge in uns ist froh, wenn für ihn gesorgt, gekocht und organisiert wird.

Während wir versuchen, unser Glück in der Beziehung zu einem anderen Menschen zu finden, suchen wir eigentlich nach Ausgleich und Harmonie in unserem Inneren. Wir suchen nach der Rückkehr zu unserem eigentlichen Sein. Wir suchen nach der Ganzheit unseres Samenkorns, zu dem uns nur mittlerweile der Zugang versperrt ist. Meist wissen wir nicht mal mehr um seine Existenz. Unser kostbarster Schatz ist versteckt hinter einer Nebelwand aus innerer Anspannung. Die rührt zum einen daher, dass viele unserer Gefühle angestaut und unverdaut in uns eingesperrt sind wie Tiere im Käfig, und zum anderen entsteht sie, weil von unserem einstigen, ganzheitlichen Sein abgespaltene, verkümmerte, nicht ausreichend genährte Persönlichkeitsteile in unserem Unbewussten miteinander kämpfen. In uns herrschen Durcheinander und Orientierungslosigkeit.

Aber so klar erkennbar dringt dieses innere Gemenge meist gar nicht erst in unser Bewusstsein. Wir fühlen nur, dass uns etwas fehlt zu unserem Seelenfrieden und unserem Glücklichsein. Also suchen wir kurzerhand Abhilfe, indem wir uns nach Vervollkommnung und Ergänzung im Außen umsehen. Mehr oder minder offenkundig suchen wir nach der besseren Hälfte, der großen Liebe, nach dem einen Menschen, der uns bestimmt ist. Wann immer wir mit anfänglichem Überschwang eine Beziehung eingehen, sehnen wir uns nach Vervollkommnung und Einssein. Kaum jemand, der nicht heimlich hofft, sein Heil in einer Partnerschaft mit einem anderen Menschen zu finden, einem Menschen, der uns ergänzt, der uns stärkt, uns versteht, uns anzieht und ausgleicht.

Lügen, Mieder und andere Liebestöter

Um diesen idealen Menschen, unsere bessere Hälfte, zu finden und zu behalten, zeigen natürlich auch wir uns von unserer idealen Seite – womit die Schwierigkeiten prompt beginnen: Wir präsentieren all die Seiten von uns, die wir für besonders vorzeigenswert und akzeptabel halten. Im Laufe der Jahre machen wir dies ganz automatisch. Unzählige Male hat uns etwas wehgetan, fühlten wir uns nicht so akzeptiert, wie wir waren, so dass wir schließlich unsere Rolle so gut verinnerlicht und die natürliche Ganzheit unseres Samenkorns vergessen haben. Wenn wir dann einen neuen Partner kennen lernen, leben wir nicht unser vollkommenes Sein, sondern eben nur »unsere bessere Hälfte«, zeigen wir all die Seiten von uns, die wir für besonders akzeptabel und vorzeigenswert halten. Auf einer tieferen unbewussten Ebene versuchen wir so, all den alten familiären und neuen gesellschaftlichen Ansprüchen an uns gerecht zu werden. Zur gleichen Zeit versuchen wir mit diesem idealen Verhalten den im Rahmen dieser Prägung weniger attraktiven Rest unserer Persönlichkeit gut zu verstecken – vor den anderen und vor uns selbst. Dieses Versteckspiel geht allerdings nur solange gut, wie niemand wirklich in unsere Nähe kommt.

In einer Filmszene bereitete sich einmal eine junge Frau auf ihr lang ersehntes Rendezvous mit dem Mann ihrer Träume vor. Sie stand in einem engen Kleid vor dem Spiegel. In der einen Hand hielt sie einen knappen, aufreizenden Spitzenslip. In der anderen ein fleischfarbenes, Bauch und Po straffendes Mieder, das vom Oberschenkel bis zur Taille hinaufreichte. In ihrem Gesicht stand Resignation. Würde sie das Mieder tragen, sähe sie angezogen perfekt rank und schlank aus. Was aber, wenn es zur Nacht der Nächte käme und der Traummann, während er sie entblätterte, von dem fleischfarbenen Unding erschreckt würde ...? Würde sie andererseits den wilden, verheißungsvollen Slip tragen, entdeckte er schon auf den ersten Blick hervorquillende Röllchen, die vielleicht jeden weiteren Schritt der Annäherung vereiteln könnten.

Nichts deckt schamloser unsere inneren Verstecke auf, nichts enttarnt unsere kleinen und großen Täuschungsmanöver zielsicherer als eine intime Beziehung. Je mehr Nähe wir erlauben, je mehr wir mit einem Menschen zusammenwachsen, desto weniger können wir uns kontrollieren, disziplinieren und funktionieren. Ganz im Gegenteil – hier erleben wir uns von unseren unattraktivsten Seiten: Wir werden wütend und launisch, fühlen uns verletzt, missverstanden und ohnmächtig; wir drohen oder ziehen uns zurück; wir klammern und jammern; wir rennen weg. Je mehr wir einem Menschen unser Herz öffnen, desto verwundbarer werden wir, desto mehr versuchen wir, uns zu verteidigen, desto mehr unserer vermeintlichen Undinge kommen an die Oberfläche. Aber – um im vorangegangenen Bild zu bleiben: Der andere schaut uns nur unters Kleid – er hext uns keine Speckröllchen an die Hüften. Deshalb ist es so lebenswichtig für unsere Beziehung, dass wir uns selbst ehrlich unters Kleid blicken und lernen, uns so anzunehmen, wie wir dort sind.

Wir müssen den Mut haben, einzutauchen in das an uns,

was wir nicht mögen, was wir nicht wahrhaben wollen, was wir verabscheuen, verurteilen und schließlich verdrängen. Wenn wir es nicht erforschen und offenen Herzens als das unsere anerkennen, dann jagen wir alle anderen weg, die nur das zu Tage fördern, was wir nicht sehen wollen. Es geht darum, sich selbst unters Kleid zu schauen, sich den Speckröllchen zuzuwenden und sie schließlich zu transformieren. Transformieren heißt aber eben nicht loswerden, wegmachen, abschütteln. Es heißt, das tatsächliche Sein von etwas zu erkennen, um es dann von einer Form in eine andere zu bringen. In diesem Fall bedeutet es, zuerst einmal zu erforschen, ob unsere scheinbar so ablehnenswerten Speckröllchen nicht auf einer tieferen Ebene einen Sinn machen, vielleicht sogar eine gute Absicht verfolgen.

Eine Therapeutin erzählte mir einmal von einer Klientin, die unter ihrem Übergewicht litt. Sie hatte schon alles Mögliche versucht, um abzunehmen, aber immer ohne längerfristigen Erfolg. Während der therapeutischen Arbeit entdeckte sie, dass sie stark zunahm, wenn sie sich wirklich an einen Mann binden wollte. Eine Zeit lang erforschte sie ihre versteckten Glaubenssätze über die Männer und musste sich eingestehen, dass sie so wenig Gutes von ihnen hielt wie schon ihre Mutter, die von ihrem Vater früh verlassen wurde. Sie begann zu ahnen, dass ihre Speckröllchen präzise funktionierende Abwehrpanzer waren, die dafür sorgten, dass sie sich gar nicht erst auf jemanden einlassen musste, der sie hinterher ja wieder verlassen könnte.

Aber dann passierte etwas, das ihr endgültig die Augen öffnete über den Zusammenhang zwischen den Männern und ihrem Übergewicht: Sie musste beruflich für einige Monate nach Ägypten – ein Land, in dem füllige, wohlbeleibte Frauen bei den Männern hoch im Kurs stehen. Als sie aus Ägypten zurück in die Therapie kam, hatte sie etliche Kilo abgenommen. Wieder hatte ihr Körper für sie gesorgt. Wieder hatte er ihr die Männer vom Hals gehalten – nur diesmal mit Gewichtsverlust: »Die Kilos schwanden wie von selbst! Ich hatte plötzlich einfach keinen Hunger mehr ...«, erzählte sie der Therapeutin. Nachdem sie erkannt hatte, dass ihr ihr Körper mit dem Übergewicht stets gedient hatte, dauerte es noch eine Weile, bis sie innerlich bereit war, einem Mann tatsächlich zu begegnen und dementsprechend auch auf ihren Panzer aus Speck zu verzichten.

Wir alle hassen unsere seelischen, geistigen und körperlichen Speckröllchen. Sie zeigen den anderen unsere Makel. Sie sorgen für Schamgefühle und Wut auf uns selbst. Also rücken wir ihnen mit Miedern zu Leibe. Und wenn das nicht hilft, dann wollen wir sie loswerden. Wir versuchen, uns das Rauchen abzugewöhnen, Diät zu halten, weniger Alkohol zu trinken und uns unseren Partnern von unserer besten Seite zeigen. Aber wir kämen nie auf die Idee, uns einzugestehen, dass uns irgendwo etwas fehlt oder wehtut. Dass wir uns in Wahrheit alleine fühlen oder hilflos, während wir uns einer süßen Versuchung in Form einer Tafel Schokolade hingeben oder uns mit Chips oder Gummibärchen voll stopfen. Dass wir verklemmt und gehemmt sind, wenn wir lässig eine rauchen oder uns locker trinken. Wir wollen nicht schwach sein und auch keine Speckröllchen haben. Also kämpfen wir gegen unsere Schwäche, gegen unsere Makel – und am Ende gegen uns selbst – mit unserem Willen an. Aber jeder, der eine lästige Sucht allein mit bewusstem Willen loswerden wollte, weiß, wie selten dies auf Dauer gelingt. Meist können wir uns eine Zeit lang disziplinieren, aber dann übermannt uns unsere Sucht umso heftiger.

Sucht kommt von Suche

Erfolgreiche langfristige Entwöhnung geht anders: Zum einen macht sie uns bewusst, dass nicht die Zigarette, das Stück Schokolade oder das Bier uns tatsächlich das gute Gefühl gibt. Egal, welches Suchtmittel – es dient stets dazu, ein inneres, subjektiv schlechtes Gefühl zu überlagern. Zuerst gibt es immer eine innere Anspannung, auf die wir reagieren. Das gute Gefühl ist also kein wirklich gutes Gefühl, sondern ein Nachlassen des schlechten Gefühls. Dieses schlechte Gefühl verschwindet allerdings nicht tatsächlich, wir werden nur von ihm abgelenkt – so lange, bis die Wirkung des Suchtmittels nachlässt. Dies gilt auch für die meisten Beziehungen, in denen wir unsere Partner wie Drogen gegen unsere innere Leere konsumieren.

Wenn wir diesen Zusammenhang verstehen, dann wird der ausweglose Kreislauf einer jeden Sucht deutlich – auch der der Sucht nach Zuwendung und Beziehung. Statt uns ständig von unserem inneren Schmerz abzulenken, ist es viel wichtiger, dass wir den eigentlichen Kern unserer Abhängigkeit erforschen: Jede Sucht birgt eine gute Absicht. Das Wort »Sucht« kommt im Wortstamm von Suche. Ob es um Partner, Essen, Trinken, Rauchen oder Drogen geht – immer suchen wir etwas. Wenn wir essen, suchen wir eigentlich warmen, nährenden Körperkontakt. Der Alkohol hilft uns, verhärtete, unterdrückte Gefühle freizusetzen – nach ein paar Gläschen werden wir entspannt, locker und freizügig. Die Zigarette soll uns Freiheit und Abenteuer bringen – wir brauchen sie beim Telefonieren, Reden, Denken … Und unsere Partner sollen Allheilmittel gegen alles sein, vor allem aber sollen sie uns unser Gefühl von Ganzheit und Vollkommenheit wiedergeben.

Dieses einstige Gefühl von Ganzheit, unsere eigentliche Suche nach Körperkontakt, nach lebendig fließenden Gefühlen, nach Nähe oder Freiheit wurde irgendwann in unserem Leben unterbrochen, von anderen nicht befriedigt, verurteilt oder abgelehnt. Den Schmerz, den das verursachte, konnten wir nicht ertragen. Lieber haben wir uns von all diesen Bedürfnissen abgeschnitten; haben uns und unsere Umwelt schließlich sogar glauben gemacht, nichts mehr von alledem zu benötigen. Nun war der Schmerz zwar weg, keiner konnte uns mehr etwas tun, dafür aber nagt jetzt in unserem Inneren eine Leere.

Ohne unsere Gefühle und ohne den tiefen Kontakt zu den anderen waren wir nie mehr ganz. Erst in der Sucht schienen wir für einen Moment etwas gefunden zu haben, das das Loch in uns wieder füllen konnte, kehrte für einen Moment Ruhe ein. Aber auf kurz oder lang müssen wir alle erkennen, dass wir in einen Teufelskreis geraten sind. Wir haben nichts bekommen, stattdessen brauchen wir immer mehr. Stets können wir nur vorübergehend für Ablenkung sorgen. Wenn wir ehrlich sind, müssen wir uns sogar eingestehen, dass tief unter all unseren Ablenkungsmanövern unser inneres Defizit sogar noch gewachsen ist, dass jeder Versuch der beruhigenden, betäubenden, befreienden Ablenkung immer kürzer anhält; dass kein Partner es uns auf Dauer wirklich recht machen kann; dass wir immer mehr von unserem Suchtmittel brauchen.

Erst wenn wir uns trauen, wieder das zu fühlen, wovor wir uns regelmäßig betäubt haben, wovon wir uns regelmäßig abgelenkt haben, wenn wir wieder zu unserer eigentlichen Suche unter der Sucht zurückkommen, dann können wir heilen. Dann können wir uns selbst das geben, was wir einst nicht bekamen. Wenn wir uns trauen, mutig diesen Weg zu gehen, dann wird die Sucht überflüssig. Dann transformieren wir sie in eine neu dazugewonnene Kraft.

So müssen wir es auch mit unseren abgelehnten und verdrängten Persönlichkeitsanteilen tun, wenn wir eine auf Dauer beglückende Beziehung anstreben. Wir alle haben ein ganzes Repertoire an Rollen, die wir wie russische Puppen über uns gestülpt haben: Wir wollen liebevolle Partner sein, fürsorgliche Eltern, hilfsbereite Kollegen, treue Freunde. Einst hat man uns beigebracht, dass es gut ist, all dies zu sein. Heute haben wir unser persönliches Wertesystem samt eines ganzen Anforderungskatalogs an uns selbst verinnerlicht. Nur was ist, wenn wir all diesen Ansprüchen gerade nicht entsprechen?

Schon als Kinder haben wir gelernt, dass wir, je nachdem wie wir uns verhalten, gute oder böse Kinder sind. Und seitdem haben wir gelernt, alles Böse zu verstecken und kaschieren. Aber so sehr wir auch versuchen, dem Bild des guten Menschen zu entsprechen – in uns lauern stets auch ganz andere Bedürfnisse: Als Kinder schon wollten wir wild und laut sein, wollten experimentieren, wollten alles und noch mehr. Und auch heute sehnen wir uns manchmal in stillen Stunden nach großer Leidenschaft, möchten wir einmal wieder verrückt sein, möchten am liebsten alle mal richtig anschreien, treiben uns unstillbare Bedürfnisse gnadenlos in den Konsum. Je nachdem wie kontrolliert wir sind, zügeln wir all das in uns. Lieber beißen wir uns auf die Lippe, schlucken es runter, zeigen uns von unserer besten Seite. Und wenn es gar nicht mehr geht, dann bauen wir uns für all unsere Sehnsüchte, Gefühle und Bedürfnisse eine Umleitung. Dann essen wir gierig, trinken uns einen herrlichen Rausch an oder erlauben uns wenigstens heimlich und verborgen, einmal ein wilder, laut stöhnender Liebhaber zu sein.

Je mehr wir so tun, als existiere diese inakzeptable, »böse« Seite in uns nicht, sosehr wir uns bemühen, sie zu verstecken, abzulehnen, sie durch eine gute Rolle zu kompensieren oder einfach zu verdrängen und zu vergessen – sie wird sich nicht auflösen. Ganz im Gegenteil – all das, was wir vor unserer bewussten Wahrnehmung verdrängt haben, weil es für uns nicht akzeptabel scheint, taucht auf Umwegen, häufig entstellt und vor allem eben in nahen Beziehungen umso heftiger wieder auf. Gerade unsere intimsten Begegnungen zeigen uns dann mit ungeheurer Treffsicherheit all die scheinbar verabscheuungswürdigen Seiten, gerade in unserer Ehe verlieren wir die Fassung, verschweigen wir, betrügen wir, gehen wir fremd, lassen wir uns gehen, verlangen wir gierig nach mehr. Wir sind entsetzt. Das kann nicht an uns liegen. Unser Partner hat uns zur Weißglut gebracht, unglücklich gemacht, förmlich aus dem Haus getrieben. Wir selbst tun doch alles für eine liebevolle, lebendige Partnerschaft. Von all den »bösen«, boykottierenden und sabotierenden Gefühlen und Gedanken in uns ahnen wir meist nichts oder wollen wir nichts mehr wissen.

Ich kann es gar nicht oft genug betonen: Es gibt tatsächlich nur einen Weg der wirklichen Heilung, nur einen Weg, der authentischen Erfolg für die Beziehung zum Partner beschert: Wir sehen uns unsere eigenen Abgründe mutig an. Dazu sind nicht unbedingt Jahre der Psychotherapie vonnöten oder quälend analytische Selbsterforschung. Allein die echte Nähe zu unserem Partner und unsere ehrliche innere Bereitschaft zur Wahrheit reichen, um uns wieder zu entdecken. Wenn Sie mit dieser Bereitschaft tatsächlich auf unliebsame Eigenschaften und verborgene Ängste in Ihrem Tun und Sein stoßen, beginnen Sie die Schwierigkeiten in Ihren Beziehungen langsam in einem anderen Licht zu sehen. Sie beginnen zu ahnen, dass die unbefriedigenden Abläufe genau Ihren tief versteckten unproduktiven, vielleicht sogar destruktiven Glaubenssätzen entsprechen: So sehr Sie sich nach Zuwendung und Liebe sehen, so sehr fühlen Sie sich dieser vielleicht auf einer unbewussten Ebene gar nicht wert. Sosehr Sie Nähe erflehen, so sehr vereiteln Sie sie gleichzeitig. Im Lichte Ihres ehrlichen Bewusstseins beginnen Sie sogar zu ahnen, dass Sie es sich nie wirklich wert waren, besser als schlecht behandelt zu werden. Sie entdecken und verstehen vielleicht sogar, dass Ihre Beziehungen immer wieder Mustern folgten und dass Sie den Zwang zur Wiedererschaffung dieser Muster nicht durch einen neuen Partner beenden können.

Eine wie alle – das Boris-Becker-Phänomen

Ich liebe es, in der Boulevard-Presse zu blättern. Unter den so genannten Prominenten haben häufig Dinge Raum, die sich der Rest der Welt entweder nicht erlaubt, von denen er vielleicht heimlich träumt, zu denen ihm die Möglichkeiten fehlen oder aber auf die er heftig mit dem erhobenen Finger zeigt. Zwischen Hollywood und Centrecourt, von Monaco bis Berlin trifft man auf etwas, das ich das Boris-Becker-Phänomen nenne: Nach einer ersten tieferen und längeren Partnerschaft gibt es – von außen betrachtet – eine eher überraschende Trennung, und dann folgt in kurzen Intervallen eine Reihe von verblüffend ähnlichen Liebschaften. Es ist, als hätte die Schallplatte einen Sprung: Zwischen Filmpremiere, Oscar-Verleihung und Oktoberfest – immer wieder beginnt das gleiche Lied von vorne, immer wieder an der gleichen Stelle springt die Nadel aus der Rille, ganz gleich ob bei Film-Stars, Sportlern oder Fürstentöchtern. Nach einer ersten Liebe – die häufig in einer Ehe mündet und dann in einer Scheidung endet – gibt es eine ganze Reihe ähnlicher Partner, die wirken wie Doubles. Die Prominenten trennen sich in Serie, um sich dann immer wieder mit jemandem mit der verblüffend gleichen Art und Optik zusammenzutun. Sie alle scheinen etwas zu suchen, was sie ja eigentlich nicht mehr haben wollten – die Wiederauflage der ersten Beziehung. Bei manch einem Prominenten haben die hungrigen Fotografen nach der ersten Scheidung durchaus ein halbes Dutzend wechselnde, geradezu zum Verwechseln ähnlich wirkende Nachfolgebesetzungen festgehalten. Offensichtlich gab es für die Stars in ihren Begegnungen immer wieder eine Grenze der Nähe und Vertrautheit, über die sie auch mit den wechselnden neuen Partnern nicht hinausgehen konnten.

Von Zeit zu Zeit reihen die Boulevardblätter dann die Fotos der Ehemaligen aneinander, und nicht nur Klatschkolumnisten fragen sich öffentlich, warum jemand wie Boris Becker seine Frau Barbara und die Kinder nicht einfach behalten hat. Warum er sich immer wieder den gleichen fremdländisch anmutenden Typ Frau sucht, wenn er doch eigentlich nicht mit ihm leben kann? Aber spätestens wenn man seine an diese äußerst wechselhafte Lebensphase anschließende Autobiografie liest, bekommt man eine Ahnung: Boris Becker scheint etwas zu suchen, was ihm bisher offensichtlich die wechselnden Nachfolgerinnen genauso wenig geben konnten wie seine erste Frau Barbara: Er sucht sich selbst.

In seiner Autobiografie wagt Boris Becker die Konfrontation mit der eigenen inneren Persönlichkeit, erlaubt er offenbarende Einsichten in sein bisheriges Leben. Bei der Vorstellung seines Buches betont er, es gehe ihm um die Wahrheit – um eine manchmal unbequeme Wahrheit über seine eigene Person: So gesteht er zeitweilige Alkohol- und Tablettenabhängigkeit ein und übt öffentlich Reue über einen Seitensprung. Die Autobiografie wirkt wie eine Selbsttherapie, kommt einem Befreiungsschlag gleich. In einem Interview zum Buch, das Becker der Zeitschrift *Gala* gab, gesteht er: »Für mich war es eine extreme Notsituation. Wie sollte ich mit dieser wahnsinnigen Öffentlichkeit, mit diesem Druck fertig werden? Wen sollte ich fragen, das hatte doch keiner in dieser Form erlebt.« Und: »Die Maschine Boris Becker musste funktionieren. Dann rollte der Rubel. Vordergründig war alles okay, hinter die Fassade wollte keiner blicken. Wir waren im Rausch, das war eine Traumwelt.«

Boris Becker hatte sich, wie viele andere Prominente auch, unter dem Druck der öffentlichen Rolle verloren. Wenn wir uns selbst nicht mehr fühlen können, dann suchen wir immer stärker nach Verbindung und Anerkennung im Außen. Aber wenn wir uns selbst nicht fühlen können, dann können wir auch die Menschen, die uns nahe sind, nicht mehr fühlen. Wir suchen, wir versuchen, aber wir finden nicht. Wir können nur immer wieder aufs Neue wie automatisiert einer Ansammlung von inneren, sich teilweise widerstrebenden Mustern folgen – so lange, bis wir uns selbst begegnen.

Einmal war über Katharina Witt, die Eisläuferin, eher lapidar zu lesen, sie habe nach ihrer ersten großen Liebe »gerade mindestens die Nummer acht auf Eis gelegt«, ergänzt durch eine Reihe von Fotos, auf denen zu erkennen ist, dass auch hier die neuen Männer wie eine Wiederholung vom Alten wirken. Katharina Witt erklärt im Interview, sie sei »unendlich traurig«, auf ihrer Suche nach dem Mann fürs Leben schon wieder den Falschen getroffen zu haben. Einer der Ex-Freunde kommentiert in der gleichen Reportage die lange Reihe der Trennungen aus einer anderen Perspektive: »Wenn du mit Katharina zusammen bist, kannst du als Mann machen, was du willst, da bleibst du doch immer der Kofferträger.« Die erfolgsgewohnte Sportlerin erklärt daraufhin, dass sie sich eigentlich aber genau das Gegenteil wünsche, dass sie auf gar keinen Fall mit jemandem zusammen sein wolle, der sich ihr unterordne: »Für mich ist es wichtig, dass ich mit meinem Partner glücklich und gleichberechtigt bin. Ist dem nicht mehr so, muss ich eben versuchen, mein Glück von neuem zu finden.«

Wenn wir versuchen, unser Glück zu finden, dann suchen wir meistens nach einem anderen Menschen. Und wenn wir schon dabei sind, unser Glück von neuem zu finden, dann suchen wir meistens nach einem neuen, anderen Menschen. Wie hier Katharina Witt, wünscht sich jemand Gleichberechtigung und findet Unterordnung – egal, mit wem er zusammen ist. Egal, mit wem er zusammen ist – am Ende wird er sein Glück erst dann finden, wenn er seinen inneren Konflikt löst. Bei all den Prominenten, an deren Beziehungssuche uns die Medien teilhaben lassen, gibt es vielleicht mehr Möglichkeiten, mehr Versuchungen und größere Unabhängigkeit – aber in ihrem Inneren jagt sie das gleiche Phänomen von einer Trennung zur nächsten neuen Beziehung wie alle anderen auch: Es gibt einen bewussten Wunsch nach Verbindung, dem ein unbewusstes Programm scheinbar sabotierend entgegenwirkt. Das Aufspüren und die Anerkennung dieses Konfliktes ist die eigentliche Aufgabe, um die es geht.

Wenn wir diese innere Arbeit nicht leisten, wenn wir nicht schauen, warum an einer bestimmten Stelle in unserem Leben und in unseren Partnerschaften die Nadel immer wieder aus der Rille springt, dann läuft unsere Schallplatte so lange von vorne, bis wir uns schließlich resigniert mit gebrochenem Herzen zurückziehen oder zu notorisch herzlosen Verführern mutieren. Dies ist allerdings keine Arbeit, die unser bewusster Verstand alleine leisten könnte. Selbst wenn wir festen Willens sind, dass wir so eine Beziehung nie wieder führen, so etwas nie wieder erleben, so jemanden nie wieder haben wollen, wenn wir uns ganz bewusst für das Gegenteil vom letzten Partner entscheiden wollen und uns absolut sicher sind: »Jetzt wird alles anders!« – unsere verborgenen Muster, Glaubenssätze und Verletzungen sorgen trotzdem dafür, dass sich alles wiederholt.

Warum alles gleich bleibt, wenn alles anders werden soll

Als Hilde zu mir kam, hatte sie sich gerade von ihrem langjährigen Freund getrennt, nachdem dieser sie in immer kürzeren Abständen betrogen hatte. Ihr neuer Mann rettete sie sozusagen aus den Armen dieses kaltherzigen Don Juans. Alle waren glücklich, denn der neue Mann war nicht nur äußerlich das völlige Gegenteil vom ersten. Jeder konnte sehen, dass er auch warmherziger und fürsorglicher war. Er hatte mit allen Kräften um ihr Herz gekämpft, heiratete sie und wurde der Vater ihrer Kinder. Die Jahre vergingen, und dieser neue Mann machte optisch geradezu eine Metamorphose durch. Irgendwann fuhr er sogar das gleiche Auto wie der Ex. Und irgendwann betrog er seine Frau noch viel skandalöser und scheinbar rücksichtsloser als der erste.

Karins erster Mann hatte sie geschlagen und von ihrem Geld gelebt. Freunde meinten: »Das ist halt so ein jähzorniger, egoistischer Typ gewesen.« Alle waren sich einig, dass sie so einen nicht verdient habe. Dass es richtig war, sich zu trennen. Der Nächste schien tatsächlich aus ganz anderem Holz geschnitzt zu sein: weicher, einfühlsamer, großzügiger. Alles schien unter einem guten Stern zu stehen. Irgendwann war das blaue Auge bei Karin aber für niemanden zu übersehen. Auch dieser Mann hatte sie wieder geschlagen. Bei der Trennung musste sie sein Haus verlassen und war erneut weitgehend mittellos. Beim dritten Mann schließlich schien ein Wunder geschehen zu sein. Dieser Mann war erfolgreicher Unternehmer und trug sie auf Händen. Er vergötterte Karin geradezu und vermachte ihr die Hälfte seines Hauses. Irgendwann im Laufe der Ehe verlor der Mann sein Unternehmen und seine Nerven. Er schlug sie, und als Miteigentümerin und Bürgin verlor auch sie mit seinem Ruin alles, was sie besaß.

Selbst wenn Sie diese Beispiele für traurige Einzelschicksale oder für unglaubliche Zufälle halten mögen – Beziehungen funktionieren nach präzisen Gesetzmäßigkeiten, die unser bewusster Verstand nicht wahrhaben will oder nicht nachvollziehen kann. Jede Ihrer inneren Vorstellungen, jede Angst, jede Abwehrhaltung – mag sie auch noch so tief in Ihrer Seele verborgen sein – wird sich in Ihrer Partnerschaft manifestieren. Sie können von der Traumfrau träumen, wie Sie wollen – solange Sie unbewusst Angst vor Frauen oder subtile, vielleicht sogar über Generationen vererbte Zweifel an der Integrität von Frauen haben, werden Ihnen diese Anschauungen im Außen begegnen. Auch wenn Ihnen das vielleicht im Moment noch an den Haaren herbeigezogen scheint – im Laufe dieses Buches werden Sie verstehen, dass Sie sich die unbefriedigenden Beziehungen, die Sie nicht mehr haben wollen, immer wieder höchstpersönlich erschaffen.

Wie aus Prinzen Gott sei Dank Frösche werden

Dass es präzise Gesetzmäßigkeiten gibt, nach denen eine Partnerschaft verläuft, mag manch einem Angst machen. Zu viele romantische Illusionen müssten über Bord geworfen werden, befürchten Sie vielleicht. Stimmt genau! Mit jeder romantischen Illusion, die Sie gehen lassen, kann echte Liebe kommen. Wir halten überall Ausschau nach vorbeireitenden edlen Prinzen, hoffen darauf, dass endlich eine makellose Prinzessin ihr Haar herunterlässt. Wir durchforsten Schlosstürme und Burggräben nach perfekten Partnern und entdecken allerhöchstens Durchschnittsprinzen und -prinzessinnen. Lassen wir uns trotz dieser Ent-Täuschung auf sie ein, verwandeln sie sich im Laufe der Ehe in Frösche, die wir vollkommen desillusioniert wieder loswerden wollen.

Ein weiser Mann hat gesagt: »In dem Moment, in dem du dich in einen Menschen verliebst, beginnt automatisch der Prozess seiner Verwandlung in einen Frosch.« Für den weisen Mann kein Grund zur Beunruhigung: »Am Froschsein, da ist nichts Schlimmes dran – Frösche sind wunderbare Leute. Die ganze Welt ist voller Frösche.« Wir sollten glücklich sein, dass sich der Prinz oder die Prinzessin unserer Träume als Frosch entpuppt habe, behauptet er sogar. Denn echte Prinzen und Prinzessinnen würden sich wohl kaum für Frösche wie uns interessieren. »Akzeptiert lieber endlich, dass ihr selbst auch nur Frösche seid, und werdet aufrichtig neugierig auf den anderen Frosch«, schlägt der weise Mann zur Lösung aller romantischen Verwirrungen vor.

Wenn es um Beziehungen geht, schätze ich persönlich das Märchen von der Schönen und dem Biest. Es schlägt vor, dass Sie sich nicht von Ihrem vertrocknenden, alternden Frosch trennen oder Ihrer zickiger werdenden, welkenden Fröschin den Laufpass geben. Es schlägt vor, dass Sie das unansehnliche, beängstigende Biest an Ihrer Seite endlich mit aller Leidenschaft und Hingabe so sehr lieben, bis es sich durch Ihre bedingungslose Liebe in einen Prinzen oder eine Prinzessin verwandelt.

Wir alle haben Bilder im Kopf, wie Menschen idealerweise sein sollten: schön, stark, klug, einfühlsam, liebevoll, gebildet – es gibt hunderte von Anforderungsprofilen, die wir in uns haben, je nachdem wie wir aufgewachsen sind. Was für den einen der Prinz ist, kann für den anderen ein Ungeheuer sein. Unsere Partner werden auf jeden Fall stets an unseren ganz persönlichen Prinzenprofilen gemessen. Und überall da, wo sie diesen Profilen nicht entsprechen, behaupten wir kurzerhand, sie seien Frösche oder Biester.

Wirkliche Liebe funktioniert nicht nach Anforderungsprofilen. Eltern von behinderten Kindern wissen das: Sie lieben diese Kinder nicht wegen dem, was sie sind; sie lieben sie einfach – häufig bedingungsloser, als sie sich das je hätten vorstellen können. Aber auch wenn Sie ein gesundes Kind zur Welt gebracht haben, wissen Sie, wie man schreiende und quengelnde Biester so tief und hingebungsvoll lieben kann, dass sie in unserem Herzen zu kleinen Prinzen oder zu Prinzessinnen werden.

Ehepaar, Elternpaar, Liebespaar

Haben Sie sich schon einmal gefragt, ob Sie sich von Ihren Kindern scheiden lassen wollen …? Wenn unser Partner nicht unseren Ansprüchen entspricht, dann brauchen wir eben einen neuen. »Ja, genau!«, werden vielleicht einige von Ihnen sagen. Sie kennen Leute, die beim zweiten Anlauf mit ihrem neuen Partner harmonischer und friedlicher leben. Die kenne ich auch. Einige wenige haben vor einer neuen Begegnung eine Phase echter tiefer Transformation und Entwicklung ihrer Persönlichkeit durchlebt. Die meisten haben sich allerdings durch die Trennung nur Abstand zu den Schmerzauslösern, nicht aber zum Schmerz geschaffen. Viele von denen, die ich kenne, haben mit ihrem ersten Partner Kinder. Sie sind heute mit diesem Partner kein Ehepaar mehr, sondern ein Elternpaar. Mit dem neuen Partner sind sie häufig noch kein Ehepaar, sondern ein Liebespaar.

Was ich damit sagen will: Ehepaar sein heißt Vater, Mutter, Geliebter und Geliebte sein, nichts auszusparen, alles von sich zu zeigen. »Wenn zwei unter euch eins werden auf Erden«, heißt es manchmal bei kirchlichen Eheschließungen. Gemeint ist dabei weder romantisches Verschmelzen noch die Begegnung zweier idealer Partner oder der Versuch, wie siamesische Zwillinge aneinander zu kleben und keinen eigenen Raum zu haben. In diesem Sinne Ehepaar sein heißt, am Anderssein des anderen die eigene Liebesfähigkeit zu üben, um dabei – quasi als Belohnung – die eigene Herzensfülle tiefer und tiefer zu erleben. Es bedeutet, die volle Verantwortung für sich zu übernehmen – auch für die individuellen Freiräume und Grenzen – und so echt wie möglich einem anderen Menschen zu begegnen.

Alles dreht sich darum, den anderen als den zu erkennen und zu akzeptieren, der er wirklich ist – im Zweifel ein ebenso durchschnittlicher Mensch wie man selbst. Es bedeutet, sich immer wieder darin zu üben, anders sein, anders handeln, anders denken, Schwächen und Versagen anzunehmen und zu integrieren. Ehepaar sein ist einer der konsequentesten Wege der eigenen Erweiterung und Annahme des anderen. Damit heißt Ehepaarsein im Alltag vor allen Dingen persönliches Wachstum. Am Ende in seinem tiefsten spirituellen Sinn bedeutet Ehepaar sein, die Illusion der Getrenntheit gemeinsam zu überwinden. Damit ist nicht körperliche, räumliche Trennung, sondern seelische Trennung gemeint: Trennung durch Ablehnung, Bewertung und Verurteilung.

Elternpaar sein heißt Verantwortung tragen, sich kümmern, geben und nähren. Liebespaar sein heißt empfangen, entdecken, spielen und sich fallen lassen. Das Leben ist nie nur das eine oder das andere. Und auch in uns gibt es immer beide Prinzipien im Wechselspiel. Wenn Sie Ihr Leben in zwei teilen, wenn Sie in einer Beziehung als Elternpartner und in der anderen als Liebespartner leben, dann verlagern

Sie Ihre innere Spaltung nach außen. In Ihrer Beziehung zum ursprünglichen Ehepartner geht es im Nachhinein meistens um Geld, um Pflichten, um Erziehung, Absprachen und Verantwortung. Mit dem neuen Partner kommen die Leidenschaft, die Freiheit, der Entdeckergeist wieder ins Leben. Mit ihm lösen wir uns häufig von alten familiären oder gesellschaftlichen Ansprüchen und erlauben uns endlich einen lange unterdrückten und gleichzeitig ersehnten Teil von uns selbst. Wir versuchen, mit diesem Menschen in gewissem Sinne erwachsen zu werden.

Scheidung heißt, sich von alten Schmerzen zu trennen

Mit dem alten Partner haben wir häufig vieles so gemacht, wie »man« es machte, so wie es unserer Herkunft entsprach. Wir sind in eine Sackgasse aus wiederkehrenden Abläufen und Routine geraten. Ohne bewusstes Zutun sind wir mit ihm im Laufe der Zeit in allen möglichen alten, familiären Mustern gelandet. Manchmal haben wir sogar unsere Kinder so erzogen, wie es unsere Eltern mit uns getan haben. Und das, obwohl wir uns geschworen hatten, alles ganz anders zu machen. Der alte Partner verkörpert für uns dieses einstige »Zuhause« – hier durften wir nicht sein, hier wurzeln unsere tiefsten Verletzungen. Mit unserer Trennung verlassen wir unser »Zuhause« und fühlen uns befreit. Die Tragik ist nur, dass wir all die alten Prägungen und Muster, die wir in unserem ehemaligen richtigen Zuhause auferlegt bekamen, weiterleben müssen, solange sie uns nicht bewusst sind und von uns geheilt wurden. So fühlen wir uns endlich frei und leicht mit dem neuen Partner, während wir all unseren alten Schmerz und all die unfreiwilligen Abhängigkeiten weiterhin mit dem Ex-Partner verbinden. Wieder sind wir hin und her gerissen. Nur diesmal haben wir unser inneres Spannungsfeld auf zwei Menschen verteilt. So scheint der eine Mensch richtig und der andere falsch zu sein.

Häufig behält die neue Beziehung so lange ihre magische Kraft, wie sie weitgehend unbehelligt bleibt von Abhängigkeiten und Verpflichtungen. Beobachten Sie einmal selbst, wie sich neue Beziehungen verändern, wenn Themen wie Geld und Kinder in ihnen mehr Bedeutung finden. Und vielleicht trauen Sie sich auch einmal ehrlich hinzuschauen, wie viel Raum eine alte negative Verbindung auch nach der Trennung weiterhin behalten kann: Sie werden entdecken, dass zwar einer den anderen irgendwann einmal verlassen hat, dass sich beide danach aber noch endlos lange quälen können mit zerstörerischen, traurigen, rachsüchtigen, schuldvollen oder wehmütigen Gedanken. Dass Probleme und Spannungen manchmal über Jahre oder sogar ein ganzes Leben lang unendlich viel Leidenschaft und Hingabe zwischen ehemaligen Partnern entfachen können. Ich kenne eine Menge Getrennter, die im Laufe der Zeit entdecken, dass kein Rausschmiss, kein Auszug, keine Scheidung eine Trennung im Herzen bewirken kann, dass Ablehnung oder Hass so verbindend sein können wie Liebe.

Sie sagen sich: »Aber die Lösung kann ja nicht sein, dass man um jeden Preis zusammenbleiben soll, dass man bei einem Mann bleiben soll, der einen geschlagen, oder bei einer Frau, die einen betrogen hat.« Nein, das kann tatsächlich nicht die Lösung sein. Ich plädiere nicht für Durchhalten, bis dass der Tod zwei scheidet. Auch nicht für funktionales Zusammenbleiben, während die Betroffenen innerlich häufig schon vor Ewigkeiten abgereist sind. Auch mich stimmen die Begegnungen mit Paaren traurig, die zwar noch zusammenleben, aber weiter voneinander entfernt sind als andere, die es gewagt haben, Konsequenzen zu ziehen und sich zu trennen. Zu oft enden Menschen aneinander gefesselt, anstatt zusammen einem gemeinsamen Weg zu folgen. Anstatt sich gegenseitig auf der Reise zu unterstützen, stehen sie sich nur müde und erstarrt im Weg.

Eine alte Weisheit sagt: »Willst du deine Ketten loswerden, dann liebe sie.« Ehrlich gesagt habe ich Jahre gebraucht, um die wirkliche Bedeutung dieses Satzes zu begreifen und auf meine Ehe zu übertragen. Vielleicht helfen meine Ausführungen ja, dass es Ihnen schneller gelingt. Ich plädiere hier weder für Scheidung noch für Zusammenbleiben um jeden Preis. Meine Leidenschaft gilt der Lebendigkeit, der Authentizität und der Wahrheit. Dieses Buch soll Sie dazu bewegen, sich selbst wieder zu entdecken und zurückzuerobern. Es soll Sie ermutigen, Ihre eigenen Lebenslügen zu entlarven, um hinter ihnen Ihre wahre Liebenswürdigkeit und Lebendigkeit zu entdecken. Dieses Buch will Ihnen zeigen, dass Sie auf diesem Weg auch die Liebenswürdigkeit und Lebendigkeit der Menschen um Sie herum entdecken; dass dieser Weg zu Ihnen selbst der direkte Weg ist, die Kraft, die Liebe und die Leidenschaft in Ihrer Beziehung wieder ins Leben zu bringen.

Die neue Beziehung – »Ich hatte Sehnsucht nach Leben!«

Rudolf Scharping sagte, als er nach über drei Jahrzehnten Ehe seine neue Liebe zu Kristina Gräfin Pilati in der Öffentlichkeit gestand: »Ich hatte lange Zeit Politik mit Leben verwechselt.« Nachdem Scharping, wie so viele Männer, jahrzehntelang eine scharfe Grenze zwischen seinem Gefühls- und seinem Arbeitsleben, zwischen sich selbst und seiner öffentlichen Person gezogen hatte, schien er frisch verliebt eine wahre Metamorphose zu durchlaufen. In den Medien immer wieder als farblos und ohne Charisma skizziert, in seiner Partei wegen seiner professoralen Art spöttisch als »Gottvater« bezeichnet, ließ sich der bis dahin ungelenk steife Politiker auf einmal den Bart abnehmen und zeigte sich mit neuer Brille und lässigen Anzügen heftig turtelnd und herzlich strahlend an der Seite seiner neuen Frau. »Ich hatte eine solche Sehnsucht nach Leben und den Wunsch, Nichtgelebtes nachzuholen«, bekannte er und nahm in Kauf, für derartige Offenbarungen bespöttelt und kritisiert zu werden.

Viele Scheidungen rühren daher, dass Menschen ihre eigene erstarrte Rolle nicht mehr ertragen können. Vor allem für Männer wird das Korsett, das sie für das Leben gehalten und sich selbst im Laufe ihrer Karriere gezimmert haben, mit fortschreitendem Alter plötzlich zu eng. Es scheint, als trennten sie sich von ihren Frauen, um aus der eigenen Geschichte aussteigen zu können. Auch Rudolf Scharping wirkte, als hätte er das gewohnte Familienleben so rigoros verlassen müssen, um endlich der Eigentliche, einmal der Echte – er selbst – zu sein. Gräfin Pilati war nun sein zweiter Versuch, sich durch eine neue Beziehung zu finden. Für sie war es sogar der dritte.

Wenn eine solche Selbstfindung allerdings keine organische Entwicklung ist, sondern überraschend von außen in Gang gesetzt wird; wenn sie ausschließlich der Begegnung mit einem anderen Menschen zugeschrieben wird, reichen ihre Auswirkungen häufig radikal und explosiv in alle möglichen Lebensbereiche hinein. Ein Wandlungsprozess, der vielleicht Jahre voller bewusster Entscheidungen, kleinschrittiger persönlicher Entwicklung und mutiger Aufklärungsarbeit bedurft hätte, wirbelt jetzt wie ein Orkan durch Scharpings vorher wohl strukturiertes Leben und bietet einen wahren Gaumenschmaus für die begierige Presse. Die Handlungen und Entscheidungen, die von den Gefühlswallungen frischer Verliebtheit ausgelöst werden, wirken häufig überzogen abrupt und überfordern die Außenwelt. Vor allem von einer öffentlichen Person, die bereits lange daran gewöhnt ist, mitunter stereotyp und rollenhaft funktionieren zu müssen.

So konnte auch Rudolf Scharping seinen öffentlichen Beobachtern nicht erklären, dass ein Mensch, der in Krisensituationen Armeen befehligt und für Hundertschaften die Verantwortung trägt, so leicht von den Wellen des jungen Glücks hinweggefegt werden kann. Sein Ministeramt fiel dem Medienspektakel um seine neue Liebe und seinem Bedürfnis, diese öffentlich zu dokumentieren, zum Opfer – aus der Sicht dieses Buches erneut eine Möglichkeit für persönliches Wachstum. Für Scharping erneut eine Möglichkeit, sich ganz zur eigenen Wahrheit zu bekennen und der alten machtvollen, aber nicht mit Leben gefüllten Rolle zu entwachsen. Die Authentizität, die einem Menschen aus einer derart gemeisterten Krise zuwächst, gibt ihm die tatsächliche innere Führungskraft, die er als Leitfigur und Veränderer einer Gesellschaft braucht. Wenn auch gezwungenermaßen, so könnte Scharping mit entsprechender Selbstreflexion genügend Stärke entwickeln, um Politik und Leben seinem Wunsch entsprechend authentisch und wahrhaftig miteinander zu verbinden.

Alles, was die Verbindung von Kristina Gräfin Pilati und Rudolf Scharping heute von ihren vergangenen Beziehungen unterscheidet, ist nicht der neue Partner, sondern ihre erhöhte Kommunikationsbereitschaft und ihr Mut, für die Liebe auch Konsequenzen zu ziehen. Hatte Scharping im Laufe der ersten Ehe noch alles für die Politik geopfert, war er jetzt nicht mehr willens, seine Gefühle zu zäumen und seine Verletzbarkeit zu verbergen. Er war bereit, für die eigene Wahrheit öffentlich einzustehen. Auch Kristina Gräfin Pilati zeigt sich in einem späteren Interview gereift: »Wenn man älter ist, merkt man, dass das Lieben selbst schon sehr wertvoll ist und dass man glücklich ist, dass man überhaupt lieben kann.«*

Die beiden scheinen einiges über die Liebe gelernt zu haben. Dafür ist aber der neue Partner nicht wirklich verantwortlich. Auch hier setzt die Anziehungskraft, die von ihm ausgeht, nur einen stürmischen Öffnungsprozess in Gang, für den uns als Einzelpersonen zuvor meist Kraft und Mut

* Zitiert aus der Zeitschrift *Bunte*.

fehlten. So resümiert Rudolf Scharping nach der ersten gemeinsamen Lebensphase mit seiner neuen Frau: »Tina und ich sind in den letzen drei Jahren durch etliche Fegefeuer gegangen, haben aber vor allem eine bestärkende Gemeinsamkeit aufbauen können.«*

Der neue Partner fordert uns heraus und erinnert uns an das Ideal von uns selbst, das wir schon lange nicht mehr leben. In ihm entdecken wir etwas von uns, nach dem wir uns lange gesehnt haben, das wir lange schon auf dem Weg der Anpassung beerdigt haben. Wenn wir diesen Teil im Außen endlich wieder erleben, dann erwacht etwas in uns. Wenn wir weit genug von unserem eigentlichen Weg abgekommen sind, wenn unser Hunger nach der eigenen Lebendigkeit lange genug nicht gestillt wurde, dann sind wir endlich bereit, über den kleinen, starr eingegrenzten Raum unserer alten Beziehung hinaus einen neuen, meist verbotenen Raum zu betreten. Tatsächlich gehen wir damit über die eigenen Grenzen in uns selbst hinaus. Häufig heimlich und gegen die gesellschaftliche Moral finden wir einen neuen Geliebten, um in ihm den Teil von uns wiederzuentdecken, der uns einstmals verboten wurde und den wir später für tot hielten.

Rudolf Scharping, der nach eigenem Bekunden so lange Politik mit Leben verwechselt hatte, der nach Jahrzehnten der Erstarrung und Außenorientierung beseelt war von dem Wunsch, Gelebtes nachzuholen – dieser Mann war so voller Sehnsucht nach sich selbst, dass er bereit war, sich für das Leben zu öffnen. Er traf eine Frau, in der er sich wieder erleben

* Zitiert aus der Zeitschrift *Bunte*.

konnte. Er brachte den Mut auf, für diese Auferstehung von den Toten Konsequenzen zu ziehen, für die eigenen Gefühle einzustehen, sich zu sich selbst zu bekennen, sich sogar lächerlich zu machen, die alte, gesellschaftlich akzeptierte Maske fallen zu lassen, nicht mehr nett und freundlich auf Kosten der eigenen Lebendigkeit zu sein. Auf die Frage: »Welche Erkenntnis bleibt Ihnen nach über dreißig Jahren Politik?«, lautet seine Antwort in einem Interview: »Gefährde durch das, was du tust, nie deine Überzeugung, deinen Charakter und dein privates Glück.«*

Eigene Kraft entdecken, eigene Leidenschaft entfachen

Dieses Erdbeben, das durch eine frische Liebe losbrechen kann, hat interessanterweise auch noch ganz andere Auslöser. Häufig erlebt man ähnliche Phänomene bei Menschen, die von einem schweren Schicksalsschlag oder von einer lebensbedrohlichen Krankheit heimgesucht wurden. Solch starke Einschnitte ins Leben können in die völlige Lähmung treiben, oder sie können Menschen wieder zurück zu sich selbst, zurück zu ihrer Kraft, auf ihren eigentlichen Weg bringen. Immer wieder kann man Geschichten lesen von Menschen, die unter plötzlichem Leid ihre Lebensfreude, ihren Lebensmut, ihren Kämpfergeist und ihre Leidenschaft wiederentdeckt haben.

* Zitiert aus der Zeitschrift *Bunte*.

Aber auch Menschen, die eine schwere Sucht überwunden haben, entwickeln auf einmal Kräfte, die niemand in ihnen je vermutet hätte. In der Sucht haben sie körperlich, geistig oder emotional nach Befriedigung, Erfüllung und Linderung gesucht, aber nichts dergleichen, sondern immer nur mehr Sucht gefunden. Im Entzug konnten sie dann alle Facetten des Abgrundes studieren, mussten sie in all ihre Schichten von Lähmung, Schwäche, Gier und Lieblosigkeit eintauchen. In der Überwindung konnten sie schließlich ihre wahre Kraft, manchmal auch ihren innersten göttlichen Kern entdecken und zurück ins Leben holen. Da, wo vorher die Sucht in ihnen alles besetzt und immer gieriger zerfressen hatte, verströmen sie plötzlich ungeahnte Lebens-, Herzens und kreative Schöpferkraft.

Dies alles könnten wir auch in unserem gewöhnlichen alltäglichen Leben erleben und in uns entfesseln. Wir könnten es auch mit unserem alten Partner tun, aber dann müssten wir selbst für den Sturm sorgen, der die Wellen hochschlagen lässt, die uns weitertragen. Dann müssten wir größten Mut haben, unsere eigene Wahrheit auszusprechen und zu leben, auch auf die Gefahr hin, unsere Umwelt und unseren Partner zu verletzen. Wir müssten unsere Komfortzone verlassen, die stillschweigenden Arrangements, die faulen Kompromisse, unsere Schonhaltung und die wortlose, leere Freundlichkeit aufgeben. Wir müssten mit all unseren Worten und Taten bereit sein, dafür nicht geliebt und nicht verstanden zu werden. Wir könnten uns den Raum geben, bei unserem Partner bleiben zu wollen, weil wir jeden Tag bereit wären, ihn zu verlassen.

Nietzsche bezeichnete die Ehe als einen »Dialog«. Um diesen Dialog in Gang zu halten, müssten sich seiner Überzeugung nach die Partner in jeder langfristigen Beziehung auf eine andauernde »radikale Konversation« einlassen. Sie müssten bereit sein, ihre innersten Gedanken und Gefühle auf die radikalste Weise zu teilen – indem sie gemeinsam ihren Ängsten entgegentreten und ihre Unterschiedlichkeit achten.

Ich behaupte nicht, dass dieser Weg leicht ist. Ich behaupte auch nicht, dass es leichter ist, zusammenzubleiben als sich zu trennen. Aber ich glaube, es ist erfüllender. Ich bekenne mich zu dieser so leidenschaftlichen Hommage an die gute alte Ehe eher aus pragmatischen als aus moralischen Gründen. Mein Leben hat mich einfach zutiefst davon überzeugt, dass es keine größere Aufgabe für einen Menschen gibt, als sich selbst wieder und wieder zu überwinden und dabei tiefer und tiefer zu begegnen. Um diese Begegnung mit sich selbst wahrhaft zu erleben, bedarf es allerdings der wahrhaften Begegnung mit einem anderen. Eine Begegnung, die uns mit der Zeit zeigt, dass wir nichts von ihr brauchen.

Was ich damit meine: Immer wenn wir glauben, dass wir etwas brauchen, sagen wir indirekt, dass wir schwach und unvollkommen sind. Jedes Mal, wenn wir entdecken, dass wir etwas nicht mehr brauchen, wachsen unser Selbstwertgefühl und unsere Liebesfähigkeit, entsteht paradoxerweise Fülle. Das heißt, alles – von der Mutterbrust angefangen –, was wir im Laufe des Lebens loslassen können, macht uns sicherer, wohlhabender und freier. Wachstum heißt, dass wir Stück um Stück unsere Bedürftigkeit loslassen können und nicht, dass wir ständig etwas Neues bekommen.

Wenn es um Beziehung geht, scheint es immer darum zu gehen, etwas zu finden, das uns fehlt: einen idealen Partner, viel Zuwendung und Liebe. Da, wo wir scheinbar auf der Suche sind nach der besseren Hälfte, suchen wir eigentlich nach Heilung für uns selbst. Bleiben wir in der Ehe und verstehen wir, worum es dort geht, haben wir die größtmögliche Chance des Wachstums und der Heilung. Nicht der genialste Therapeut der Welt kann so schnell so präzise in unser Verdrängungssystem einsteigen wie unser Partner. Jeden Tag schafft er es, unsere Schattenseiten zu aktivieren. Jedes Mal, wenn wir ihn dafür loswerden wollen, sollten wir uns bewusst machen, dass er uns hilft, die Dämonen in uns zu finden und abzuschütteln.

Wenn wir genug Mut entwickeln, um einen radikalen Perspektivenwechsel in unserer Beziehung zu vollziehen, können wir uns in solchen Situationen eingestehen, dass der Partner nicht die Ursache, sondern der Auslöser unserer Probleme ist. Wenn wir es schaffen, dann bei der Wahrnehmung und Heilung all dieser unangenehmen und ungeliebten Aspekte unserer selbst zu bleiben, tun wir unseren eigentlichen Job. Und indem wir uns so schonungslos und intensiv mit uns beschäftigen, erleben wir mit unserem Partner immer neue Durchbrüche, eine sich vertiefende Liebe und für uns selbst immer neue Freiheiten und den Zuwachs neuer Kräfte. Heilen wir so unsere Partnerschaft, heilen darin automatisch unsere Kinder. Und heilen unsere Kinder, dann heilt unsere Gesellschaft.

Peter Russel sagt, Beziehungen sind das Yoga der heutigen westlichen Gesellschaft. Er verwendet Yoga dabei in seinem ursprünglichen Wortsinn – es bedeutet Arbeit, vor allem spirituelle Arbeit. Russels Kernpunkt ist, dass wir unsere Beziehungen nutzen können und sollen als eine Art meditatives Yoga, um uns selbst und unsere Gesellschaft weiterzuentwickeln.

Im Laufe der Jahre habe ich viele Menschen erlebt, die keine Hoffnung mehr für ihre Ehe hatten. Viele Menschen, die sich aus Resignation getrennt haben. Ich bin davon überzeugt, dass die meisten dieser Ehen gute Chancen gehabt hätten, wenn die betroffenen Partner mehr über den Sinn und Zweck von intimen Beziehungen und deren Phasen und Gesetzmäßigkeiten gewusst hätten. Wenn sie sich im Yoga ihrer Ehe kontinuierlich, beharrlich und mit Gottvertrauen geübt hätten. Dieses Beziehungs-Yoga kann Spaß machen. Es kann die Ehe zu einem Abenteuer werden lassen. Es kann Ihre Wahrnehmung magisch verändern: Bei regelmäßigem Praktizieren können Sie entdecken, dass Wahrheit, Wachsen, Offenheit, Wagen und Geben viel aufregender sind als Nehmen.

2. Kapitel

Sie heiraten sowieso aus den falschen Gründen

Sozusagen das Urgefühl unserer Mangelhaftigkeit ist die Tatsache, dass wir als Mann oder als Frau auf die Welt gekommen sind. Damit sind wir von Geburt an immer nur das eine oder das andere – aber eben nie vollkommen, immer nur die Hälfte des Ganzen. Vor diesem Hintergrund ist unser aller Suche nach der richtigen Beziehung eher zwingend und zwangsläufig als romantisch und zufällig. Wenn wir unser Leben einmal aus dieser Perspektive betrachten, dann fehlt uns immer ein Teil, immer befinden wir uns auf der Suche nach etwas, das unsere Löcher stopft und unsere Lücken füllt.

Wir befinden uns permanent in einer Art Sog, aus dem heraus uns ewig und überall suggeriert wird, dass wir für unser Glück Jemanden oder Etwas finden müssen. Da fehlt dem Topf der Deckel. Da sind wir einsam, bis endlich der richtige Mann auftaucht. Da kommen mit der neuen Frau endlich auch Liebe und Zärtlichkeit zu uns. Was auch immer – auf jeden Fall bringt die Beziehung etwas in unser Leben. Hintergründig gehen wir damit allerdings davon aus, dass uns ohne die Beziehung etwas fehlt. Also sind wir alle unterwegs, auf der Suche nach einer beglückenden und belebenden Zweisamkeit. Genau damit stecken wir dann auch bereits in

Schwierigkeiten, weil wir auf diesem Weg eine Beziehung brauchen wie eine Krücke, um nicht mehr einsam oder endlich glücklich zu sein.

Zwei Einbeinige wollen laufen lernen

Jede bestehende Beziehung, mag sie auch anfänglich unter einem noch so guten Stern gestanden haben, richten wir über kurz oder lang durch diese innere Haltung von Erwartung, Forderung oder Anklammerung zu Grunde. Es ist, als ob ein Einbeiniger einen anderen Einbeinigen sucht, um gehen zu können. Die beiden kommen zusammen, haben endlich zwei Beine und können laufen. Alle Probleme scheinen gelöst zu sein. In der ersten Glückseligkeit vergessen die beiden vielleicht sogar, dass sie jemals Einbeinige waren. Bis eines Tages einer von beiden unterwegs die Richtung oder das Tempo ändern will ... Plötzlich wird der andere wider Willen jäh an sein Handicap erinnert – er kann nicht mehr weiter, beginnt zu humpeln, er fällt. Mittlerweile hat er aber längst vergessen, dass er bereits einbeinig zur Welt kam. So macht er kurzerhand den anderen für sein Humpeln und Fallen, ja sogar für sein Handicap verantwortlich. Fast allen von uns passiert dies irgendwann einmal mit einem anderen Menschen. Plötzlich fehlt uns etwas – Zärtlichkeit, Halt, Sicherheit, Leidenschaft, Zuwendung –, und die einstige bessere Hälfte ist schuld daran.

Wenn Sie als halbe Person in eine Beziehung gehen und deshalb meinen, jemanden zu brauchen, der Ihnen hilft, die fehlende Hälfte zu ergänzen, dann legen Sie damit paradoxerweise genau die Basis für Konflikt und Trennung. Ihr Partner kann Sie nicht glücklich machen. Er kann froh sein, wenn er dies für sich selbst tun kann. Anfänglich können Sie sich vielleicht noch der Illusion hingeben, der wunderbare neue Mensch an Ihrer Seite bringe wunderbare neue Dinge in Ihr Leben. Aber es ist nur eine Frage der Zeit, dass genau die Eigenschaften, derentwegen Sie Ihren Partner anfänglich gewählt haben, zu den Eigenschaften werden, derentwegen Sie ihn später verfluchen, nämlich dann, wenn er sie Ihnen verwehrt, wenn er sie nicht erfüllt oder nicht mehr erfüllen kann.

Einmal standen sich während eines Partnerschaftsseminars Ehemann und Ehefrau vor aller Augen gegenüber. Ihren Blick trennte nicht mehr als ein halber Meter. Zuvor war der Ehemann, dessen Ehe sich in großen Schwierigkeiten befand, Schritt um Schritt auf seine Frau zugegangen. Mit jedem – manchmal tränenerfüllten, manchmal schwerfällig gelähmten – Schritt hatte er in diesem therapeutischen Prozess symbolisch ein Thema durchschritten, das ihn in der Vergangenheit von seiner Frau getrennt hatte. Nun stand er in der Öffentlichkeit eines großen Auditoriums verwundbar und offen vor ihr. Nach langer Zeit war er gezwungen, ihr wirklich in die Augen zu schauen, seiner Frau wirklich nahe zu sein; sie wirklich so zu sehen, wie sie ist. Plötzlich schaute er erschrocken, fast panisch den Seminarleiter an: »Ich habe sie aus den falschen Gründen geheiratet«, stotterte er tief erschüttert. Der Seminarleiter lächelte weise: »Wir heiraten alle aus den falschen Gründen.«

Die Gründe gehen, der Partner bleibt

Frauen heiraten Männer, weil sie so erfolgreich, gewandt und stark sind, Bären erlegen, Bilanzen lesen oder Kunststücke im Bett vollbringen. Frauen heiraten Männer, weil diese endlich genauso wie oder ganz anders als ihr Vater sind. Frauen heiraten Männer, weil diese der Vater ihres Kindes sind oder weil diese der Schwarm ihrer Freundinnen waren. Frauen heiraten Männer, weil sie ihnen von ihren Eltern versprochen wurden oder weil sie dafür Geld oder einen neuen Pass bekommen.

Männer heiraten Frauen, weil alle ihre Freunde sie unwiderstehlich fanden, weil sie umwerfend aussehen, einen süßen Hintern oder blonde Haare haben. Männer heiraten Frauen, weil sie sie erobern durften. Männer heiraten Frauen, weil sie Männer so gut managen können. Männer heiraten Frauen, weil sie so gut kochen können wie oder endlich besser als ihre Mutter. Männer heiraten Frauen, weil sie sich eine Familie wünschen oder weil sie jemanden brauchen, der sie bewundert. Männer heiraten Frauen, weil sie Sex haben wollen oder weil sie Angst vor dem Alleinsein haben.

Wir heiraten immer aus irgendeinem Grund. Meistens werden aber eben genau diese Gründe zu unserem Verhängnis. Erfolgreiche Männer sind nie da. Wunderschöne Frauen bekommen Falten und Orangenhaut. Die Gründe, derentwegen man geheiratet hat, entpuppen sich als Täuschung, sind dem Wandel unterworfen oder verschwinden ganz einfach. Unsere Hoffnungen verwandeln sich in Begierden: Nichts scheint zu reichen. Die Schönheit wird schal, der Erfolg bringt keine Befriedigung. Wir brauchen mehr Erfolg, mehr Schönheit, mehr Aufmerksamkeit, mehr Zuwendung, mehr Sex. So angetrieben fühlen wir uns dann irgendwann innerlich völlig ausgezehrt, oder wir haben das Gefühl, in unserer Beziehung langsam zu ersterben. Häufig endet unsere unbefriedigende Suche nach mehr aber einfach bei einem neuen Partner, der uns mehr Sättigung oder Befriedigung verheißt.

So oder so – alle unsere Gründe, die uns zur Heirat bewogen haben, sind flüchtig und unbeständig, was ihre Tragfähigkeit für unsere Beziehung angeht. In Wahrheit sind sie nur Indikatoren für unsere eigenen Defizite. Deshalb ist einer der wichtigsten Schritte zurück in die Lebendigkeit und Wahrheit Ihrer Partnerschaft, dass Sie sich eingestehen, warum Sie den anderen überhaupt geheiratet haben. »Klar, weil ich ihn liebte!«, werden die meisten von Ihnen sagen. Seien Sie gewiss, dass kein Satz so viele unterschiedliche Bedeutungen in dieser Welt hat wie die drei Worte »Ich liebe dich«. Kaum ein Satz erfasst so wenig von der Ganzheit und Wahrheit der Person, an die er gerichtet ist. Kaum ein Satz drückt dagegen so viel von den subjektiven Bedürfnissen seines Absenders aus.

»Ich liebe dich« ist ein Satz mit »ich«

Seien Sie mutig und gestehen Sie sich ein, was »Ich liebe dich« aus Ihrem Mund bedeutet. Auf jeden Fall beginnt dieser Satz mit »ich«. Dieses Ich wirkt wie ein Filter – all unsere bisherigen Erfahrungen mit der Liebe, unsere kindlichen Prägungen von Geburt an, unsere unausgesprochenen Erwartungen und unerfüllten Sehnsüchte stecken in unserem ganz persönlichen »Ich liebe dich«. Sie ahnen schon, dass das unter Umständen wenig mit der wirklichen Person, die Ihr Partner ist, zu tun haben könnte.

Ihr »Ich liebe dich« kann alles Mögliche bedeuten: Ich liebe dich, weil alle dich so attraktiv finden. Ich liebe dich, weil du erfolgreich und wohlhabend bist. Ich liebe dich, weil du um mich gekämpft hast. Ich liebe dich, weil du so kreativ bist. Ich liebe dich, weil du alles hast, was ich nicht habe. Ich liebe dich, weil du mir so ähnlich bist.

Auf unbewusster Ebene hat Ihr »Ich liebe dich« noch unzählige ganz andere Bedeutungen: Ich liebe dich, weil du so anders bist als der, der mich verletzt hat. Ich liebe dich, weil es sich bei dir so ähnlich distanziert anfühlt wie bei meinem Vater. Ich liebe dich, weil du so ähnlich hilflos wirkst wie meine Mutter. Ich liebe dich, weil ich mich so wertlos fühle und du so wohlhabend scheinst. Ich liebe dich, weil ich Angst vor dem Alleinsein habe.

Wenn Sie wirklich bei den Gründen ankommen, warum Sie den anderen geheiratet haben, dann kommen Sie mit ehrlicher, uneingeschränkter Offenheit immer irgendwo an, wo es Ihnen selbst an etwas zu fehlen scheint. Dann geht es um *Ihre* Sehnsüchte, Defizite und Löcher, die der andere stopfen soll. Dann geht es bei den Vorzügen des anderen um etwas, das *Ihnen* scheinbar fehlt. Deshalb rühren Ihre Beziehungsprobleme von Ihren Defiziten her. In Wahrheit entstammen sie gestörten, meist verdrängten Programmierungen, die Sie schon sehr früh, auf jeden Fall weit vor der Begegnung mit diesem Menschen, erworben haben.

Das Eisbergmodell

Wir alle tragen, wie gesagt, unzählige kleinere und größere seelische Erschütterungen mit uns herum – die meisten davon sind uns nur eben nicht bewusst, durchwirken aber all unser Handeln. Weil das für unseren Verstand so schwer nachzuvollziehen ist, noch ein kleines Beispiel zur Verdeutlichung: Bringen Sie doch einmal die beiden Spitzen der Daumen und die der Zeigefinger zueinander. Das kleine Dreieck, das da entsteht, nenne ich die Spitze des Eisberges. Sie symbolisiert den Teil von Ihnen, der äußerlich erkennbar für Sie und die anderen zu sehen ist – der Teil von Ihnen, der Ihnen bewusst ist. Das ist der Teil, der sich verliebt. Das ist der Teil, der glaubt, einen Traummann oder eine Traumfrau getroffen zu haben. Der eines Tages zu einem anderen Menschen »Ich liebe dich« sagt. Das ist der Teil, der für das Ja-Wort vor dem Traualtar zuständig ist.

Halten Sie nun das Fingerdreieck in die Höhe Ihrer Stirn und stellen Sie sich vor, dass die ausgestellten Unterarme eine Verlängerung der beiden Zeigefinger sind. Jetzt haben Sie den ganzen Eisberg vor Augen. Die kleine Spitze zwischen den Fingern, die sich verliebt oder die bessere Hälfte gefunden hat, symbolisiert nur den Teil von Ihnen, der oberhalb der Wasseroberfläche zu sehen ist. Den Teil, zu dem Sie sagen: Das bin ich.

In Wahrheit aber ist dies der kleinste Teil von Ihnen. Ihr wirkliches Sein, Ihr komplexes Persönlichkeitsgefüge, zeigt der große Teil vom Handgelenk bis zum Ellenbogen. Hier unten schlummert all das, was Ihrem Bewusstsein abhanden gekommen oder Ihnen noch nie zu Bewusstsein gekommen ist. Alles, was in Ihrer Familie nicht sein durfte. Alles, was Ihnen einst als ablehnenswert und unerwünscht beigebracht wurde. All das, was einst so schmerzte, dass Sie es lieber verdrängen oder einfach vergessen wollten. All das, was Sie nie verstanden, angenommen und geheilt haben. All das, was Sie sich nicht zugetraut haben: alle alten Muster, alle frühen Kindheitserfahrungen, alle Schmerzen, Verletzungen und Ängste genauso wie Ihr noch ungenutztes Potenzial, Ihre nach Entfaltung strebende Lebenskraft und Ihre noch ungeteilte Liebe. All das Gute, all das, was einst ganz natürlich zu Ihnen gehörte, aber keinen Platz und keine Resonanz fand, verwandelt sich hier unten zum vermeintlich Bösen. Einstmals ungelebte Kraft und Lust, unerlaubte Wünsche und Triebe werden zu Aggression, Scham, Gier und Hass, die wir dann schließlich selbst an uns verurteilen, weil wir uns an die einstmals gute Absicht darin nicht mehr erinnern.

Es ist mit unseren natürlichen, unterdrückten Kräften wie mit einer Raubkatze im Käfig. Die Raubkatze an sich ist ein elegantes, kraftvolles, geschmeidiges Tier, das sich in der freien Natur bewegen muss. Dort wird es präzise von seinen Instinkten geleitet und passt sich perfekt in den gesamten Kreislauf ein. Beraubt man dieses Tier seiner Freiheit und seiner natürlichen Umgebung und steckt es in einen Käfig, verwandelt es sich in ein unberechenbares, angriffslustiges und gefährliches Wesen. So ist unten in unserem Eisberg alles eingesperrt, was wir heute als gefährlich einstufen und bewusst nicht mehr wahrhaben wollen oder uns nicht mehr erlauben – all das, was in unserem Wertesystem, in unserer Erziehung und Gesellschaft keinen Platz hat. All das, weswegen wir einstmals ein unbeachtetes oder ein »böses« Kind waren und das uns heute als inadäquat oder verurteilenswert erscheint.

Das Eisbergmodell gilt natürlich auch für Ihren Partner. Während über der Wasser- oder besser über der Bewusstseinsoberfläche zwei kleine Eisberge noch in gebührendem Respekt und inniger Sehnsucht über den Ozean treiben und »Ich liebe dich« säuseln, passiert unterhalb der Wasseroberfläche etwas ganz anderes. Dort kann es gut sein, dass aus »Ich liebe dich« »Ich liebe dich, wenn du tust, was ich will« oder »Ich liebe dich, wenn du genauso bist wie mein Vater« wird. Während die kleinen Dreiecke gerade das erste Kind planen, können unter der Wasseroberfläche die Ausläufer der Dreiecke voller längst vergessener alter Wunden kollidieren und abgelehnte Bösewichte miteinander rangeln.

Diese vermeintlichen Bösewichte sind in Wahrheit verwaiste, hilflose, nach Zuwendung hungernde Geschöpfe und haben ihre eigene Logik. Da sie bis auf wenige Ausnahmen in unserer Kindheit entstanden sind, funktionieren und handeln sie auch wie Kinder. Während Sie da oben Ihren Partner reif und tief lieben wollen, kauert das verletzte Kind unten in der Ecke und hat Angst vor dem Verlassenwerden. Während wir geben und lieben wollen, finden sich hier unten Teile von uns, die genau dies sabotieren, die aktiv Negativität, Trennung, Selbstsucht, Furcht und Misstrauen wählen.

Das Kind in uns lebt weiter

Wie kann das sein, dass wir so gespalten und verrückt funktionieren? Von Geburt an sind wir durch die Tatsache, dass wir »nur« als Mann oder »nur« als Frau auf die Welt gekommen sind, auf der Suche nach Ganzheit, nach Vervollkommnung. Aber diese tiefe, elementare Sehnsucht nach Verbindung erscheint im kleinen Kind gänzlich anders als im Erwachsenen. Als Kinder waren wir nie auf der Suche nach der richtigen Beziehung, den richtigen Eltern, der richtigen Bestätigung. Für uns als Kind war Nähe eine völlig passive Erfahrung: Wir waren ein rein rezeptiver Organismus. Wir haben nichts weiter getan, als aufzunehmen und zu empfangen, was immer es auch um uns herum gab. Wir haben aufgesaugt: Nahrung, Wärme und Zuneigung genauso wie Störungen, Disharmonien, Misshandlungen und Abweisungen. Wir haben einfach alles genommen, was uns widerfuhr, und es für die Welt gehalten.

In dieser absolut rezeptiven, absorbierenden, wertfreien Haltung geht auch kindliches Wachstum vonstatten: Wo immer uns ausreichend Nahrung, Zuwendung und Liebe zuflossen, wuchsen wir. Wo immer sie fehlten, fand kein Wachstum statt. So entstand mit der Zeit ein ganz individuelles Profil von vollen und defizitären Persönlichkeitsanteilen, die in ihrem Verständnis der Welt dem jeweiligen Entwicklungsstadium entsprechen, in dem sie unterbrochen, verletzt, missbraucht oder einfach nur nicht beachtet und genährt wurden. Wenn wir bereits als Baby etwas Elementares entbehren mussten, dann gibt es heute einen entsprechenden

Teil in uns, der im Verständnis eines hungrigen, ängstlichen, verschreckten oder einsamen Babys reagiert und funktioniert. Wurden wir in der Pubertät verletzt, missbraucht oder traumatisiert, gibt es einen Teil in uns, der die Welt und Beziehungen wie ein verletzter Teenager wahrnimmt. Desto länger andauernd oder traumatischer die negativen Erfahrungen ehemals waren, desto intensiver wirken diese Teile noch heute in unser Leben hinein.

Wenn für Sie nur schwer nachvollziehbar ist, wie dies in einem Menschen funktioniert, dann stellen Sie sich eine Art Großfamilie vor: Jedes Mal, wenn in Ihrem natürlichen Wachstum eine Verletzung, Unterversorgung oder Traumatisierung stattfindet, bleibt ein Teil von Ihnen in seiner seelischen Entwicklung einfach in diesem Moment stecken und spaltet sich ab. Wenn Sie dann später in eine Beziehung eintreten, haben Sie immer eine Großfamilie aus Säuglingen, Kleinkindern, Heranwachsenden, Pubertierenden usw. dabei. Für den Erwachsenen ist damit im weiteren Leben echte Erfüllung überall dort blockiert, wo das Kind, das innerhalb der erwachsenen Persönlichkeit stecken geblieben ist, immer noch seine ganz eigene Art der Erfüllung sucht. Es sehnt nährende Eltern herbei, aber keine kraftvolle, freiheitlich erwachsene Partnerschaft mit einer anderen Person. Es sucht rezeptive Nähe und Verschmelzung ohne Grenzen, aber ihm fehlt ein klares Ich für eine individuelle Begegnung mit einem anderen.

Wir wollen bewusst handeln und eigenständig entscheiden, aber das Kind in uns funktioniert eher automatisch: Es betrachtet die Welt aus dem Sein der ehemaligen, eingefrorenen Situation heraus und überträgt all die alten Gefühle, die alten Blockierungen auf die neue Situation und sein Gegenüber. Das heißt, ohne Hinterfragen, ohne Bewusstheit, ohne intellektuelle Distanz wiederholt dieses innere Kind die Muster aus der Kindheit einfach wieder und wieder. So kommt es zum Beispiel, dass Menschen, die als Kinder geschlagen wurden, sich als Erwachsene, ohne es vorher zu ahnen, wieder Partner suchen, von denen sie geschlagen werden. So heiraten Kinder von Alkoholikern später häufig Alkoholiker. Der Eisberg voller alter Geschichten wirkt also nicht nur, wenn es Schwierigkeiten in unserer Beziehung gibt.

Unsere inneren Kinder tauchen in allen möglichen Situationen überraschend auf. Manchmal sind sie für die anderen deutlicher wahrnehmbar als für uns selbst. Von Frauen kenne ich das Phänomen, dass sie in wachsender persönlicher Nähe männliche Autorität häufig nicht mehr ernst nehmen können. Da bekleidet jemand eine wichtige Funktion, besitzt ganz besonderes Wissen oder hohe Fachkompetenz: »Der mag ja der Kaiser von China sein, aber wenn er neben mir sitzt, wirkt er auf mich wie ein kleiner Junge.« Intuitiv spüren diese Frauen, dass neben der offiziellen Persönlichkeit noch ganz andere, unter Umständen kindliche Persönlichkeitsanteile präsent sind. Diese sind im Außenverhalten vielleicht nicht gleich wahrnehmbar, weil gut unter machtvollen Gebärden oder kompetenten Ausführungen versteckt, aber in zunehmender persönlicher Nähe werden sie immer deutlicher fühlbar.

Selbst wenn wir uns verlieben, hat unsere gesamte Großfamilie aus kindlichen Persönlichkeitsanteilen ihre Hände im

Spiel – wirkt der Mechanismus mit der gleichen Präzision. Unsere Sehnsucht nach einer harmonischen Begegnung mit einem idealen Partner kann noch so groß sein – wir bringen unser altes schmerzendes Gefühlsgepäck mit in die Beziehung und finden ohne bewusstes Erkennen in der Tat ideale Partner – Menschen, deren Verletzungen zu unseren Verletzungen passen. Menschen mit den zu uns passenden Eisbergrümpfen. Menschen, deren Defizite dort unten so zielsicher und schmerzhaft mit unseren Defiziten kollidieren, dass wir oben in der Spitze jäh aus unserer Verliebtheit gerissen werden und verstört mit Angst, Zweifel, Unsicherheit und Distanz darauf reagieren.

Die Verwirrung, die aus dieser Spaltung zwischen oben und unten entsteht, ist letztendlich der entscheidende Grund für eine Trennung. Ich kenne nicht einen einzigen Fall, wo jemand zu mir gekommen ist und eindeutig und klar gesagt hat: »Ich will mich von diesem Menschen trennen, weil er mich nicht mehr interessiert, weil er ohne Bedeutung für mich ist.« Immer findet die Trennung resignativ statt: »Ich habe alles versucht, aber so kann es nicht mehr weitergehen.« Stets erlebe ich es, dass Menschen sich ambivalent, gespalten, auf eine Art und Weise unfreiwillig abgeschnitten oder distanziert fühlen. Oder sie schimpfen und wüten über das scheinbare Fehlverhalten ihres Partners, haben aber gleichzeitig ein Gefühl von Hilflosigkeit, weil nichts von ihnen zu genügen scheint, um diesen Partner zu erreichen. Alle – ohne Ausnahme – befinden sich, egal, wie verfahren und dramatisch der Stand ihrer Beziehung gerade ist, auf der Suche nach einer Möglichkeit zu lieben. Gerade wenn Paare gemeinsam zu mir kommen, dann sind Wut und Verbitterung, Fremdgehen und Trennung immer sehr nahe an den Tränen der Verzweiflung und der Sehnsucht nach Nähe und Heilung. Wenn sie diese Nähe bewusst erleben, sind die Menschen häufig sehr verwirrt und befremdet von ihren ambivalenten Gefühlen und ihrem zerrissenen Verhalten.

Die Frau will Leidenschaft – das Kind will Schutz

So kam Katarina zu mir. Sie fühlte sich völlig ausgezehrt nach Weiblichkeit, Leidenschaft und sinnlicher Sexualität, konnte ihren Mann aber nicht mehr ertragen. Sie wolle nicht mehr von ihm angefasst werden, sagte sie, sie könne nicht mehr mit ihm schlafen, halte ihn mittlerweile für einen Versager. Aber – Katarina hat Angst, wenn ihr Mann, den sie so ablehnt, abends nicht rechtzeitig nach Hause kommt. Sie hat Angst, ohne ihn in Urlaub zu fahren oder das Wochenende zu verbringen. Ständig hält sie ihn an zu kommen und zu bleiben. Aber wenn er da ist, kann sie die Nähe kaum ertragen, nervt er sie, beginnt sie mit ihm zu streiten, an ihm herumzunörgeln. Während Katarina das alles erzählt, ist sie verwirrt und entsetzt über sich selbst. Schließlich sei sie doch zu mir gekommen, weil sie ihre Ehe retten wolle. Sie sagt, irgendwie liebe sie ihren Mann. Aber irgendwie finde sie ihn auch unerträglich. Gleichzeitig schämt sie sich für ihre harte, ablehnende, sogar angeekelte Haltung ihm gegenüber. In diesem inneren Durcheinander fühlt sie sich hilflos, kommt sie sich sogar verrückt vor.

Diese Geschichte ist nur eins von unzähligen Beispielen aus meiner Praxis, an denen man die tiefe innere Spaltung deutlich erkennen kann. Die erwachsene Beziehung von Katarina zu ihrem Mann ist gestört. Derweil gibt es unzählige alte kindliche Sehnsüchte und kindliche Reaktionen in vielerlei Gestalt. Überall dort, wo unsere Entwicklung vom Säugling zum Kind, vom Kind zum Heranwachsenden, vom Jugendlichen zum Erwachsenen in unserer Herkunftsfamilie nicht sicher und schadlos gesättigt wurde, bleiben emotionale und seelische Lücken wie Narben in unserer Persönlichkeit. Verletzte, ungesättigte, nicht ausreichend von Vater oder Mutter wertgeschätzte und geschützte Teile von uns bleiben in ihrer seelischen Entwicklung stecken. Später, im Kontakt mit unserem Partner, suchen diese kindlichen Teile unbewusst nach Heilung. Wenn der erwachsene Teil von uns dann auf unseren Partner wie ein Erwachsener reagiert, ist der ehemals verletzte, noch nicht gereifte kindliche Teil zur gleichen Zeit unter Umständen bedürftig, ängstlich oder abwehrend. Wir sind verwirrt und zweifeln womöglich an unserer Beziehung.

So verzehrt sich die bewusste Katarina nach Sex, während das verängstigte Kind sich in ihr zur gleichen Zeit an Papa klammern will. Katarina erinnert sich an ihre Kindheit nur mit einer tiefen Spaltung: Es gibt die Zeit »davor« und die Zeit »danach«. Mit der Zeit »davor« meint sie ihre ersten Jahre als Kleinkind. Damals hat ihr Vater mit ihr getobt und Quatsch gemacht. Wenn sie von dieser Zeit der spielerischen Körperlichkeit mit ihrem Vater erzählt, strahlt ihr Gesicht. Dann, im Alter von etwa zehn oder elf Jahren, hörte dieser

Kontakt abrupt auf. Der Vater zog sich wortlos zurück. »Ich kann mich nicht entsinnen, jemals danach auf seinem Schoß gesessen oder mit ihm geschmust zu haben«, erzählt sie. Katarina ist mit dieser Erfahrung kein Einzelfall.

Unzählige Väter aus der Generation unserer Eltern haben in dem Moment, in dem aus ihrem Kind ein Mädchen wurde, große Unsicherheit in Bezug auf ihre eigene Körperlichkeit gespürt. Scham und Hemmung standen plötzlich unausgesprochen im Raum. »Wie weit darf ich mich annähern? Was, wenn sich etwas in mir regt?« Das alles passierte unbewusst, war aber für die Betroffenen im Inneren zutiefst spürbar. Viele Väter und Töchter fanden sich so in einer viel zu frühen, schmerzlichen Trennung wieder. Die Entwicklung zur Frau fand für viele Mädchen hier eine abrupte Unterbrechung. Unbewusst wurde ein Programm in die Seele geschrieben, das etwa folgenden Inhalt hatte: »Ich bin nicht anziehend. Männer wollen mich nicht. Für körperliche Lust muss ich mich schämen. Ich bringe Männer mit dem Erblühen meines Körpers in Schwierigkeiten …« Während das Mädchen äußerlich trotzdem weiter heranreift, bleibt ein wichtiger Teil der Persönlichkeit stecken.

Um diesen Mechanismus wirklich zu verstehen, stellen Sie sich doch einmal vor, dass sich im Falle von Katarina nicht nur diese eine Frau mit diesem einen Mann, sondern viele Personen begegnen. Stellen Sie sich die beiden jeweils oben in der Spitze des Dreiecks vor, und nehmen Sie einmal an, dass unter der Bewusstseinsoberfläche verborgen lauter weitere kleine Katarinas soufflieren, argwöhnen oder dazwischenplappern.

Oben in der Spitze des Eisberges sagt die Ehefrau: »Ich liebe meinen Mann.« Unten im Rumpf findet derweil ein Tumult statt: Da verzehrt sich eine junge vitale Frau nach Leidenschaft und Sinnlichkeit, ekelt sich aber vor ihrem (Vater-)Mann. Da will ein pubertäres Mädchen Aufmerksamkeit, darf aber vom (Vater-)Mann nicht mehr angefasst werden. Da will ein heranwachsendes Kind Zärtlichkeit, verspürt körperliche, sogar sexuelle Anziehungskraft, nimmt aber ein unausgesprochenes striktes Verbot gegen solche Bedürfnisse beim (Vater-)Mann wahr. Da kauert ein Kleinkind voller Sehnsucht nach Schutz und hat Angst, dass dieser (Vater-) Mann abends nicht nach Hause kommt, es am Wochenende und im Urlaub alleine lässt. Da schämt sich die gute Tochter ihrer Eltern, dass sie nicht so ist, wie frau sein sollte: nicht liebenswürdig, sondern ablehnend und hart zu ihrem Ehemann. Da hält die Mutter in der Frau den Mann für einen Versager, weil er all die unausgesprochenen Kinderbedürfnisse nicht gut bedienen kann. Da hält sich die erwachsene Katarina für verrückt, wenn sie sich auch nur ansatzweise erlaubt, all das, was da in ihr passiert, wahrzunehmen.

Wenn dieses Beispiel auch Sie schon beim Lesen verwirrt, dann malen Sie sich doch einmal aus, wie verwirrend das Ganze im täglichen Miteinander ist. Jedes Mal wenn zwei Menschen aufeinander zugehen, setzen sie, ohne es zu ahnen, in ihrem Inneren ganze Truppen in Bewegung. Da ist es nur allzu verständlich, wenn Menschen nach einigen solcher Truppengefechte den Rückzug antreten, um bei diesem militärischen Bild zu bleiben. Wenn wir uns nicht gleich trennen, kommunizieren wir doch lieber nur an der Oberfläche, bleiben wir lieber unverbindlich, lassen uns lieber nicht noch mal ein, bevor die ganze Mannschaft voller Kriegsveteranen wieder in Gang gebracht wird und wir in einem schmerzlichen Tumult versinken.

Was wir nicht sagen, hört der andere ganz genau

Aber selbst wenn wir uns reduzieren, wenn wir versuchen, Teile von uns – unser Herz oder unseren Körper – aus der Begegnung herauszuhalten und uns auf freundliche Kommunikation zu beschränken, findet ein ähnlicher Prozess statt. Wenn zwei sich als Mann und Frau begegnen wollen, reagieren sie nur scheinbar auf die Worte des anderen. Sie reagieren vor allen Dingen auf die unsichtbare Strömung, die zwischen ihnen fließt. Auch dieser Mechanismus entspricht ganz unserem Aufwachsen in unserer Herkunftsfamilie. Dort herrschte ein spezifisches emotionales Klima. Dieses Klima, die vielen Strömungen zwischen Vater, Mutter und innerhalb der Familie haben uns viel eindringlicher geprägt als die verbalisierten Anweisungen unserer Eltern: Da wurden Tugenden hochgehalten und Lern- und Lebensziele definiert, aber die tägliche Realität fühlte sich manchmal gänzlich anders an. Da gab es Ambivalenz, Unsicherheit, ja sogar Heuchelei, Misstrauen oder Streit. Wir haben als Kinder all diese Strömungen wahrnehmen können und müssen, häufig fühlten wir uns daraufhin verwirrt in der Diskrepanz unserer Gefühle zu den Worten unserer Eltern.

So wurde es für die meisten Erwachsenen dann später völlig normal, anderen Menschen nicht das zu sagen, was sie wirklich fühlen, sondern sich auf ein ungefährliches Mindestmaß an Mittellagenkommunikation zu reduzieren und freundliche Nettigkeiten auszutauschen. Aber meistens nützt das nicht wirklich. Zwischenmenschliche Begegnungen sind vor allem ein energetischer Prozess. Wir hören Botschaften, aber wir reagieren vornehmlich auf darunter liegende Subbotschaften und darauf, *wie* etwas gesagt und ausgedrückt wird. So sagen wir zu unserem Partner: »Ich habe heute dieses oder jenes gemacht.« Unten darunter übermitteln wir: »Sei bitte stolz auf mich ... Lobe mich ... Das kannst du doch sowieso nicht ... Das hättest du doch eigentlich für mich tun müssen ...« Häufig gibt es unter einer Hauptbotschaft dutzende von automatisch aktivierten Unterabteilungen. Manche von diesen Subbotschaften sind unserem bewussten Fühlen oder Denken in dem Moment noch latent zugänglich, von der überwiegenden Mehrheit haben wir jedoch meist keine Ahnung.

Die Tragik in der partnerschaftlichen Kommunikation aber ist, dass gerade all die Botschaften, von denen wir keine Ahnung mehr haben, beim anderen für Reaktionen sorgen. Zwar hört der andere, dass Sie heute dieses oder jenes gemacht haben, aber plötzlich fühlt er sich gestört, distanziert, geht auf Abstand. Auch ihm ist es meist nicht bewusst, warum er dies tut, obwohl Sie doch nur von Alltäglichkeiten erzählt haben. Meist merkt er nicht einmal, dass er auf Abstand geht. Er merkt nur, dass er sich eigentlich gewünscht hat, Sie zu sehen oder zu hören, dass diese Begegnung jetzt aber überhaupt nicht so ist, wie er es sich erhofft hatte.

Zwischen meinem Mann und mir gab es jahrelang eine kleine Begebenheit, die ganze Geschichten über unsere damalige Beziehung erzählte: Immer wenn er nach Hause kam, nahm er mich in den Arm. Immer bevor er nach Hause kam, freute ich mich darauf. Jedes Mal, wenn er mich dann in den Arm nahm, fühlte ich mich unwohl. Zu Beginn war einfach nur ein kleines »schade …« nach einer solchen Umarmung in mir. Später wurde ich richtig angespannt, schließlich sogar wütend. Bis ich mich eines Tages abrupt aus seinen Armen löste und ihn anbrüllte: »Kannst du mich nicht einmal nur richtig in den Arm nehmen?« Mein Mann guckte mich vollkommen verdattert an: »Aber ich nehme dich doch in den Arm.« Ja, er nahm mich in den Arm. Aber gleichzeitig passierte etwas ganz anderes zwischen uns.

Damals kam es zu einem heftigen Krach, und wir warfen uns alles Mögliche ungezügelt an den Kopf. In diesem Streit hatte sich so viel entladen, dass uns später mit Abstand und Ruhe ganz neue Erkenntnisse und eine neue Annäherung möglich wurden. Uns wurde klar, dass ich mich nach Kraft, nach Schutz, nach etwas Größerem, nach den Armen eines starken Mannes sehnte. Dass aus meinem Mann aber bei jeder Umarmung sofort alle männliche Kraft entwich wie die Luft aus einem Luftballon. Mein Mann, der um einiges größer ist als ich, zog jedes Mal automatisch den Kopf ein. Er machte sich so klein, dass er schließlich in meinen Armen lag. Keiner von uns hatte in dieser täglichen Umarmung etwas zu geben. Jeder von uns war stattdessen auf der Suche nach Zuwendung. Mit jedem neuen Versuch der Begegnung wuchsen die Frustration und die innere Distanz. Zwischen uns entstand ein immer leerer werdender Sog, eine ständig wachsende Bedürftigkeit. Zärtlichkeit existierte zu dieser Zeit in unserer Ehe nicht als Kraft, sondern lediglich als Bedürfnis.

Mittlerweile machen wir Witze übers Kopfeinziehen. Nach vielen schmerzlichen Begegnungen können wir heute darüber lachen, dass mein Mann sich bei mir immer klein und zärtlich einkuscheln wollte wie in den Schoß der Mutter. Dass ich mich endlich einmal fallen lassen wollte wie an die starke Brust vom Vater. Verstehen Sie mich nicht falsch, ich plädiere hier nicht dagegen, sich fallen zu lassen, auch nicht gegen das Kuscheln. Zärtlichkeit ist für jede Beziehung ein Lebenselexier. Aber sie ist etwas, das aus echter Nähe und der emotionalen Fülle zwischen zwei erwachsenen Partnern in die Beziehung fließt.

Immer wieder schildern mir vor allem Frauen, dass ihnen nach einer Reihe von Ehejahren ihre Partnerschaft wie eine seelisch und körperlich ausgedörrte Gefühlswüste vorkommt. Auch ich kannte dieses Phänomen nur allzu gut. Nachdem wir einst während unserer ersten Treffen schon hinter der Haustür oder im Fahrstuhl wild küssend übereinander hergefallen waren, empfand ich diese leeren Umarmungen später wie Mogelpackungen. Genauso gab es im Laufe der Zeit auch immer häufiger routinierte, kraftlose »Ich liebe dichs«. Als mir die Floskelhaftigkeit unserer Sätze eines Tages bewusst wurde, hörten sie sich an wie Heraufbeschwörungen alter Zeiten. Nach dem Motto »Man muss etwas nur oft genug wiederholen«, erinnerte ich mich während dieser Durststrecken unserer Ehe stets sehnsüchtig an eine seltene Szene der ersten Monate unserer Begegnung: Wir saßen damals beide im Auto, gestanden uns unsere Liebe und weinten, weil wir uns für eine Woche voneinander verabschieden mussten.

Im Laufe unserer Ehe war es alles andere als leicht für uns zu erkennen und zu akzeptieren, dass in jedem noch so innigen »Ich liebe dich« eine unserer alten Geschichten steckte, die nach Zuwendung und Heilung verlangte. Dass in jedem »Ich liebe dich« die tiefe Hoffnung nach mehr Liebe in uns selbst lag. Dass wir mit jedem »Ich liebe dich« herausgefordert waren, über unsere emotionalen Defizite hinauszuwachsen und damit liebesfähiger zu werden.

Wenn wir heiraten, wollen wir heilen

Vielleicht gucken Sie auch gerne kitschige Hollywood-Filme mit Happy-End. Vielleicht haben Sie auf ein Navigationssystem für den Weg zur einzig wahren, großen Liebe gehofft, als Sie dieses Buch aufschlugen. Vielleicht finden Sie das alles fürchterlich ernüchternd und unromantisch, wenn ich jedes »Ich liebe dich« so seziere wie ein Pathologe lebloses Gewebe. Vielleicht fühlen Sie sich resigniert, wenn Sie sich vorstellen, dass auch Sie unter Ihrem kleinen bewussten liebenden Selbst so einen Eisberg voller Kampf und Angst mit sich herumschleppen. Vielleicht denken Sie aber auch: Was für eine Spaßbremse, diese Frau. Seitenweise dreht sich jetzt schon alles um Schmerzen und komplizierte Verkettungen alter Verletzungen. Soll ich nun endlos meine Kindheit aufarbeiten?

Sollen doch nur die bösen Eltern schuld an allem sein? Möglicherweise fragen Sie sich aber auch, warum Sie sich überhaupt noch auf irgendjemanden einlassen sollen, wenn es immer nur um Bedürftigkeit, Habenwollen und unzählige ungeahnt mächtige, alte, verdrängte Ängste geht.

Dieses Buch ist nicht der Versuch, Sie auf eine hoffnungslose Ansammlung kriegerischer Truppen und einen Haufen alter Wunden zu reduzieren. Es geht hier nicht darum, minutiös die eigene Kindheit aufzuarbeiten. Ganz im Gegenteil, später werde ich Ihnen noch aufzeigen, dass heute, hier und jetzt, direkt vor Ihrer Nase, mitten im Leben, alles auf Sie wartet, was Sie zur Heilung Ihres Selbst und Ihrer Beziehung brauchen. Aber es ist für uns und unsere Beziehungen überlebenswichtig, dass wir wissen, dass es in uns und unserem Partner, in jedem Menschen diese verdrängten Schmerzen und wenig attraktiven Persönlichkeitsanteile gibt und dass sie tief in unser jetziges Leben hineinwirken.

Ich möchte Sie an dieser Stelle nicht zu einer jahrelangen Seelenanalyse motivieren, ich möchte einfach nur Bewusstsein schaffen für eine gänzlich andere, vielleicht revolutionäre Sichtweise Ihres Seins und Ihrer Beziehungen zu anderen Menschen. Es gibt in uns allen alte, unverdaute Geschichten, die noch bis heute wirken, und unser eigentliches lebendiges fließendes Sein wie ein harter, unsichtbarer Panzer umhüllen. Es ist dieser Panzer, der uns an unserem Glück hindert, und nicht unser Partner. Ich wiederhole es noch mal, weil es sich um einen so vollkommenen und revolutionären Wandel in unserem Bewusstsein handelt, dass er ein stetiges Einschleifen in unsere tief eingravierten, altvertrauten Denkmuster vertragen kann: Die Menschen um uns herum sind nur Auslöser – je näher sie uns sind, desto präziser – und damit auch unsere ergebensten Diener auf dem Weg zur Heilung. Sie stehen uns zur Verfügung, damit wir wieder und wieder unsere alten Muster übertragen und wiederholen und damit unserem tiefen inneren Wunsch nachgehen können, unseren Schmerz auf diese Weise endlich zu heilen.

3. Kapitel

Ihr Partner spielt nur eine Rolle in Ihrem Stück

Der wahre Sinn von Beziehungen ist immer, die inneren Konflikte der beiden Partner ins Gleichgewicht zu bringen. Dafür ist jede Beziehung, so wie sie gerade ist, der optimale Raum, den die beiden beteiligten Partner überhaupt nur finden können. Deshalb seien Sie froh, dass Ihr intimster Partner so präzise auf Ihre Knöpfe drückt, dass es manchmal schmerzt. Seien Sie sogar dankbar, dass dem so ist, denn auf dem Weg in eine erfüllende Partnerschaft geht es unabdingbar darum, jenen Bereichen in Ihnen Aufmerksamkeit zu schenken, die verletzt sind, zerstörerisch wirken oder Ihren heutigen Handlungsspielraum einengen. Vielleicht mögen Sie diese Vorstellung immer noch nicht, aber wenn Sie zur eigentlichen Kraft Ihrer Partnerschaft vordringen wollen, dann bleibt Ihnen zuerst einmal nichts anderes übrig, als sich den unteren Bereichen des Eisbergs zu widmen. Diese Beschäftigung erscheint nur so lange masochistisch, solange man ihr nicht nachgegangen ist. Wer sich mit ihr vertraut gemacht hat, weiß, wie faszinierend sie ist – denn in jedem negativen, schmerzlichen und zerstörerischen Teil unseres Seins ist eine für uns und unsere Beziehung lebenswichtige, konstruktive Kraft eingeschlossen, die nur darauf wartet, von uns endlich wiederentdeckt und befreit zu werden.

Damit dies geschehen kann, bedarf es zuerst Ihrer Bereitschaft, volle Verantwortung für Ihre Angst, für Ihre Negativität und für Ihre Schmerzen zu übernehmen. Das heißt nicht, dass Sie sich augenblicklich in die Tiefen einer düsterdepressiven Schlucht hinabstürzen sollen. Das heißt nur, dass Sie ganz praktisch den Fokus Ihrer Wahrnehmung verlagern sollen. Dass Sie sich von nun an im täglichen Miteinander weniger beschäftigen mit dem, was Ihr Gegenüber tut, als vielmehr mit dem, was in Ihnen durch dessen Tun geschieht. Wenn Sie diese Art der Selbstbeobachtung mit der Zeit gelernt haben, ist vor allem der Mut zur Ehrlichkeit Ihnen selbst gegenüber gefordert. Noch jeder, der diesen Weg gegangen ist, war überrascht, manchmal auch verschreckt von dem, was in ihm vorging: wie viele kleine und große Verurteilungen, Scham und Abwehr tatsächlich vorhanden waren und ihn von seiner Liebe und seinem Glück trennten. Sobald Sie bereit sind, sich selbst hinterherzuschnüffeln und sich Ihren eigenen Nachstellungen zu ergeben, beginnt sich etwas in Ihnen zu verändern – fast unmerklich werden Sie sanfter und mitfühlender.

Praktizieren Sie diesen Weg im alltäglichen Leben und sind Sie zu diesem Richtungswechsel bereit, können Sie erkennen, dass das, was anfänglich scheinbar wie ein Beziehungskiller und Liebestöter wirkt, in Wahrheit den Weg zu wirklicher Liebe freimacht. Unser Eisberg ist genial, er ist kein trickreiches Monster, das uns aus der Tiefe manipuliert. Der Eisberg ist unsere Schatztruhe, in ihm sind unser ganzes Leben, jeder Atemzug, jedes Gefühl, jeder Gedanke wie auf einem unendlichen Tonband gespeichert. Der Eisberg ist unser ganzes Sein. Der Eisberg sind wir. Dem Eisberg sollte unsere ganze Aufmerksamkeit und Liebe gelten. Mit ihm sollten wir die leidenschaftlichste Liebesgeschichte eingehen, die wir uns vorstellen können. Er sollte die Beziehung unseres Lebens werden.

Wir verlieben uns, damit wir nicht lieben müssen

Der Eisberg wirkt immer in unserem Sinne, auch wenn es für unseren bewussten Verstand ganz und gar nicht so scheint. Er ist das göttlichste, präziseste und genialste Instrument, das unendlich weit über alles hinausgeht, was wir mit unserem bewussten Verstand begreifen und initiieren können. Wir glauben, die kleine bewusste Spitze, die für uns und jedermann oben über der Wasseroberfläche zu erkennen ist, sei unser liebendes Selbst. Hier machen und entscheiden wir, hier verlieben wir uns, wollen wir angeblich lieben und zusammenbleiben, bis dass der Tod uns scheidet. Was wir hier aber eigentlich tun, ist etwas anderes: Hier entwerfen wir Bilder, wie unser Leben sein sollte, hier schaffen wir ständig neue Vermeidungsstrategien, die uns von unseren Schmerzen und Unzulänglichkeiten fern halten sollen, uns damit aber von unzähligen Möglichkeiten und unserer wirklichen Liebe trennen.

Sobald etwas unangenehm wird, wollen wir sofort Abhilfe schaffen. Wenn etwas wehtut, suchen wir sogleich nach Mitteln der Schmerzlinderung. Immer wollen wir weg, meistens von uns selbst: Wenn wir uns nicht so fühlen, wie wir uns unserer Meinung nach fühlen sollten, dann flüchten wir uns in alle möglichen Süchte, oder wir suchen nach einem Menschen, der Abhilfe schaffen kann. Sobald in unserem Leben nicht alles so ist, wie es unserer Meinung nach sein sollte, beginnen wir augenblicklich, Strategien zu entwickeln, die uns Besserung verheißen: Wir wollen dann eben erfolgreicher, klüger, anerkannter, schöner, reicher werden, aber wir wollen uns auf keinen Fall eingestehen, dass wir uns in diesem Moment hilflos, einsam, unzulänglich, hässlich oder im Mangel fühlen.

Bei Singles ist dieser Mechanismus meist viel leichter zu entdecken als bei Paaren. Kaum gibt es einen Moment Zeit in ihrem Leben, kaum ist eine romantische Geschichte vorüber, sind viele schon wieder auf der Suche nach der nächsten Begegnung. Ich hatte einen Freund, der jedes Mal, wenn ich mit ihm in ein Restaurant oder eine Bar ging, irgendeine Frau ins Visier nahm, um sie anzusprechen oder ihr beim Herausgehen seine Visitenkarte zu hinterlassen. Stets war er entweder mit dem Erobern einer neuen, dem Kampf um eine bestehende oder dem Trauern um eine gerade beendete Beziehung beschäftigt. Aus der Perspektive dieses Buches betrachtet, war er auf diese Weise vor allem eins: abgelenkt von sich selbst und seiner tiefen inneren Einsamkeit.

Aber auch Paare haben ihre Vermeidungsstrategien: Aus lauter Angst, sich wirklich zu begegnen, vielleicht auf dem Weg echter Annäherung zunächst eine gewisse Sprachlosigkeit oder Distanz aushalten zu müssen, füllen sie ihre privaten Terminkalender randvoll, und meist platzt auch ihr Familienleben aus allen Nähten vor Einladungen, Treffen mit

Freunden, Ausflügen, sozialen Engagements und Hobbys. Immer wieder schildern mir Paare, dass sie in ihrer Freizeit viel miteinander unternehmen, aber nichts voneinander wissen. Mittlerweile sind mir in meiner Praxis mehrfach Paare begegnet, bei denen einer von beiden seit geraumer Zeit einen Liebhaber im engsten Freundeskreis hat und diesen dann bei entsprechenden Einladungen voller Sehnsucht nach einigen heimlichen Berührungen unterm Tisch oder im Flur zusammen mit dem ahnungslosen Ehepartner trifft.

Es gibt eine Form von Außenengagement, die einer tief verwurzelten, transformierten Beziehung entspringt. Da schöpfen zwei Menschen so viel Kraft aus ihrer Partnerschaft, dass sie diese aktiv ins Leben weitergeben. Aber in den meisten Fällen, in denen die ehelichen Terminkalender überquellen, geht es um geschäftige Ablenkung, ähnlich der einer Vogelmutter, die in sicherer Distanz von ihrem Nest voller Junger wild umherflattert und laut zwitschert, um mögliche Feinde abzulenken. Unsere Geschäftigkeit hält nicht nur die anderen fern, sie führt auch uns genau von dort weg, wo unsere ganze Aufmerksamkeit eigentlich gebraucht wird: von unserer Angst und unserem Schmerz – sie sind es, die wir verstehen, nähren und lieben lernen müssen. Ihnen müssen wir uns ganzen Herzens widmen und uns mutig stellen.

Damit meine ich auch an dieser Stelle nicht, dass Sie sich in einen tiefen therapeutischen Prozess versenken sollen. Für diese Hinwendung zu uns selbst brauchen wir nur selten eine Therapie. Wir müssen nicht einmal etwas machen oder verändern. Alles, was dazu erforderlich ist, ist eine innere Haltung der Zuwendung, eine Bereitwilligkeit, uns selbst mitfühlend und ehrlich zu betrachten, unsere Gefühle im Moment wirklich zu empfinden.

Als Christina zu mir kam, war sie vor allem anderen immer damit beschäftigt, irgendjemandem zu helfen oder sich um jemanden in ihrer Familie zu kümmern. Wenn ich es bei unseren Treffen schaffte, mein ganzes Herz und meine Präsenz in die kleine Frage zu legen, wie es *ihr* denn ginge, rollten ihr sofort die Tränen herunter. Jedes Mal war sie überrascht über diese Tränen, und jedes Mal war sie berührt, wenn sie für einen Moment fühlte, wie es ihr wirklich ging. Sie scherzte dann zwar über meine angeblichen Fähigkeiten zur Hexerei, aber alles, was passierte, war lediglich, dass sie für einen Moment durch eine kleine, ehrliche Frage bei sich selbst angekommen war.

Um diese kleinen, ehrlichen Fragen an uns selbst geht es – und schon kommen wir mitten an im Rumpf unseres genialen Eisbergs. Ich werde diesen einfachen, aber absolut heilenden und transformierenden Prozess im zweiten Teil des Buches noch genau erläutern. Bis dahin seien Sie gewiss, dass alles, was Sie über sich wissen müssen, alles, was es in Ihnen zu heilen gibt, alle Schmerzen, all Ihre Angst in Ihrem Leben stets im genau richtigen Moment, am genau richtigen Ort auftauchen – Sie müssen nur hinschauen.

Auch die immer allen helfende Christina hätte nur einmal einen Moment innehalten und ihr Leben mit diesem veränderten Blick betrachten, dem Geschehen des Alltags mit der Frage begegnen müssen: »Was zeigt mir das alles über mich selbst?« Überall gab es Hilfsbedürftige, überall in ihrem Leben wurde sie gebraucht. Immer war sie so eine Art Mutter der Nation. Mit Hilfe einer kleinen ehrlichen Frage hätte sie sich vielleicht daran erinnert, dass sie diese Mutter schon als kleines Mädchen in ihrer Herkunftsfamilie spielen musste. Sie hätte erkennen können, dass sie diese Rolle, egal, wo – ob in ihrer jetzigen Familie, im Freundeskreis oder in ihrem Umfeld –, immer wieder eroberte. Und vielleicht hätte sie sogar wahrnehmen können, wie sehr sie diese Rolle suchte und gleichzeitig unter ihr litt, ja manchmal hasste. Womöglich hätte Christina am Ende ihre eigene tiefe Bedürftigkeit und all die angestauten Tränen gefühlt und mit diesem neuen Bewusstsein die ständige Wiederholung ihrer eigenen Geschichte unterbrechen können.

Je konsequenter und kontinuierlicher wir uns in die ehrliche Wahrnehmung unseres Alltagslebens stürzen, desto schneller werden wir feststellen, dass unser ganzes Leben immer wieder nach den gleichen Drehbüchern verläuft. Ich selbst habe in unterschiedlichen Ländern dieser Erde gelebt, bin bestimmt zwei Dutzend Mal umgezogen und habe den Beruf und die Partner mehrfach gewechselt, um diese eine bedeutsame Lektion demütig zu lernen: Egal, wo ich bin, egal, mit wem ich dort bin und was ich tue – die Erfahrungen, die ich mache, sind immer von meiner Art, das Leben zu betrachten, abhängig. Wir alle erleben in der Welt immer wieder unseren eigenen persönlichen Film. Wir können die Drehorte und die Darsteller wechseln – die Partner, die Arbeitsplätze, die Wohnorte –, aber das emotionale Klima und unsere Art, uns mit Leben zu konfrontieren, bleiben. Wir wechseln die Leinwände aus, auf denen unser persönlicher Film läuft, wir verändern das Set, aber die Drehbücher verknüpfen immer wieder ähnliche Handlungsstränge, und die Schauspieler spielen ähnliche Rollen. Denn wir sind die Drehbuchautoren und die Regisseure unseres Films, aber das haben wir meistens vergessen.

Wenn Sie mit diesem Phänomen bewusst in Ihrem Alltag umgehen, werden Sie es auf einmal überall entdecken. Ich habe eine Freundin, die egal, wen sie kennen lernt, immer erst mal skeptisch ist, ob dieser Mensch inkompetent oder vielleicht nicht integer ist. Vor allem fürchtet sie überall, dass jemand schlecht über sie reden oder zu viel über sie erfahren könnte. Mit einer anderen Freundin war ich einmal verreist. Wir wollten uns ein paar Tage entspannen. Kaum waren wir in unserem Hotelzimmer angekommen, trennte sich unsere Wahrnehmung: Ich stand auf dem Balkon und genoss die herrliche Luft und den Ausblick. Ihre Gedanken kreisten darum, dass dieses Zimmer wahrscheinlich abends sehr laut sein könnte, weil es in der Nähe der Gastronomie lag. Wir zogen um. Später gingen wir in die Sauna. Nach einem langen Spaziergang durch die Winterkälte hatte ich es mir gerade in der Hitze gemütlich gemacht, als sie nach wenigen Minuten die Sauna verließ. Später erklärte sie mir, sie hätte den Eindruck gehabt, es sei drinnen sehr unhygienisch gewesen. Ob ich denn nicht den unangenehmen Geruch der Frau neben mir bemerkt hätte? Und ob ich denn nicht die wenig ansehnlichen Füße des Herrn über uns gesehen hätte? Hatte ich nicht.

Wir sehen nicht die Welt, wie sie ist – wir sehen unsere Vorstellung von der Welt. Tief im Rumpf unseres Eisbergs, in unserem inneren Vorführraum, laufen auf dem Filmprojektor noch immer unsere alten, traurigen Geschichten auf einer Endlosspule. Aber wir haben diesen inneren Vorführraum schon seit Ewigkeiten nicht mehr betreten, haben meistens sogar vergessen, dass er überhaupt existiert. Da gibt es aber dieses kleine Loch, genau wie im Kino in der Wand hinter uns. Aus diesem winzigen Loch strahlt der Film herauf in die Spitze unseres Eisbergs auf eine riesige Leinwand, mit Dolby-Surround und 3-D-Technik. Unser Kino ist so perfekt, dass wir gar nicht merken, dass es nur ein Film ist. Die Geschichte hält uns so im Bann, dass wir kaum dazu kommen, vom Popcorn zu naschen.

So erlebte Christina immer wieder aufs Neue – wenn auch völlig unbewusst – die Geschichten ihrer eigenen Kindheit. So rannte sie von einem Hilfseinsatz zum nächsten. So gab es – genau wie früher – immer jemanden – vor allem die kleinen und großen Männer in ihrer Familie –, der Pflege, Hilfe und Zuwendung brauchte. Am Ende eines Tages war sie meistens so erschöpft von der Beschäftigung mit den anderen, dass sie nicht mal in der Lage war zu merken, wie es ihr selbst ging. Jeder der Notfälle ihres Tagwerkes schien ihr wirklich, die wachsende Hilflosigkeit und Bedürftigkeit der

Männer tatsächlich nur durch ihre Hilfe zu lindern zu sein. Wenn ich dann mit meiner Frage nach ihrem Befinden das kleine Loch in den Vorführraum erwischte, dann konnten sie ihre Tränen für einen Moment aus dem 3-D-Film herausführen, dorthin wo das eigentliche Drehbuch geschrieben wurde. Dann konnte sie einmal wirklich bei sich ankommen und ihre eigene Geschichte entdecken, ihre eigene Bedürftigkeit fühlen – und sie konnte Stück um Stück endlich verstehen, warum sie so wütend auf ihren Mann war …

Gerade wenn es vorne auf der Leinwand ganz spannend wird, wenn es scheint, dass die beiden im Film sich doch nicht kriegen, rennt unser Ehepartner durch das Bild. Und ehe wir uns versehen, wirft unser Projektor das Bild des Bösewichtes auf ihn; hat er auch schon die Hauptrolle in unserem Film der unverarbeiteten, unendlichen Geschichte.

So ist es auch in der Geschichte von Christina. Sie kann ihren Mann schon lange nicht mehr sehen, wie er wirklich ist. Denn eines Tages ist auch er mitten durchs Bild gerannt. Seitdem spielt er die Hauptrolle in Christinas altem Film. Christina beklagt, er kümmere sich um nichts und merke nie, was sie wirklich brauche. Und das, obwohl er nach ihrem Bekunden vom ersten Moment an einer der einfühlsamsten, verständnisvollsten Menschen gewesen sei, den sie je kennen gelernt habe. Im Leben von Christina gab es einen jüngeren Bruder, der völlig im Mittelpunkt der Aufmerksamkeit und Liebe der Mutter stand. Er schien stets schwächer zu sein als seine größere Schwester, und so wurde er immer bemuttert und verwöhnt.

Die große Schwester war mit der Zeit im Schatten ihres

Bruders völlig ausgehungert nach Liebe und Zuwendung, aber jeder ihrer Versuche, auf sich aufmerksam zu machen, war vergeblich. Auch Schwäche wurde bei ihr nicht akzeptiert. Das Einzige, was ihr Aufmerksamkeit und Zuwendung von der Mutter brachte, war es, sich ebenfalls um den schwachen Bruder zu kümmern. So lernte sie als kleines Mädchen etwas, das die erwachsene Frau bis heute gefangen hält: Sie bekommt nur Zuwendung, wenn sie Männern hilft. Damit sie Männern helfen kann, müssen diese schwach sein. Wenn die Männer aber schwach sind, dann ist kein wirklicher Raum für die erwachsene Frau mehr da.

Sie glauben, kein Mensch könne so wahnsinnig sein, sich die Szenen seiner Kindheit derart exakt nachzustellen. Sie glauben, unter solchen Halluzinationen würden gesunde Menschen nie leiden. Sie glauben, es grenze an ein Wunder, wenn wir stets genau die passenden Menschen träfen, die dieses alte Spiel nochmals mit uns spielen würden. Dieser Mechanismus ist vielleicht wahnsinnig, vielleicht wirkt er wie eine Halluzination, aber er bestimmt tagaus, tagein unser aller Wahrnehmung. Wir alle gestalten unser Leben genau so, wie es Christina tut: Egal, wer kommt – unmerklich bekommt er sofort eine Rolle übergestülpt, passend zu unserem alten und gewohnten inneren Film.

In Christinas Fall ereilte dieses Schicksal in erster Linie den Ehemann und ihren Sohn, aber auch die anderen kleinen und großen Männer in ihrer Umgebung. In der unbewussten Hoffnung auf Zuwendung und Liebe wurden sie allesamt bemuttert. Da wir alle immer den für uns bequemsten Weg gehen, nahmen sie diese Annehmlichkeit an. Christina bekam ihren Platz in der Familie als Krankenschwester, Helferin und Pflegerin. Nähe hatte immer etwas mit Nichtkönnen und Hilfe brauchen zu tun. Nähe sorgte entweder für Abhängigkeit, oder man(n) ergriff die Flucht. So nahm ihr Sohn mit der Zeit eine Art Schonhaltung ein, und ihr Mann trat den Rückzug an.

Damit wurden die Männer dem ehemals von der Mutter bevorzugten Bruder so ähnlich, dass sie für die erwachsene Frau Christina mehr und mehr zum Objekt von Ohnmacht, Wut und Ablehnung geraten mussten. Sie wurden genau das, was Christina nie wieder haben wollte. Aber dies wurden sie vor allem im Zusammenspiel mit Christina. Ihre beiden Männer waren mit großem Potenzial und großer Intelligenz ausgestattet. Hätte Christina endlich den Mut gefunden, sie selbst zu werden und ihr eigenes Leben zu gestalten, wäre sie das Risiko eingegangen, für ihre eigenen Träume geliebt zu werden, hätte sie vor allem aufgehört, ihren Männern durch ihr bemutterndes Verhalten Schwäche zu suggerieren, wären alle in der Familie gewachsen und vorangegangen. Irgendwann im Laufe unserer Arbeit erkannte sie, dass sie in ihrer eigenen Familie exakt das wiederholte, was sie an ihrer Mutter so sehr ablehnte und was ihr so wenig wirkliche Zuwendung und Akzeptanz als Frau brachte.

Projektion – Ihr Partner ist das, was Sie nicht wollen

In der Geschichte von Christina gibt es gleich eine Reihe von Verwicklungen und Übertragungen aus der Vergangenheit in ihre jetzigen Beziehungen. Vor allem entdeckt sie aber immer wieder bei allen Menschen um sie herum Bedürftigkeit, die dringend ihrer Hilfe bedarf, eine emotionale Bedürftigkeit, die sie sich selbst nie offen erlaubt. Nur manchmal zeigen ihre seltenen Tränen, wie leer, verletzlich und hilflos sie selbst ist. Für diesen Mechanismus gibt es in der klassischen Psychologie den Begriff der Projektion. Auf dem Weg zur eigenen Wahrheit ist es wichtig zu verstehen, was Projektionen sind: Das Wort »Projektion« kommt vom Lateinischen »proicere«, was so viel wie »fortwerfen« heißt. Wenn wir etwas projizieren, werfen wir etwas von uns auf einen anderen Menschen. Wir zwingen unsere Selbsteinschätzung oder unsere Geschichte einem anderen Menschen auf.

Wir sagen dann: Der andere braucht Hilfe und Zuwendung, der andere ist schwach. Damit projizieren wir unsere eigene tiefe, aber ehemals ungestillte Bedürftigkeit nach Hilfe und Zuwendung, unsere eigene Schwäche auf einen anderen. Oder wir sagen: Der andere kümmert sich nicht, zieht sich zurück, ist rücksichtslos oder nie anwesend. Damit projizieren wir unseren eigenen Mangel an Fürsorge für uns und damit unsere eigene Unfähigkeit, uns zu kümmern, unseren eigenen hilflosen Rückzug, unser eigenes Abgespaltensein auf den anderen.

Warum machen wir so etwas Verrücktes? Wie können wir

es mit solcher Präzision überhaupt tun, ohne es zu merken? Die Antwort bleibt immer die gleiche: Unser genialer Eisbergrumpf sorgt auf diesem Weg für die Heilung alter Wunden. Damals als Kinder waren wir nicht in der Lage, für Ausgleich, Anerkennung, Zuwendung und Heilung zu sorgen. Wir haben in unserem rezeptiven Sein alles in uns hineingenommen und uns auf diesem Weg ins familiäre System perfekt eingefügt. Teilweise war dies so schmerzlich, dass wir die Erfahrung aus unserem Bewusstsein verdrängt haben.

Der präzise Eisberg hat all das aufbewahrt und schickt es uns wieder und wieder auf den für uns in jedem Moment besten und erträglichsten Wegen ins Leben zurück, damit wir es heute zu unserem Nutzen verändern können. Und wenn wir selbst unsere ganze Wahrheit noch nicht verkraften, mit ihr noch nicht umgehen, sie noch nicht annehmen können, dann brauchen wir eben die Projektion unserer Schmerzen auf andere. Meistens verurteilen wir sie für etwas, geben ihnen die Schuld für etwas, das unserer eigenen Verletzung entspricht. Wenn wir dieses »Fortwerfen« unserer eigenen Schmerzen verstehen, können wir denen, die sie »gefangen« haben, mit Neugierde, Forschergeist und Mitgefühl begegnen, wo wir sie früher abgelehnt, beschuldigt, gefürchtet und verurteilt haben. Wenn wir in dem vermeintlich Ablehnenswerten des anderen beginnen, uns selbst zu sehen, finden wir das von uns wieder, was wir nicht sehen können – und dann geschieht Heilung.

Spiegel – Ihr Partner ist das, was Sie nicht sehen können

Wenn Sie sich auf diese Wahrheit einlassen, dreht sich der ganze Mechanismus um. Es müssen nicht mehr länger die alten Filme von unten aus dem Rumpf nach oben in die Spitze projiziert werden. Die Beziehung zu Ihrem Partner wird zu einer Art Unterwasserkamera. Woran auch immer Sie sich reiben, worüber auch immer Sie gerade stolpern, wonach auch immer Sie sich gerade sehnen – da oben, da draußen, bei Ihrem Partner –, es erzählt Ihnen Ihre eigenen, tief unter der Wasseroberfläche im Rumpf des Eisbergs verborgenen Geschichten. Selbst wenn Sie es sich jetzt vielleicht nicht vorstellen können: Mit der Zeit freuen Sie sich über alles, was auf diese Art im Zusammensein mit Ihrem Partner hochkommt und endlich betrachtet werden kann.

Ihre Beziehung mit Ihrem Partner ist wie ein Spiegel direkt an Ihrer Nasenspitze. Wohin Sie sich auch drehen, der Spiegel dreht sich immer mit. Immer spiegelt Ihnen Ihre Partnerschaft die Stelle wider, die Sie nicht sehen können, in Ihnen selber noch nicht entdecken können. Was in unseren Beziehungen vor sich geht, ist Ausdruck unserer Beziehung zu uns selbst. Alles ist eine Widerspiegelung unserer inneren Seelenlandschaft. Die Menschen um uns herum agieren genau die Persönlichkeitsteile aus, die wir in uns tragen. Unsere intimsten Partner, genauso wie unsere intimsten Feinde, spiegeln den Kern unseres Wesens wider. Niemand kann uns lieben, wo wir uns selbst noch nicht geliebt haben. Niemand tut uns etwas zu Leide, was wir uns nicht auch selbst antun.

Wir können diese Fata Morgana nur heilen, wenn wir die Teile in unserem Eisbergrumpf suchen und identifizieren, die andere für uns ausleben. Haben wir sie in unser Bewusstsein geholt, können wir sie verstehen und schließlich integrieren – was immer der letztendliche Schritt ist: Es geht darum, alles, was wir außerhalb von uns selbst glauben, in uns wahrzunehmen und damit zu uns zurückzunehmen. Nur so bekommen wir ein tiefes Gefühl, all das zu haben, was wir für unser Leben brauchen – dass wir, wenn wir ehrlich zu uns sind, genauso ganz und umfassend sind wie die anderen auch. Der Satz: »Was hat das mit mir zu tun?«, sollte Ihr ständiger Begleiter werden. Er schafft sofort Verständnis und Nähe. Indem wir unser Leben dahingehend verlagern, dass die Integration unserer Persönlichkeitsteile in jeder zwischenmenschlichen Begegnung unser zentrales Ziel wird, werden wir mitfühlender, flexibler, lebensbejahender, erweitern wir stetig unser Verständnis, unsere natürliche Ausstrahlungskraft und unseren Einflussradius auf unser Leben.

Schatten – Ihr Partner ist das, was Sie nicht leiden können

Bedürftigkeit, Schmerz, Unzulänglichkeit sind Themen, die eher in die rührseligen Serien im Vorabendprogramm gehören. Aber tiefer unten im Vorführraum unseres Eisbergs warten Spätfilme auf uns, die wir ganz besonders gut versteckt haben. Das sind die Thriller mit den richtig fiesen Bösewichten. Bösewichte sind zwar wenig beliebt, aber in jedem wirklich spannenden Film werden sie in den Hauptrollen besetzt. Fällt Ihnen jemand aus Ihrem Leben ein, den Sie überhaupt nicht mögen, völlig verurteilen oder sogar hassen? Oder jemand, der Ihnen eigentlich nahe ist, der Sie aber hintergangen, entwürdigt oder missbraucht hat? Dieser Mensch ist Ihr Schatten. Er repräsentiert einen vollends abgespaltenen Teil aus Ihrem Eisbergrumpf – einen Aspekt Ihrer Selbstablehnung und Ihres Selbsthasses. Er zeigt Ihnen etwas, für das Sie sich selbst verurteilen und die Schuld geben.

Was soll es mit uns zu tun haben, wenn Menschen Dinge tun, die uns verletzen – für die wir sie vielleicht sogar hassen? Wenn unser Partner kaum noch anwesend ist, fremdgeht, die Kinder schlecht behandelt oder ständigen Psychoterror betreibt? Wenn unser Chef uns vor allen bloßstellt, unsere Gutmütigkeit ausnutzt, uns entmachtet und durch jemand anderen ersetzt? Oder wenn wir gar eine gerichtliche Auseinandersetzung führen mit einem rücksichtslosen, unnachgiebigen Gegner? Unmittelbar und hautnah löst all dies Wut, Schmerz, Ohnmacht, Schuld und Angst in uns aus. Was wir aber meist komplett vor uns verbergen, ist unser eigener zerstörerischer Selbsthass, den diese Konflikte widerspiegeln.

Der Umgang mit dem Schatten erfordert viel Mut und Ehrlichkeit. Aber wenn wir bereit sind hinzuschauen, können wir unseren Schatten immer klar identifizieren: Er ist exakt das Gegenteil von dem, was wir sein möchten, zu sein glauben oder was unserer Rolle in unserer Familie oder der Gesellschaft entspricht. Manchmal, in besonders ohnmächtigen oder besonders klaren Momenten im Umgang mit dem Schatten, können wir wahrnehmen, dass wir neidisch oder eifersüchtig sind oder dass uns genau das fehlt, was der Repräsentant unseres Schattens besitzt. Aber das ist die seltene Ausnahme. Meistens lehnen wir ihn einfach nur kategorisch ab, sind wir in einer völligen Polarisierung gefangen: Entweder hat der Schatten Macht, Erfolg, Freiheit und Einfluss, oder er hat Mitgefühl, Fürsorge, Recht, ein hehres Ziel. Hat unser Schatten das eine, fühlen wir uns dem anderen verbunden.

Jeder Mensch hat einen Schatten. Immer tauchen Schatten auf, wo sich etwas extrem in eine Richtung entwickelt. Und je extremer wir uns zugehörig fühlen, desto extremere Widersacher tauchen in unserem Leben auf und desto häufiger und intensiver haben wir genau mit denen zu tun, die wir so verabscheuen: Feministinnen mit Machos, Schwarze mit Weißen, Amerikaner mit Moslems, Kernkraftgegner mit Kernkraftbefürwortern, strenge Eltern mit rebellierenden Kindern, Geschiedene mit ihren ehemaligen Ehepartnern. Wächst im Laufe der Zeit die Bereitschaft zur Kommunikation, werden die Grenzen weicher und verschwimmen. Wird die Abspaltung weiter untermauert, steigert sich der Machtkampf. Wir können dieses Phänomen häufig im Laufe einer Trennung beobachten: Zwei Menschen, die sich ehemals aus tiefer Zuneigung verbunden und geheiratet haben, finden sich schließlich in der Scheidung wieder und führen erbittert Krieg gegeneinander.

Der gefallene Engel

Was ist da los in unserem Eisbergrumpf, dass wir etwas an uns selbst so sehr verabscheuen und so gut verstecken, dass wir es nie mehr mit uns in Verbindung bringen? Wahrscheinlich haben wir schon sehr früh in unserem Leben etwas getan, woraufhin etwas geschehen ist, dass uns oder anderen Schmerz zugefügt hat. Häufig haben wir aber auch einfach nur etwas zur gleichen Zeit getan, als etwas anderes, Schlimmes geschah, und es unbewusst damit in Verbindung gebracht. Wie schon erläutert: Als Kind kennen wir nicht die klare Trennung zwischen uns und dem, was um uns herum geschieht. Vielleicht waren wir gerade in ein herrliches Spiel vertieft, als unser Geschwister einen Unfall bei diesem Spiel erlitt. Vielleicht kam noch ein Satz von den Eltern wie: »Du hättest doch aufpassen können« hinzu. Im Inneren eines Kindes gibt es dann ganz leicht eine Verknüpfung, die sagt: Wenn ich ausgelassen und heiter spiele, passiert anderen etwas Schlimmes. Dieser ausgelassene Teil wird vom Kind als »böse« eingeordnet und aus dem Bewusstsein verbannt. Später reagieren wir dann in ähnlichen Situationen überverantwortlich und besonnen und verurteilen ausgelassene, unbekümmerte Menschen als verantwortungslos.

Häufig aber gibt es in Familien oder Gesellschaften klimatische Dauerthemen, die auf die kindliche Entwicklung extrem Einfluss nehmen: eine schleichende Krankheit bei einem Elternteil, ständiger Streit bis hin zur Scheidung, unausgeglichene Kräfteverhältnisse zwischen den Eltern, starre Regeln, Krieg, ethnische Verfolgung oder enge religiöse und moralische Grenzen. Aus einem solchen Klima heraus werden für das kindliche Gedeihen völlig normale Dinge als »böse« oder »schlecht« eingestuft: Nackt sein ist dann eine Sünde, körperliche Ausgelassenheit unmoralisch, Nachbarkinder anderer Hautfarbe oder Religionszugehörigkeit werden zu Todfeinden, und laut sein macht den Papa krank. Was allerdings genauso stark repressiv auf das Kind wirkt wie ein tatsächlicher Druck, ist der Zwang, sich in seiner Liebe entscheiden zu müssen: für Papa oder für Mama, für den Schwächeren oder den Stärkeren. Kinder wollen um jeden Preis alle gleich lieben. Wenn sie aber durch Streit, Trennung oder Schwäche bei einem Elternteil gezwungen werden, sich zu entscheiden, dann müssen sie abspalten: Der Teil von ihnen, der doch noch den anderen Elternteil liebt, obwohl dieser die Familie verlassen hat oder will, den Papa anschreit oder die Mama haut, der ist »böse«, der darf nicht mehr sein.

Sehr stark zur Schattenbildung tragen auch übermäßig viele Verbote und starre Regeln in einer Familie bei. Das Kind versucht, sich in den vorgegebenen Grenzen zu bewegen, gut und hilfsbereit zu sein, sich korrekt zu benehmen, aber es erkennt nicht den Raum, von innen heraus zu seiner eigentlichen echten Güte und Hilfsbereitschaft zu finden. All die unter dieser künstlichen Anstrengung emporsteigenden natürlichen Kräfte und Wünsche verdrängt es in den »bösen« verbotenen Schattenbereich. Als Gier, Hass, Rachsucht, Schwelgerei oder Triebhaftigkeit tauchen die alten, einst natürlichen Gelüste dann verzerrt und entstellt im späteren Leben wieder auf. Manchmal führen sie uns in ein regelrechtes Doppelleben.

Während ich dieses Buch schreibe, ist Michel Friedmann gerade in die Schlagzeilen geraten: Friedmann war bis zu diesem Zeitpunkt eine öffentliche Instanz, die besonders hohe moralische und politische Ansprüche in sich vereinte. Er war Vizepräsident im Zentralrat der Juden in Deutschland, Rechtsanwalt, CDU-Mitglied und Medienstar. Der kritische Talkmaster gebärdete sich als jüdisches Gewissen der deutschen Nation. Er behauptete stolz von sich, sein persönlicher Anspruch als TV-Moderator sei es, in der Sache stets »scharf und schonungslos« zu sein. Alle Ämter, alle Titel, das gesamte öffentliche, von ihm selbst gepflegte Image folgten hehren und hohen Ansprüchen wie Gerechtigkeit, Religion, Moral, Wiedergutmachung und Glaubwürdigkeit.

Bei so viel – in diesem Falle auch noch öffentlicher – Betonung der eigenen Tugendhaftigkeit und Verantwortungsbewusstheit gerät das Leben leicht aus dem Gleichgewicht. Solch ein Anforderungsprofil setzt einen Menschen unter Druck. Und es sorgt für eine dauernde innere Schieflage, weil sich mit der Zeit all die natürlichen Bedürfnisse, die dieser Mensch verurteilt und sich selbst verbietet, im Inneren seiner Persönlichkeit anstauen und schließlich mit Gewalt ihren Weg bahnen. Wer sich für besonders tugendhaft und moralisch hält, der muss jede nicht makellose Tendenz sofort von sich weisen, weil sie nicht mit seinem Selbstbild übereinstimmt. Gerade diese Verleugnung hindert allerdings seine Persönlichkeit an echter Reifung und kann leicht in ein Doppelleben führen.

Tatsächlich wurden dem angeblich unbestechlichen, stets der Wahrheit verpflichteten Mahner schließlich Drogenmissbrauch, sexuelle Ausschweifungen mit Prostituierten und Kontakte zur Unterwelt vorgeworfen. Einer der Fahnder erklärte, der Stoff, der gegen Friedmann vorläge, »reiche unproblematisch für eine mehrwöchige Serie in der Boulevardpresse«. Aus der Perspektive dieses Buches beschreibt dieser Stoff gleich ein ganzes »Schattenkabinett«. Friedmann hat sich eine derart makellose öffentliche Rolle als Inquisitor in Sachen Gerechtigkeit gezimmert und über sich selbst erklärt, sein wichtigstes Konto »bestehe aus Wahrhaftigkeit«, dass er unbewusst gezwungen war, sich permanent an seinem moralisch überhöhten Anspruch zu messen. Um im normalen Leben auch weiterhin von der eigenen makellosen Tugendhaftigkeit überzeugt bleiben zu können, durfte dort kein Raum für den Fluss der eigenen Natur, für menschliche Schwäche und die Fehlbarkeit bleiben, aus denen Lebendigkeit und Mitgefühl für sich und andere erwachsen.

Während Friedmann mit Vorliebe Menschen öffentlich ins Kreuzverhör nahm, scheiterte er an der Kraft seiner eigenen Verdrängungen: Alles in ihm schien nach Lebendigkeit, nach Sich-gehen-Lassen, nach Befreiung aus Dogmen und öffentlichen Zwängen zu schreien. Aber Friedmann war im Bewusstsein geradezu zwanghaft mit seiner äußeren Rolle und deren Vermarktung in der Öffentlichkeit identifiziert, so dass er dem inneren Druck nur im Verborgenen nachgeben durfte. Die Parallelwelt, in der er seine Leidenschaften auslebte, musste er derweil verdrängen.

Die Kritik, mit der er schließlich von der Öffentlichkeit an den Pranger gestellt wurde, entspricht exakt der Kritik in seinem Inneren, mit der er seine Lebendigkeit, seine Sehnsucht nach Körperlichkeit und nach Bewusstseinserweiterung kontrolliert und unterdrückt hat. Friedmann hat seine natürlichen Impulse sofort überhöht und zu einem Ideal-Image modelliert: Seinen wenig distanzierten Umgang als TV-Moderator mit seinen Interview-Partnern erklärte er damit, dass »körperliche Nähe zu Wahrhaftigkeit und Intensität« führe. Das tut sie aber nur dann authentisch, wenn sie nicht von unzähligen moralischen Ansprüchen gemaßregelt wird.

Friedmanns Sehnsucht nach unmittelbarem, wahrhaftigem Körperkontakt war offensichtlich groß. Aber seine natürlichen körperlichen Impulse konnten sich nicht einfach frei entfalten. Er scheint ihre unkontrollierte Kraft im Ursprung so stark verurteilt und abgespalten zu haben, dass er dies schließlich nur mit Drogen überwinden konnte. Mit Hilfe deren bewusstseinsöffnender Wirkung konnte seine Körperlichkeit wieder eine Verbindung eingehen – aber immer noch nicht in ihrer natürlichen Präsenz und Wahrhaftigkeit, sondern von Drogen vernebelt und entstellt als ausschweifende Triebhaftigkeit im Geheimen der Unterwelt.

Wer sich wirklich einlässt auf die Sprache der Seele, erkennt am Beispiel von Michel Friedmann, dass nur eine echte Heilung innerer Muster die ersehnte Wende im äußeren Leben herbeiführen kann. Auf einer unbewussten Ebene besaß Friedmann eine große natürliche Kraft, die gleichzeitig einer tiefen Maßregelung unterlag. Dementsprechend konnte er seinen bewussten Anforderungen an sich selbst nur durch eine perfekte öffentliche, aber innerlich leere Rolle gerecht werden. Wollte er sich wirklich fühlen, war er nur mithilfe von Bewusstseinsöffnern in der Lage, in die Tiefen seines Eisbergs hinabzusteigen. Um den dort vorherrschenden Glaubenssätzen wiederum zu entsprechen, durfte Körperlichkeit nur im Geheimen und Verbotenen stattfinden. Starre Rolle oder ausschweifende Triebhaftigkeit – beides lässt einen Menschen nicht wahrhaft empfangen. Im einen Fall fühlt man sich leer, im anderen Fall schuldig.

Der Weg, den Michel Friedmann als Mann, Jude, Jurist und öffentliche Person nach dieser Lebenswende vor sich hat, dürfte nicht leicht sein. Aber wenn er ihn mutig beschreitet und sich all dem stellt, was er wirklich ist, dann könnte er aus dieser Krise mit einer authentischen Kraft und Lebendigkeit hervorgehen, die dort etwas im Herzen dieser Gesellschaft bewegt, wo er bisher nur vorbildlich funktioniert hat. Auch Friedmann wollte das Richtige tun, aber eben aus einer perfektionierten Rolle heraus. Ein Phänomen, das bei vielen Prominenten und Politikern zu beobachten ist. Machtzuwachs und öffentliche Exponiertheit müssen nicht einhergehen mit der gleichen persönlichen Entwicklung, Authentizität – und vor allem Integrität.

»Integrität« ist ein Wort, das im Rahmen der vielen politischen und wirtschaftlichen Affären in unserem Land häufig verwendet wird. Wer auf Dauer ein Leben in echter persönlicher Fülle und wirklicher Präsenz führen will, wer aus sich und seinem Glauben heraus Menschen bewegen will, der wird nicht umhinkommen, Stück um Stück Unbewusstes zu integrieren. Gerade in einer entsprechend bedeutungsvollen gesellschaftlichen Stellung kann ein nicht in die Persönlichkeit zurückgeholter Schatten besonders schwerwiegend in seiner Wirkung sein. Gerade hier könnte es sinnvoll sein, bei Auswahlkriterien den Fokus noch mehr von der Sachkompetenz hin zum Menschen zu verlagern.

Endlich bin ich so rücksichtslos wie mein Mann!

In Beziehungen kämpfen wir meist darum, unsere Partner zu ändern. Mit ihrer Andersartigkeit erinnern sie uns ja eben – ohne dass uns dies bewusst wäre – an unsere alten Schmerzen und Schuldgefühle. Also versuchen wir, sie dazu zu bewegen, die Dinge auf unsere Art und Weise zu betrachten, zu tun oder zu fühlen. An dieser Stelle könnte ich Ihnen bestimmt ein gutes Dutzend Eigenschaften und Verhaltensweisen von meinem Mann aufzählen, die mir einst allesamt wie triftige Scheidungsgründe vorkamen, die ich aber heute als maßgebliche Impulse für meine persönliche Entwicklung und Erweiterung betrachte. Einer der großartigsten Wege, eine Ehe wieder mit Kraft und Leben zu erfüllen, ist es, die Andersartigkeit des Partners als die eigene größte Sehnsucht zu erkennen. Nur weil ich mir heute Eigenschaften erlaube, die ich an meinem Mann zeitweise wütend verabscheut habe, konnte ich überhaupt dieses Buch schreiben, das schon so lange mein Wunsch gewesen war. Nur weil ich mich *leichtsinnig und verantwortungslos* weder um Sicherheit gekümmert habe noch *mit ernstem Interesse am Wohlergehen der anderen* darum, was meine Familie davon hält, nur weil ich mich einfach *egoistisch* aus allem zurückgezogen und meinem Mann zeitweise *rücksichtslos* die Verantwortung für

Haus und Kind überlassen habe, konnte ich dieses Buch zu Papier bringen.

Natürlich plädiere ich hier nicht wirklich für Rücksichtslosigkeit, Leichtsinn oder Verantwortungslosigkeit. Es geht hier nicht darum, so zu werden, wie der Schatten einst auf uns wirkte, vielleicht sogar war. Es geht darum, etwas zum eigenen Sein hinzuzunehmen. In den dusteren Zeiten unserer Ehe war mein Mann wirklich nur ein seltener Hotelgast in unserem Hause, der mich nicht gefragt hat, was ich von seinem Rückzug und seinem Leben ohne uns halte. Aber ich war auch eine Gluckenmutter und eine Art Haushaltsgeneral. Er war genauso halb, wie ich es war. Mir fehlte, was er hatte. Ihm fehlte, was mich ausmachte. Heute kann ich seine klare Abgrenzungsfähigkeit für Dinge einsetzen, die uns beiden zugute kommen. Und er ist jetzt zu Hause mit seiner leichten, unbekümmerten Art so präsent, dass unser aller Leben heiterer und entspannter geworden ist.

Die böse Stiefmutter ist unsere engste Verbündete

Vor allem unsere Familienmitglieder agieren unsere wichtigsten Abspaltungen aus, damit wir sie heilen und integrieren können. Vor allem unsere Eltern und Geschwister und später unsere Partner und Kinder repräsentieren Teile von uns, die wir uns unbedingt wieder aneignen müssen. »Aber da gibt es ja wirklich Unverzeihliches. Da war die Geschichte von Ihrem Mann und seiner Rücksichtslosigkeit doch bloß ein harmloses Beispiel«, höre ich die Einwände. »Schließlich gibt es Frauen, die ihre Männer mit dem besten Freund betrügen. Da gibt es Männer, die Frau und Kinder über Nacht verlassen. Da gibt es böse Stiefmütter, Furien, Rabenmütter und Väter, die ihre Kinder schlagen. Davon sollen wir uns etwas zu Eigen machen?«

Ich könnte dutzende von Beispielen ausführen, aber ich möchte Ihnen an dieser Stelle vorschlagen, nicht draußen in der Welt herumzuschauen und sich mit den gruseligsten Gestalten und Verhaltensweisen zu beschäftigen. Das lenkt nur ab von dem, worum es eigentlich geht – nämlich um Ihr Leben und Ihre Beziehungen. Deshalb möchte ich Sie bitten, einmal den Menschen anzuschauen, der Sie im Moment in Ihrem Leben am meisten in Rage bringt, am meisten abstößt oder den sie unbedingt loswerden wollen. Haben Sie Mut zur Ehrlichkeit und fragen Sie sich: Was hat dieser Mensch in seinem Leben, was ich gerne hätte? Was erlaubt sich dieser Mensch, was ich mir nicht zugestehe? Wovon ist dieser Mensch frei, wovon ich gefangen bin? Wenn Sie wirklich ehrlich sind, entdecken Sie in der Antwort eine Ihrer größten Sehnsüchte und – eine Ihrer ehemaligen größten Gaben. Etwas, das Sie besaßen und irgendwann als böse und schmerzlich für andere oder schicksalhaft für Ihr Leben erlebt haben, oder etwas, das Sie in Ihrer Familie nie entwickeln durften.

Wenn wir den Schatten ehrlich anschauen, dann entdecken wir in ihm nicht nur unseren tiefsten Verlust, sondern meistens etwas, das unserer gesamten Herkunftsfamilie fehlt. Ob Leichtigkeit, Mut, Kämpfergeist oder die Fähigkeit, Wohlstand zu erschaffen; ob Verspieltheit, körperliche Lustbetontheit, Erdverbundenheit oder unbeugsamer Freigeist –

egal, welche Eigenschaft unser Schatten in Wahrheit verkörpert, nehmen wir sie endlich zu uns zurück, geben wir ihr endlich Raum in unserem Leben, dann bekommen wir eine Kraft, die nicht nur uns selbst, sondern meist unserer ganzen Herkunftsfamilie zugute kommt. Der Eisberg fordert uns immer auf, uns zu erweitern. Sind wir mutig und tauchen wir auch in seine Tiefen hinab, finden wir dort nicht nur unsere vermeintlich so verabscheuungswürdigen Bösewichte, sondern auch die schmerzhaften Lektionen, die in unserer Familie meist schon seit Generationen nicht gelernt wurden. Nehmen wir unsere verlorenen Teile zurück, werden wir erwachsen und können unserer Familie das geben, was wir von ihr nie bekommen haben. Sie ahnen gar nicht, wie befreiend das ist. Und Sie ahnen gar nicht, wie überwältigend Ihre Gefühle sind, wenn Sie Frieden mit Ihrem Schatten gefunden haben.

Wenn der Eisberg schmilzt …

Wenn wir uns den Tiefen unseres Eisbergs zuwenden und seine unendliche Vielfalt und sein Potenzial erkennen, bietet uns jede Beziehung zu einem anderen Menschen auf einmal unzählige Wege zur Entdeckung und Erweiterung unserer selbst. Mit dem inneren Kind, der Projektion, dem Spiegel, dem Schatten und den alten Familienmustern habe ich versucht, nur einige zu skizzieren. Dabei gibt es aber noch etliche andere Strategien und Abläufe im Inneren unseres Eisbergs, die hier alle nicht erwähnt wurden. Es ist auch nicht wichtig, dass Sie sämtliche dieser Abläufe kennen. Vielleicht haben Ihnen all die rückführenden Geschichten in diesem Kapitel das Gefühl gegeben, vor einem nicht zu bewältigenden Lebenswerk der Selbsterforschung zu stehen. Vielleicht haben Sie das Gefühl, Ihre Kindheit verwandelt sich kurzerhand in ein Drama und Ihre Eltern in Kinderschänder, wenn Sie sich auf all die Wege in die Vergangenheit einlassen, die hier beschrieben sind. Vielleicht haben Sie die Geschichten und ihre manchmal komplexen Vernetzungen bis hierher aber auch verwirrt, vielleicht konnten Sie ihnen nicht immer, vielleicht auch gar nicht folgen. Das macht nichts!

Ich habe all diese Geschichten und Beispiele nicht erzählt, damit Sie jetzt einen Maßnahmenkatalog entwickeln und jedes Detail Ihrer Kindheit unter die Lupe nehmen. Ich möchte Sie motivieren, wieder präsent in Ihrem Leben zu werden. Da gibt es nichts abzuarbeiten – jeder Moment zeigt Ihnen, was zu tun ist, wenn Sie nur die Bereitschaft zeigen, wieder wahrhaft bei sich anzukommen. Ich habe mit diesem Kapitel vor allen Dingen ein Klima schaffen wollen, in dem sich etwas in Ihrem Bewusstsein ändern kann. Darum habe ich diese Geschichten Ihrem Verstand erzählt. *Sie* brauchen keine Details, aber *er* braucht ein grundsätzliches Verständnis der Abläufe im Eisberg, sonst wird er Ihren Weg hin zu mehr Mitgefühl, Nähe und Liebe in Ihrer Beziehung permanent mit Zweifeln und intellektuellen Einwänden unterwandern.

Es reicht völlig aus, wenn ich Ihnen bis hierher mit meinen Ausführungen, Erläuterungen und Beispielen in diesem Kapitel nur eine einzige Botschaft spürbar vermitteln konnte: nämlich die, dass Ihr Partner vielleicht gar nicht verantwortlich ist für Ihre distanzierten, erstorbenen, traurigen, einsamen, abgeschnittenen, hilflosen, vielleicht sogar hasserfüllten Gefühle. Allein diese kleine Einsicht ohne jedes Verständnis für psychologische Details reicht schon aus, um Ihre Beziehung wieder zum Leben zu erwecken. Wenn Sie nur einen Hauch dieser Einsicht spüren können, können Ihrer Partnerschaft neue Kraft und Hoffnung zufließen, können Sie wieder offener und weicher werden. Ich habe diesen Mechanismus nicht nur mit Menschen, die zu mir kamen, erleben dürfen. Ich habe auf diesem Weg zurück zu meinem Mann gefunden, wofür ich bis heute unendlich dankbar bin. Denn nur so konnte auch ich mich dem eigentlichen Ansinnen meines Unbewussten öffnen: Seine gesamten Strategien, seine gesamten zähen Blockaden dienen nur einem Zweck – unsere alten Wunden zu heilen und uns so weit mit allem zu verbinden, dass unser Eisberg mit einem anderen Eisberg verschmelzen kann. Wenn wir unseren Eisberg im Laufe unseres Lebens und unserer Ehe mit unserem Bewusstsein bestrahlen und unserer Liebe wärmen, löst er sich Schicht um Schicht auf und wird Teil des Ozeans. Das ist sein wirkliches Ziel.

4. Kapitel
Je größer die Verliebtheit, desto größer die Ent-Täuschung

Wenn unsere Beziehung der großartigste Ort unserer Heilung und persönlichen Entwicklung ist; wenn wir sie als unsere Universität des persönlichen Wachstums verstehen, dann scheint es auch nicht abwegig, dass sie in bestimmten Entwicklungsstufen verläuft, auf denen jeweils bestimmte Lernaufgaben auf uns warten. Wenn wir diese Stufen, die mit ihnen wachsenden Herausforderungen und neuen Aufgaben allerdings nicht als solche erkennen und verstehen, dann wirken sie allzu leicht bedrohlich. Schnell fühlen wir uns wie Versager, wenn der erste Rausch der Verliebtheit nachlässt oder unsere Liebe ihre Kraft zu verlieren scheint. Wir sehnen uns nach guten Gefühlen – und sehen uns stattdessen mit Leere konfrontiert oder im Kampf verstrickt.

Genau dort, wo meiner Meinung nach das eigentliche Abenteuer Ehe beginnt – nämlich dort, wo sich all die alten Schmerzen und Narben zu zeigen beginnen, dort, wo die Masken fallen, dort, wo sich zwei Menschen in ihrer ganzen Wahrheit begegnen, dort, wo Annahme, Hingabe und Heilung stattfinden können –, dort beginnt meist der wortlose Anfang vom Ende: Wir merken, dass wir nicht bekommen, was wir wollen, und beginnen, enttäuscht zu schweigen. Wir sehnen uns nach Leidenschaft, doch derweil schleicht sich die Gewohnheit ein. Wir vergleichen uns mit anderen Paaren und stellen fest, dass es bei uns ganz anders ist. Wir erinnern uns wehmütig und resigniert an die Romantik von einst und müssen entdecken, dass sie verflogen ist.

Beziehungen sind immer im Fluss. Von ihren stetigen Veränderungen bewegt, manchmal umhergeschleudert, hat es vielleicht den Anschein, als würden wir unterwegs unsere Nähe zum Partner verlieren, manchmal sogar, als liefen unsere Beziehung langsam, aber sicher in eine Sackgasse, aus der uns nur noch die Trennung retten kann. Wenn wir aber die in jeder Beziehung auftauchenden Entwicklungsstufen verstehen, wenn wir wissen, wo in unserer Partnerschaft wir uns gerade befinden, können wir trotzdem eine ganz neue, beruhigende Sicht der Dinge entwickeln: Tauchen im natürlichen Fluss unserer Beziehung Stromschnellen auf, ist trotzdem nichts falsch an uns, unserem Partner und unserem Miteinander. Vielmehr wachsen von Phase zu Phase nur die Anforderungen an unsere Bereitschaft zu heilen, Unbewusstes zu integrieren und Anderssein anzunehmen. Jede Phase hat ihre eigenen Möglichkeiten. Jede Phase stellt ganz spezifische Herausforderungen an uns. Wenn wir das wirklich im Herzen begreifen, dann ist es eine Zeit lang in Ordnung, nur Windeln zu wechseln oder nichts anderes im Blick zu haben als beruflichen Erfolg. Dann macht es unter Umständen sogar Sinn, keine Lust auf Sex zu haben. Dann ist es manchmal befreiend, wütend und streitlustig zu sein. Ist es sogar verständlich, vom anderen Abstand zu brauchen.

Wenn wir uns den Wandel erlauben – selbst wenn erst einmal nur einer von beiden bereit ist, die auftretenden Lernaufgaben als solche anzunehmen –, können wir als Paar voranschreiten; kann sich unsere Liebe immer weiter vertiefen. Eine Phase baut dabei auf der anderen auf. Erst wenn die eine durchschritten und verstanden ist, kann die Beziehung sich zur nächsten Stufe weiterentwickeln. Ich habe dieses Modell von dem amerikanischen Beziehungsspezialisten Dr. Chuck Spezzano gelernt. Ursprünglich verschaffte es mir erhebliche Erleichterung in meiner eigenen Ehe, später habe ich es unzählige Male an Klienten weitergegeben. Mithilfe dieses Modells werden Abläufe in Beziehungen auf einmal logisch. Entwicklungen, die ausweglos erscheinen, bekommen auf einmal Sinn. Phasen, die schmerzvoll sind, entpuppen sich nicht als Wege in die Trennung, sondern als Möglichkeiten für Wachstum und Erweiterung.

Der romantische Rausch

Die meisten Beziehungen beginnen mit Verliebtheit und Romantik. Wir fühlen uns beschwingt und leicht, in ständiger Verbundenheit mit und Sehnsucht nach unserem neuen Partner. Wir verwöhnen uns gegenseitig, überraschen uns mit kleinen und großen Gesten, schreiben Liebesbriefe und -gedichte, schenken Blumensträuße und verstecken Zettelchen unter Kopfkissen und in Reisekoffern. Unser ganzes Streben ist auf das Wohlergehen des anderen ausgerichtet. Wir kommen überhaupt nicht darauf, dass wir mit diesem Menschen je etwas Schlechtes erleben könnten. Er scheint ideal zu sein, und in seiner Nähe sind wir es auch.

So lange hat sich jede unserer Zellen nach diesem Gefühl gesehnt, wieder ganz und heil zu sein. So lange haben wir nach jemandem gesucht, der uns endlich ganz und gar annimmt. So lange haben wir nach einer Bestätigung unserer eigenen Besonderheit gedürstet. Überhaupt dreht sich so vieles um Besonderheit in dieser Phase. Während alles noch ganz neu ist und wir den verheißungsvollen anderen noch kaum kennen, erzählen wir unseren Freunden, wir hätten einen ganz besonderen Menschen getroffen. Einen, der uns ganz besonders behandelt. Einen, der ganz besonders aussieht, denkt und handelt. Einen, der etwas ganz Besonderes ausstrahlt. Einen, der uns auf ganz besondere Weise liebt.

Erfüllt von all diesen romantischen Vorstellungen, glauben wir hier noch fest, dass der andere tatsächlich in der Lage ist, uns wieder ganz zu machen. Hier vertrauen wir noch völlig darauf, dass der andere unser fehlender Teil ist, und gehen deshalb eine Beziehung mit diesem Menschen ein. Von diesem Vertrauen getragen, befinden wir uns mitten im Herzen der Romantik, mitten in dieser sich so wirklich anfühlenden, perfekten Illusion. Eine liebeserfahrene Frau sagte einmal zu mir, man dürfe in der Phase der Verliebtheit keine Verträge unterschreiben und keine wichtigen beruflichen und persönlichen Entscheidungen treffen. Sie war der Überzeugung, dass jeder Verliebte sich in einer Art berauschtem Ausnahmezustand befände, der ihm den Bezug zur Realität nähme.

Immer ist der Motor, der uns in Beziehungen treibt, die Hoffnung, ganz zu werden. Und immer ist es das Gefühl von Ganzheit, das uns im Leben wirklich glücklich macht. Trügerischerweise glauben wir in der Zeit der Verliebtheit, allein der andere sei dafür verantwortlich. Was in Wahrheit allerdings nie der Fall ist. Trotzdem beschert uns diese Zeit etwas Wunderbares und Lebenswichtiges – sie bringt uns in Beziehung zum anderen. Und genau dafür ist sie so wichtig: Sie führt uns zusammen und lässt uns erahnen, dass es noch etwas Besseres im Leben gibt als das einsame Gefühl der Getrenntheit. Sie lässt uns hoffen, dass unsere Sehnsucht nach Ganzheit doch noch gestillt werden kann.

Die romantische Phase der Verliebtheit wirkt wie das perfekte Ideal einer Beziehung. Unentwegt sind wir damit beschäftigt, uns nach diesem fremden anderen zu sehnen – das gibt uns ein Gefühl von Verbundenheit. Unentwegt stellen wir uns vor, was der andere für ein wunderbarer Mensch ist – das bereitet uns Wohlbefinden. Aber all dieses Sehnen und Vorstellen ist nicht der andere. Eigentlich haben wir zu diesem Zeitpunkt keine Ahnung von diesem anderen. Mit größter Wahrscheinlichkeit sehen wir ihn verklärt. Viele von den erhebenden Gefühlen und Vorstellungen sind nichts als Projektionen aus unserem Inneren – und trotzdem: Die Phase der Verliebtheit zeigt uns, wie viel Wunderbares wir in dieser Beziehung noch erfahren können, wenn wir sie wahrhaft transformieren. Wenn wir bereit sind, Liebe zu geben. Wenn wir bereit sind, gemeinsam zu heilen und uns zu diesem Menschen zu bekennen, so wie er ist und nicht so, wie wir ihn uns vorstellen.

Deshalb sollten wir die Verliebtheit auch in vollen Zügen genießen. Wir brauchen die Erinnerung an diese erhebende Kraft, um später schwierige Phasen zu überstehen. Voller

Wehmut, aber auch voller Hoffnung können wir dann an diese Phase zurückdenken, wenn wir aus dem rauschhaften Zustand erwachen und langsam in die weniger angenehmere Realität finden, wenn der andere nicht mehr unserem idealen Bild entspricht, sondern sich einfach nur als er selbst entpuppt. Überlebenswichtig kann diese Erinnerung dann sein, wenn wir von Zweifeln übermannt werden, wenn wir uns am Ende sogar fragen: »Ist das wirklich der richtige Partner?«, wenn vielleicht sogar das Bedürfnis nach Trennung in uns lauert. Dann sollte jeder, der sich in einer tiefen Krise befindet, eins wissen: Alles, absolut alles, was in der einstigen Phase der Verliebtheit zwischen den beiden Partnern möglich war, zeigt das wahre Potenzial dieser Beziehung. All das kann sich auch nach Jahren oder Jahrzehnten Stück um Stück wieder zwischen den beiden Menschen einstellen, wenn sie sich auf den Weg der Heilung begeben – allerdings diesmal in einer ganz anderen Tiefe und Echtheit.

Der ernüchternde Machtkampf

Bis dahin ist es allerdings meistens ein längerer Weg durch weniger friedvolle Beziehungsgefilde: Bei einem so ausgiebigen romantischen Rausch wie in der Phase der Verliebtheit, bei so vielen Hoffnungen, der neue Partner könne beruhigendes und gleichzeitig belebendes Allheilmittel für unsere Herzschmerzen sein, ist Ernüchterung vorprogrammiert. Ähnlich wie bei allen anderen Rauschmitteln gilt auch hier: Je öfter und heftiger wir uns verlieben, desto schneller lässt der Rausch nach, desto höher muss die nächste Dosis werden, desto tiefer ist der Absturz. Im Falle von Beziehungen führt dieser Absturz nach dem Rausch direkt in den Machtkampf.

All unser Bestreben aus der Verliebtheit heraus zielte darauf, dem neuen Partner nahe zu kommen und immer näher zu sein. Auf diesem Wege müssen wir ihn zwangsläufig genauer kennen lernen – und feststellen, dass dieser Mensch doch nicht vollkommen ist. Die extremste Geschichte, die ich in diesem Zusammenhang erlebt habe, war die von Doris. Als Doris zu mir kam, war sie völlig zermürbt und enttäuscht von ihrer Ehe. Weinend erzählte sie mir, dass ihr Mann einst ihr Traummann gewesen sei, dass sie ein einmaliges, ganz besonderes Gefühl bei ihm gehabt habe. Dann beschrieb sie mir mit harter, erkalteter Stimme, wie sie den Respekt vor ihm verloren habe, wie langweilig und kraftlos er ihr mittlerweile erscheine. Dass er immer ungepflegter und unaufmerksamer geworden sei, sie nicht mehr im Geringsten errege, dass sie nur noch zum Löffelchenliegen bereit sei. In letzter Zeit sei sie sogar immer häufiger fremdgegangen. Nichts Ernstes, nur mal so für die Leidenschaft … Aber jetzt wolle sie sich trennen, denn sie habe eine magische Begegnung gehabt. Doris strahlte.

Doris hatte einen Stapel von Briefen und Kassetten dabei. Alle stammten von einem Mann, den sie in einem Straßencafé getroffen hatte, als er wenige Stunden vor der Abreise in seine Heimat nach Australien stand. Sie hatte einen Nachmittag mit ihm verbracht und geredet und geredet … Ihr Herz sei aufgegangen an diesem Nachmittag. Nichts Körperliches wäre gewesen, aber sie habe einen Seelenverwandten getroffen. Von diesem Tag an hatten die beiden sich unzählige E-Mails und Gedichte geschrieben, Kassetten besprochen und Päckchen voller kreativer Liebesgrüße quer über den Globus ausgetauscht. Mittlerweile hatte Doris eine beachtliche Dokumentation einer großartigen, romantischen Liebesgeschichte zusammengetragen.

Sie war an diesem Punkt zu mir gekommen, um eine faire und ehrliche Trennung mit ihrem Mann zu erreichen. Aber schnell musste es gehen, denn der angebetete Brieffreund würde in wenigen Monaten kommen. Dann wolle sie für alle Beteiligten Klarheit geschaffen und für die neue große Liebe ein echtes Fundament gelegt haben. Doris war eine erfolgreiche Unternehmerin, die es gewohnt war zu handeln, wenn sie erst einmal von etwas überzeugt war. Doris war von diesem Fremden restlos überzeugt. Sie beschrieb mir, wie sie sich durch ihn verwandelt habe. Noch nie habe sie eine solche Nähe in so vielen Bereichen zu einem Menschen verspürt. Sie wäre voller Leidenschaft und Zärtlichkeit, beide lägen geistig völlig auf einer Wellenlänge und inspirierten sich sogar beruflich – ja, sie würde sogar wieder beim Gehen die Hüften wiegen …

Jeder Versuch von mir, eine echte Klärung zwischen Doris und ihrem Ehemann anzuregen, war vergebens. Während der wenigen gemeinsamen Gespräche war Doris einsilbig und bitter, ja fast scheu. Kam sie alleine, war sie wie berauscht in Gedanken an die Zukunft. Ansonsten wollte sie zielorientiert ihre Ehe abwickeln – und das bis zum Tag X. Um die Geschichte an dieser Stelle abzukürzen: Der Tag X kam wenige Wochen später. Nach Monaten des Wartens holte Doris endlich den leibhaftigen Brieffreund vom Flughafen ab und verbrachte zwei Tage mit ihm, bevor sie in Tränen aufgelöst bei mir ankam. Das sei nicht der Mann aus den Briefen, dieser Mann sei kleinlich, voller starrer Gewohnheiten und überempfindlich, schluchzte sie. Er habe sogar anders ausgesehen, als sie ihn in Erinnerung gehabt habe. Er sei einfach die größte Enttäuschung ihres Lebens gewesen …

Je näher wir uns kommen, desto deutlicher erkennen wir die Mängel – oder besser die Wahrheit des anderen. Aus den Besonderheiten, die uns einst so magisch angezogen haben, werden jetzt Unterschiede, die uns voneinander trennen. Der Mensch, der so viel Heiterkeit und Leichtigkeit in unser Leben gebracht hat, stellt sich bei näherer Betrachtung als unzuverlässig heraus: Er kommt spät nach Hause, lässt uns warten, vergnügt sich auch mit anderen. Das leidenschaftliche Wesen, das unser Leben so lebendig gemacht hat, neigt auf einmal auch zu handfesten Szenen und sorgt für Dramen. Der Fels in der Brandung stellt sich als hypergenau und unflexibel heraus. Das erotisierende Fluidum des neuen Schwarms wirkt im Kreise der Familie plötzlich ordinär. Das herzhafte und handfeste Wesen entpuppt sich im Alltag schließlich als schlicht und einfallslos.

Alles Mögliche entspricht nicht unseren Vorstellungen. Alle möglichen Erwartungen werden nicht erfüllt. Gerade weil es der auserwählte Partner ist, tun Verletzungen besonders weh, gehen Schmerzen besonders tief, wiegen die Mängel besonders schwer. Fliegt dieser Mensch nicht gerade auf Nimmerwiedersehen zurück nach Australien, sondern teilt mit uns die vier heimischen Wände, sorgen wir eben im Inneren für australischen Abstand: Auf keinen Fall dürfen wir die Türen zu unserem Herzen länger so weit offen lassen. Wir passen auf, wir sichern uns ab. Schließlich beginnen wir, aus Angst vor weiteren Verletzungen zu viel Nähe zum anderen abzuwehren. Alles, was wir uns vom anderen wie einen sanften Quell der Erfüllung für unser Leben erhofften, müssen wir jetzt mit Kraft erkämpfen.

Das Ziehen und Zerren, das Gerangel um die jeweiligen Vorstellungen beginnt: Von dem, was uns am anderen gefiel, scheinen wir immer weniger zu bekommen, wollen wir aber immer mehr. Das, was uns verletzt, versuchen wir zu verändern, zu verdrängen oder abzuwehren. Jeder kämpft hier mit unterschiedlichen Mitteln, aber stets hat es was von Don Quichotte: Der eine räumt immer penibler die Wohnung auf, während der andere scheinbar immer rücksichtsloser alles rumliegen lässt. Der eine kommt immer später nach Hause, während der andere immer mehr auf heimische Mithilfe drängt. Der eine zettelt immer häufiger eine Grundsatzdiskussion an, während der andere sich immer einsilbiger zurückzieht. Der eine fordert immer häufiger Sex, während der andere immer lustloser wird …

Zum Machtkampf gehört es genauso, sich dem Druck und den Erwartungen des anderen zu entziehen, wie mit ihm um die Durchsetzung der eigenen Bedürfnisse zu rangeln. Ob mit einem zwanghaften Bedürfnis nach Ordnung und Klammern, hilflosem Entzug durch Chaos und Abwesenheit, körperlicher Verweigerung oder sexueller Gier – jeder versucht jetzt, die eigenen alten Ängste und Wunden so gut wie möglich im Inneren zu schützen, während er draußen entweder seine Ideale von Beziehung, vom Leben und vom Partner durchzusetzen versucht oder hofft, den anderen in die eigene Richtung zu manipulieren. Meistens gewinnt diesen Kampf keiner von beiden. Stattdessen verhärten sich nun die Positionen.

Während einer immer heftiger nörgelt, entzieht sich der andere immer weiter. Aus der einstmals so besonderen und perfekten Ergänzung wird jetzt der Mensch, den es zu bezwingen oder dem es zu entfliehen gilt, weil er einem die meisten Schmerzen zufügt. Manchmal erkennen wir uns in der Machtkampfphase selbst nicht wieder: In unserer Enttäuschung schimpfen wir jetzt mehr über unseren Geliebten als über unseren ärgsten Feind. Haben wir vorher unseren Freunden noch erzählt, wie besonders und perfekt dieser Mensch doch ist, meckern wir jetzt hilflos über dessen grenzenlose Rücksichtslosigkeit. Manchmal sind wir selbst erschrocken darüber, wie viel Wut und Abneigung wir gegen unseren Partner plötzlich entwickeln können. Wir sind entsetzt und verwirrt, dass wir nun – manchmal schon nach sehr kurzer Zeit – genauso abgrundtiefe Ablehnung, ja sogar Verachtung gegen den Menschen verspüren, wie wir ihn in Zeiten der Verliebtheit noch vergöttert haben. Schließlich fühlen wir uns von unserem Partner verraten, oder wir machen uns selbst Vorwürfe, nicht richtig hingesehen zu haben oder von ihm geblendet worden zu sein.

Immer mehr Menschen trennen sich bereits in dieser Phase. Und immer mehr Menschen finden sich mit neuen Partnern nur noch schneller, aber genauso hoffnungslos in dieser

Phase wieder. »Schon wieder der Falsche!«, resignieren sie, ohne die Zusammenhänge von Aufstieg und Fall aus der Verliebtheit in die Realität und schließlich in den Machtkampf zu verstehen. Und ohne zu ahnen, wie viele Möglichkeiten zur Erweiterung und Heilung der eigenen Persönlichkeit gerade hier verborgen liegen, weil der andere einem die Chance bietet, über die eigenen Grenzen hinauszuwachsen.

Der Steppenwolf und die Klette

Wer den Machtkampf aushält und übersteht, ohne sich zu trennen, aber auch ohne ihn wirklich verstanden und genutzt zu haben, gerät prompt ins nächste Dickicht: die Phase von Abhängigkeit und Unabhängigkeit. Beide Partner finden sich langsam damit ab, dass alles nicht wirklich so ideal, so lebendig und im Fluss ist, wie sie am Anfang dachten. Sie bleiben auf Distanz und beginnen sich in ihren gegensätzlichen Rollen einzurichten, feste Positionen einzunehmen. Jeder rangelt dabei auf seine Weise um die am wenigsten verletzliche und sichere Position. Das ist eine bevorzugt distanziert unabhängige Position, die sich nach all den Machtkämpfen eher wie Erholung anfühlt. Da geht es darum, möglichst erfolgreich, möglichst viel weg, möglichst unabkömmlich, möglichst anerkannt oder möglichst begehrt zu sein. Meist endet die Machtkampfphase mit einem hartnäckigen Gerangel um diese Unabhängigkeit. Nach all den Enttäuschungen und Verletzungen scheint man von hier aus endlich wieder eine gewisse Kontrolle über sein Leben zu bekommen. Von hier aus kann man den Partner dazu bringen, die Dinge doch so zu tun, wie man sie will. Sonst entzieht man sich eben einfach und macht nicht mehr mit. Natürlich geht es auch in dieser Phase der Beziehung auf einer tieferen Ebene wieder nur darum, die inneren Konflikte beider Partner ins Gleichgewicht zu bringen. Deshalb greifen auch hier die Dinge wieder ineinander. Sobald einer erst mal weit genug in die scheinbar sichere Unabhängigkeit gegangen ist, findet der andere sich zwangsläufig in der Rolle des nach Nähe suchenden Abhängigen wieder. »Ich will heute nicht, ich kann morgen nicht, ich weiß nicht, ich muss weg ...« sorgt für »Komm doch endlich nach Hause, sei doch einmal zärtlich, tanz doch nicht immer mit den anderen, kümmere dich doch mal um die Kinder ...«

Während der Verliebtheit war noch alles symbiotisch verschmolzen. Diese scheinbare Nähe verwandelt sich in ein verwirrendes Gefühl von Ent-Täuschung oder von Angekettetsein. Die Partner verheddern sich im Durcheinander des Machtkampfes, wo es selten wahre Sieger gibt. Und so wandert die Beziehung von hier aus in die Polarisierung. Je weiter einer der Partner sich verschließt, nicht mehr auf Worte oder Gefühle reagiert, desto intensiver muss sich der andere nach ihm strecken, versuchen, ihn zu erreichen oder ihn zu bezwingen. Diese Rollenverteilung bedingt sich gegenseitig, kann sich im Laufe einer Beziehung aber auch vertauschen: Uwe hat Gesa hartnäckig erobern müssen. Während der ersten Ehejahre ist er bei jeder Feier eifersüchtig auf seine von allen so begehrte Frau. Dann wird Gesa Mutter und findet sich damit schlagartig in die Abhängigkeit katapultiert. Nun wartet sie immer häufiger beunruhigt auf Uwes Heimkehr und wirft ihm vor, mit seinem Job verheiratet zu sein. Das ändert sich erst, als sie selbst wieder arbeitet und beruflich erfolgreich ist.

Nur von außen betrachtet wirkt es so, dass in diesem Abhängigkeits-Unabhängigkeits-Spiel einer von beiden in der schlechteren Position ist. In Wahrheit befindet sich der scheinbar unabhängige Steppenwolf in einer mindestens ebenso unbefriedigenden Lage wie die abhängige Klette. Gerade der Partner, der sich zurückzieht und nicht mehr erreichbar zu sein scheint, tut dies unbewusst, um nicht weiter mit seiner großen Verletzlichkeit und seiner unverarbeiteten Angst vor Ablehnung und Bedürftigkeit konfrontiert zu werden. Nicht selten entpuppen sich einsame Steppenwölfe als zärtlichkeitsbedürftige, empfindliche Seelchen. Und nicht selten träumen jammernde Kletten heimlich davon, vom Zigarettenholen nicht mehr zurückzukommen. Meist funktioniert diese Rollenverteilung wie ein Teufelskreis: Einer lässt sich nicht ein, will nicht zusammenziehen, nicht heiraten, will keinen gemeinsamen Urlaub planen, bloß kein gemeinsames Weihnachtsfest oder andere verbindliche Rituale teilen. So wenig wie er die Verantwortung im Alltag übernehmen will, so wenig kann er dem anderen weder durch Worte noch durch Gesten seine Liebe zeigen. Dies unterbindet er unbewusst aus Angst vor Verlust und Ablehnung, aber gleichzeitig auch aus Angst vor Bedürftigkeit. Um ja nichts zu brauchen, zieht er sich auf die unabhängige Position zurück und sagt: »Mal sehen, vielleicht ...«

Das verunsichert und enttäuscht seinen Partner, der daraufhin mit Klammern und Jammern, mit genau der Bedürftigkeit und Verletzung reagiert, die der scheinbar Unabhängige partout nicht erleben wollte. Verrückter- (oder besser präziser-)weise erinnert ihn dies aber unbewusst nur noch stärker an seine eigenen Ängste und lässt ihn nur noch weiter zurückschrecken. Darauf reagiert natürlich prompt der offensichtlich so Abhängige mit noch mehr Jammern und Klammern. Dabei lässt aber auch er sich nur vermeintlich ein. Auf eine gewisse Weise instrumentalisiert er den anderen zum Löcherstopfen, will er ihn als Quelle der Befriedigung nutzen. Auch wenn er sich scheinbar um Nähe kümmert und um Ausdruck der Gefühle bemüht ist – auf einer tieferen Ebene gibt auch der Abhängige nicht ganz aus freiem Herzen. Räumlich vielleicht eher anwesend, ist auch er innerlich nicht wirklich bereit und in der Lage zu geben, handelt auch er nur aus Angst.

Deshalb ist es eigentlich so, dass in dieser Phase einer immer die jeweiligen Verletzungen von beiden zeigt. Beim einen sind sie nur verdeckt, während der andere sie auslebt. Deshalb kann das Ganze auch so leicht umkippen: Überwindet sich der ewig unabhängige Junggeselle tatsächlich zum Heiratsantrag, wird das schmachtende Fräulein auf einmal von ernsten Zweifeln überrascht. Macht sich die Klette plötzlich mal rar, brennt der Steppenwolf vor Eifersucht und ergeht sich in Liebesschwüren. Waren wir in der einen Beziehung vom Klammern genervt, finden wir uns in der nächsten als nervender Klammeraffe wieder. In diesem Hin und Her geht es nie um die Liebe, sondern immer um Kontrolle.

Die zwangsläufige Polarisierung in Beziehungen finden

wir in allen möglichen Bereichen – immer werden gegenüberliegende Positionen bezogen. Je näher wir uns kommen, desto mehr müssen wir erleben, dass wir die Welt ganz unterschiedlich sehen. Während der eine seine lila Brille längst für die Wahrheit hält, ist der andere überzeugt, dass alles in dieser Welt blau gefärbt ist. So kennt jeder von uns, dass einer von beiden sehr optimistisch, idealistisch und begeisterungsfähig ist, während sein Partner eher gewissenhaft und pedantisch alles genauestens prüft. Während die beiden Partner endlose Glaubenskriege um richtig oder falsch führen, können Außenstehende häufig allzu gut erkennen, dass keiner alleine zum Ziel kommen kann, dass beide Fähigkeiten für den Erfolg nötig sind. In dieser Phase endloser Grundsatzdiskussionen lähmen sich beide Partner beharrlich, während sich ihre Standpunkte weiter verhärten. Eigentlich wäre aber auch hier partnerschaftliche Zusammenarbeit vonnöten. Beide kämen wahrhaft zum Ziel, wenn sie die Fähigkeiten des anderen schätzen lernten. Auch hier gilt: Genau die Eigenschaft, der Standpunkt, die Weltsicht, die Art und Weise, gegen die wir uns verwehren, ist die, die wir integrieren sollten, um unser eigenes Leben erfüllter zu machen. Gehen Sie aus, wenn Sie nicht mehr zu Hause auf den anderen warten wollen. Sprechen Sie Ihre Gefühle aus, wenn Sie sich vor zu viel Nähe fürchten.

Die Eiszeit

Wenn alle Polarisierung vergeblich scheint; wenn keiner gewinnen kann; wenn auch die Unabhängigkeit nicht zum Ziel führt, sondern nur in die Einsamkeit, dann breitet sich langsam, aber stetig eine bleierne Schwere in der Partnerschaft aus. Irgendwann erwischt man sich bei Gedanken wie: Wir sind eigentlich nur noch zusammen wegen der Kinder, der Jahre, des Kredits, der Eltern ... Es ist, als ob die Beziehung nur noch aufgrund äußerer Vereinbarungen besteht, innerlich aber völlig ausgehöhlt ist. Nach den Machtkämpfen und Glaubenskriegen, nach dem stetigen Auseinanderdriften zwischen Abhängigkeit und Unabhängigkeit scheint alles Leben zwischen den beiden einer leblosen Starre gewichen zu sein. Jede Beziehung da draußen scheint besser zu sein als die eigene. Langeweile schleicht sich ein, Zusammensein fühlt sich an wie Eingesperrtsein. Wir erfüllen alles mit Routine und fragen uns, ob es das wirklich schon gewesen sein soll. Wir sind für uns und andere erschreckend selbstverständlich ein Paar, aber uns fehlt jedes Gefühl von natürlicher, kraftvoller innerer Verbundenheit. Irgendwie ahnen wir, dass unsere Beziehung sich dem Ende nähert. Wir wissen, so kann es nicht mehr weitergehen, weil wir selbst sonst innerlich absterben.

Rolf war schon lange verheiratet, Familienvater, erfolgreicher Unternehmer, viel auf Reisen und bekleidete gleich eine ganze Reihe von Ehrenämtern. Rolf hatte immer schon präzise Vorstellungen von seinem Leben gehabt. So war sein Zuhause repräsentativ und seine Frau die perfekte Gastgeberin.

Sprachgewandt begleitete sie ihn auf allen Geschäftsreisen und tanzte formvollendet mit ihm auf Wohltätigkeitsbällen. Waren sie alleine, sprachen die beiden kaum noch miteinander. Sie schliefen in getrennten Schlafzimmern und aßen unterschiedliche Speisen. Mit einer seiner Mitarbeiterinnen hatte Rolf mittlerweile heimlich ein Kind, gemeinsame Drogenerfahrungen und eine Vorliebe für »Latino-Tanzschuppen mit Po-Anfassen«, wie er es nannte.

Die tiefe Eiszeit in einer Beziehung ist immer das Ergebnis von innerem Rückzug und äußerem Rollenverhalten. Beide sind nur noch vorhanden in ihren Funktionen – sie funktionieren als Ehepartner, als Elternteil, als Versorger, als Gastgeber, als Begleiter in der Öffentlichkeit, aber sie sind als Menschen nicht mehr in Verbindung. Vielleicht haben Sie schon einmal bei einem Karnevalsumzug die so genannten Fußtruppen beobachtet. Da gibt es riesige Figuren aus Pappmaché, in denen innen ein Mensch versteckt ist, der diese Figur durch die Menge trägt. So wie die kleinen Träger unter den riesigen Figuren aus Pappmaché funktionieren wir häufig nach einer gewissen Zeit in unseren Ehen.

Irgendwann im Laufe der Beziehung hat uns etwas wehgetan, aber wir hatten nicht den Mut, unserem Partner diese Wunde offen zu zeigen, keine Hoffnung mehr, sie idealerweise mit ihm gemeinsam zu heilen. Vielleicht waren wir eifersüchtig oder fühlten uns bloßgestellt, haben dies aber nie angesprochen. Oder wir zogen uns Stück um Stück zurück, weil wir etwas Wichtiges von uns nicht mit unserem Partner teilen konnten. Nicht selten kommen Frauen zu mir, die irgendwann einen Orgasmus vorgespielt haben und später nicht mehr damit aufhören konnten. Hinter der Maske der stöhnenden Liebhaberin wuchsen über die Jahre tiefe Einsamkeit und Leere, verbargen sich zunehmend Wut und Ablehnung gegen den, der ihnen eigentlich Befriedigung bringen sollte.

Manchmal verweigern wir uns dann aus Rache und hungern uns damit selber aus. Manchmal fühlen wir uns schuldig dafür, dass wir uns unserem Partner in bestimmten Bereichen nicht mehr nahe fühlen. Sehr extrem funktioniert dieser Mechanismus in der Sexualität: Im alltäglichen Miteinander gibt es kaum noch Austausch über wirkliche Befindlichkeiten, keiner von beiden weiß, wie es dem anderen tatsächlich geht. Der Beziehung entweicht schleichend die innere Nähe. Sie trocknet aus. Dies gestehen sich die beiden Partner allerdings nicht ehrlich ein, oder es ist ihnen nicht wirklich bewusst. Irgendwann geht dann einem von beiden die Lust an der gemeinsamen Sexualität verloren. Weil er dies aber nicht in Verbindung bringen kann mit der fehlenden seelischen Nähe zwischen ihm und seinem Partner, fühlt er sich schuldig und versteht sein Rückzugsverhalten nicht.

Um die starre Leere nicht spüren zu müssen, wenn wir die natürliche, erwachsene Bindung zu unserem Partner verloren haben, neigen viele von uns aber auch dazu, eine symbiotische, kindliche Ersatzverbindung zu suchen. Wie Mutter und Kind in ihrer frühen Verbindung, verschmelzen wir mit dem anderen. Da geht die Stimme um eine Oktave in die Höhe, wenn Putzi mit Mausi spricht, oder Schatzi sich freut, wenn Bärchen nach Hause kommt. Dabei verschwimmen unsere Grenzen, wir sind nicht mehr zwei Individuen, sondern fühlen uns wie durch ein Gummiband an unseren Partner gebunden. Wenn er agiert, sind auch wir gezwungen, zu agieren. Unbewusst fühlen wir uns bei jeder Bewegung in der Abhängigkeit, können aber hinter dieser kindlichen Freundlichkeit unsere Angst davor verbergen, uns wahrhaft zu zeigen. Wahre Bindung ist frei und beruht auf echter Anziehung. Wir wollen einfach mit dem anderen zusammen sein, fühlen uns selbstverständlich verbunden.

Symbiotische Verschmelzung dagegen nimmt uns die Konturen unserer Persönlichkeit, erlaubt uns kindliche Freundlichkeit und führt uns in Aufopferung und Abhängigkeit. Häufig, wenn der wahre Kontakt zu unserem Partner gestört oder abhanden gekommen ist, fangen wir an, kompensatorische Rollen zu spielen, um die Beziehung nicht zu gefährden. Das haben wir bereits in unserer frühesten Kindheit gelernt, um in unserem Familienverbund akzeptiert bleiben zu können. Unzählige Male haben wir unsere spontane Lebendigkeit mehr oder minder freiwillig den offenen, vor allem aber den unausgesprochenen, subtilen Anforderungen in der Familie untergeordnet. Jedes Mal erstarrte dabei aber etwas von unserer eigentlichen Lebenskraft, ist ein Teil von uns eingefroren. Später in unseren Beziehungen werden wir dann zu treu sorgenden Hausfrauen und materiell versorgenden Familienoberhäuptern, fühlen uns aber innerlich leer und ausgebrannt.

Wir tun das Richtige und kümmern uns um unsere Familie. Aber wir tun es aus den falschen Gründen – wir tun es mechanisch ohne inneren, von Herzen kommenden Antrieb. Ganz im Gegenteil, je weniger wir uns von Herzen verbunden und lebendig fühlen, desto mehr perfektionieren wir unsere Rollen, desto größer werden unsere Pappkameraden, die wir vor uns hertragen. Und desto weniger können wir eingesperrt in ihrem Inneren noch von anderen Menschen berührt werden. Wir opfern uns auf für unser Konzept von Beziehung, statt in unmittelbaren Kontakt zu treten.

So absurd es auch klingen mag, aber je weniger uns diese Rollen Erfüllung bringen, desto mehr perfektionieren wir sie. Wir trauen uns immer weniger, uns wirklich zu zeigen. Weil es in unserem Inneren ja scheinbar immer weniger Anerkanntes, Liebens- oder Begehrenswertes gibt, kontrollieren wir uns immer mehr – und werden hinter der Fassade derweil immer verbitterter, wütender, zorniger, enttäuschter. Irgendwann sind wir wie Zeitbomben, die bei der kleinsten Erschütterung explodieren können, doch häufig lenken wir uns mit Aktivitäten und Süchten aber so sehr ab, dass wir die traurig-explosive Ansammlung in unserem Inneren schließlich sogar vor uns selbst verborgen halten.

Um dann überhaupt noch funktionieren zu können, ergänzen wir unsere Rollen nun mit Regeln. Bewusst oder unbewusst kompensieren wir all unsere Schuldgefühle, Versagens- und Trennungsängste. Wir benehmen uns besonders anständig und opfern uns auf. Wir erheben dies sogar zu Regeln, wie *man* zu sein hat. All die immer neuen Regeln haben aber nur einen Zweck: Sie sollen uns vor neuem Schmerz schützen und andere daran hindern, unser Leben erneut aus der Kontrolle zu bringen. Tatsächlich aber sorgen genau die Rollen und Regeln, die uns eigentlich retten sollen, für eben die Erstarrung, die unser Leben so unerträglich leer und leblos macht. Sie sorgen dafür, dass wir mit niemandem mehr in echten Kontakt treten können.

Es gibt Menschen, die nur noch Sätze mit »man« und einem Konjunktiv bilden: »Man müsste, man sollte, wenn man würde …« So kam auch Harald zu mir. Er begrüßte mich stets mit einem ausschweifenden Kompliment und einem automatischen Lächeln. Dann setzte er sich und redete nur noch von »man«. Es war lange Zeit kaum möglich, ihm einen Satz mit »ich« zu entlocken. Genauso scheiterte jeder Versuch, im Gespräch tatsächlich in seine Nähe zu gelangen. Kam ich doch einmal für einen Augenblick in Berührung mit seinem Herzen, lächelte Harald schneidend und begann zu beschreiben, wie etwas zu sein hatte. Schließlich hatte seine Frau ihn verlassen und sich von ihm mit geradezu erschreckender Härte und Verbitterung distanziert. Sie weigerte sich, auch nur ein einziges gemeinsames Gespräch mit ihm zu führen. Als ich sie kennen lernte, wirkte sie wie jemand, dem man die Seele mit Glasscherben zerritzt hatte.

Wir funktionieren zwar vorbildlich, aber wir geben nichts von uns selbst und vermeiden jeden Kontakt mit unserem Inneren, weil wir dort mittlerweile vor allem Wut, Zorn, Hilflosigkeit, Schmerz und Schuld spüren. Unter dieser explosiven Mixtur ruht unser tiefster liebenswerter Kern. Zu seinem nährenden Fluss haben wir keinen Kontakt mehr – und dementsprechend ist unser Kontakt zu unserer Außenwelt häufig funktional erkaltet oder mechanisiert vorbildlich, aber letztendlich ausgedörrt und kraftlos. Wir stecken in einem Teufelskreis, der – mal wieder – aufgrund von Mustern in unserer Kindheit entstanden ist. Und natürlich geht es auch hier wieder darum, bei uns selbst und unserer eigentlichen Wahrheit anzukommen – die Eiszeit zu nutzen, um all die Ansammlungen von alten Schmerzen zu schmelzen, statt sie ständig aufs Neue mit gutem, aber totem Verhalten zu kompensieren. Gerade diese Phase von Erstarrung und Leere scheint wie das Ende der Beziehung, doch in ihr verbergen sich die tiefsten Möglichkeiten zur Heilung, wie der zweite Teil dieses Buches zeigen wird.

Du machst mich krank

Wenn uns selbst die Erstarrung und die bleierne Schwere noch nicht in die Bewusstwerdung und Heilung oder in die Trennung geführt haben sollten, wenn wir auch hier noch weiter unsere Maske aufbehalten, dann kann uns dieser Weg bis in Krankheit und Tod führen. Wenn all unser Verschmelzen, all unsere aufopfernde Freundlichkeit, all unsere Regeln und Rollen, all unsere Macht- und Glaubenskämpfe uns nicht die Aufmerksamkeit und Zuwendung gebracht haben, nach denen sich unser Herz so sehr sehnt, dann bleibt uns auf unbewusster Ebene nur noch eins: Wir *müssen* krank werden.

Krank werden *müssen*, das geht manch einem sicher zu weit. Was kann jemand dafür, wenn er krank wird? Über den Zusammenhang zwischen Körper und Seele könnte man an dieser Stelle ein ganzes Buch schreiben – und es sind schon viele gute Bücher dazu verfasst worden. Unser Körper ist unser »Gehilfe«, unser ausführendes Organ. Er ist der Ort, an dem sich unsere unbewussten Gedanken und Bedürfnisse, unsere eigentliche Wahrheit zeigt. Er ist der Ort, an dem wir erkennen können, wie tief wir innerlich gespalten sind. Er ist der Ort, an dem unser Wille, unsere Disziplin und unsere Ideale von unseren Süchten bezwungen werden. Er ist der Ort, an dem so vieles geschieht, was unserem bewussten Verstand missfällt: Wir wollen treu sein – jede Faser unseres Körpers sehnt sich aber leidenschaftlich nach einem anderen. Wir wollen schlank sein – unser Körper isst. Wir lächeln freundlich und angepasst – unsere Arme verschränken sich zu einem Schild vor unserer Brust. Wir setzen den Berührungen der anderen keine Grenzen – nur unsere Lippen bekommen Herpes.

Die Vorteile des unbewussten Zusammenspiels zwischen Körper und Seele lernen wir schon zeitig in unserem Leben kennen. Häufig erleben wir bereits als Kinder, dass uns Krankheit besonders viel Zuwendung beschert, dass Eltern uns Aufmerksamkeit zollen, die sie uns sonst nirgends so üppig geben. Auf einer tieferen Ebene lernen wir, dass unser kranker Körper uns hilft, etwas zu bekommen, was unsere Seele so dringend braucht. Es gibt in diesem Zusammenhang den Begriff des »sekundären Krankheitsgewinns« – bewusst rufen wir zwar nach Arzt, Medizin und Heilung, unbewusst möchten wir aber nur ungern gesund, stark und fit sein, weil wir so das Risiko eingehen, nicht gehalten und umsorgt zu werden.

So finden wir die Krankheit später immer wieder auch auf dem Kampfschauplatz um die Liebe. Da gibt es den schwachen oder wehleidigen Partner – häufig der Partner, der schon früher während der Beziehung immer wieder krank gewesen ist. Er wird mit zunehmender Erstarrung der Beziehung so krank, dass der andere nun gezwungen ist, ihm Liebe, Fürsorge und Aufmerksamkeit zu schenken. Ich glaube, es gibt unzählige Fälle, wo einer von beiden aufgrund von jahrelanger Vereinsamung und Erkaltung in seiner Ehe schließlich zum ernsthaften Pflegefall wurde. Ich habe eine Frau erlebt, die nach über zwanzig Jahren Ehe immer mehr in Depression versank, bis sie schließlich nur noch mit Psychopharmaka und regelmäßigen stationären Klinikaufenthalten funktionieren konnte. Auf einer praktischen, alltäglichen Ebene organisierte der Ehemann alles – je kranker sie wurde, desto perfekter. Im Kern der Beziehung war er allerdings schon lange unfähig, ihr die emotionale Zuwendung zu geben, nach der sie sich sehnte. Nach Jahren voller wachsendem psychischem und physischem Siechtum und dementsprechend verbesserten, organisatorischen Dienstleistungen suchte er sich endlich eine Geliebte und trennte sich unter großen Schuldgefühlen und Selbstmordandrohungen ihrerseits von seiner Frau. Nachdem ihr so das Gegenüber für ihr Betteln nach Zuwendung fehlte, fehlte ihrer Krankheit der tiefere Zweck – nicht mal ein Jahr nach der Trennung war sie komplett genesen.

Wenn es um Krankheit und Liebe geht, gibt es noch ein anderes Phänomen – das der Selbstaufgabe. Ein Partner, der diese Rolle übernimmt, ist stets beschäftigt, arbeitet hart, nimmt keine Rücksicht auf sich und seine Schwächen, schwelgt meist in einer oder gleich mehreren ihn ernsthaft beeinträchtigenden Süchten und geht über jedes Anzeichen von Krankheit heroisch hinweg. Wenn auch nicht sofort erkennbar, ruft doch auch dieser Mensch händeringend nach Fürsorge und Zuwendung. Unbewusst vernachlässigt er sich in der Hoffnung, jemanden zu finden, der sich um ihn kümmert und der ihn mehr liebt, als er selbst es tut. Was er sich natürlich nie eingestehen und worum er natürlich auch nie bewusst bitten würde. Ganz im Gegenteil – taucht so jemand in seinem Leben tatsächlich auf, entzieht er sich meist hartnäckig allen guten Ratschlägen und Hilfsangeboten. Ich kenne Paare, bei denen die Ehefrau längst zur perfekten Krankenschwester und Therapeutin gereift ist, um trotzdem hilflos zusehen zu müssen, wie der Ehemann sich ihr immer mehr entzieht, immer mehr schuftet, immer mehr raucht und trinkt und immer ungesünder isst und immer mehr Krankheitssymptome achtlos mit sich herumschleppt.

Ob Siechtum oder Selbstaufgabe, gerade von Krankheit geprägte Beziehungen können deutlich machen, wie sehr jede Partnerschaft ein System ist, in dem unbewusste Mechanismen ineinander greifen. Auch hinter Krankheit und Selbstaufgabe verstecken sich Angst, Selbstablehnung und der Wunsch nach – manchmal sogar ein subtiler Kampf um – Anerkennung. Wir versuchen so, Liebe und Aufmerksamkeit von unserem Partner zu bekommen – was natürlich nie klappt, weil sich auf diesem Weg immer ein Geschäft zwischen beiden entwickelt, dem jede Freiwilligkeit im Geben fehlt, die zur wahren Heilung in einer Beziehung Voraussetzung ist.

Es hört nie auf – aber es wird immer schöner

All diese Phasen mit ihren manchmal extrem schmerzlichen Lektionen sind in Wahrheit Herausforderungen, die beiden Partnern ermöglichen, in ihre Mitte zu kommen, ganzer zu werden – sofern wir sie als solche verstehen und nutzen. Wenn wir diese vielen Hürden, die im Laufe einer Partnerschaft auf uns warten, tatsächlich gemeinsam nehmen, dann wachsen wir immer weiter zusammen. Auf einmal tauchen Gefühle auf, die es vorher nicht gab. Auf einmal gehen Dinge mit Leichtigkeit, die nie gingen. Manchmal sind wir regelrecht überrascht über all das Neue in unserer alten Beziehung. Gleichzeitig entfaltet sich unten drunter unmerklich, aber stetig ein Friede, der sich weder abgestanden noch langweilig anfühlt. Wir können uns miteinander erholen und uns gegenseitig beleben. Wir fühlen uns sicher und geborgen, ohne unruhig auf der Suche nach Ablenkung und Aufregung zu sein. Wir erleben, wie es sich anfühlt, das eigene Leben wahrhaft mit jemand anderem zu teilen. Das lässt wie von selbst den Wunsch in uns wachsen, uns immer weiter zu öffnen.

Früher besprach ich wirklich wichtige Themen häufig mit meinen Freundinnen. Wir führten endlose Telefonate und hatten konspirative Sitzungen über unser Gefühlsleben, von deren Inhalten unsere Ehemänner völlig unbehelligt waren – und dies auf jeden Fall auch bleiben sollten. Heute gibt es niemanden, der mehr von mir weiß und der mich besser kennt als mein Mann – und das, obwohl er die Welt so grundlegend anders wahrnimmt, als ich es tue. Ich fühle mich mit niemandem inniger verbunden als mit ihm. Das heißt allerdings nicht, dass wir nicht streiten oder keine Missverständnisse hätten. Wir nutzen sie nur immer schneller als Wegweiser für den nächsten Schritt. So stellen sie nach allem, was wir bisher miteinander erlebt und gelöst haben, nicht mehr unsere Ehe in Frage.

Wenn sich in einer Beziehung langsam echte Partnerschaft ausbreitet, dann scheint es manchmal so, als ob wir wieder am Anfang ankämen. Manchmal sind die Gefühle sogar noch tiefer und inniger als am Anfang. Aber auch in dieser Phase warten Herausforderungen: Gerade weil wir jetzt so viel Nähe und Tiefe miteinander erleben, zeigen sich hier endlich auch die besonders alten, tief sitzenden Verletzungen und Schmerzen. Themen tauchen auf, die wir bis dato völlig verdrängt oder unterdrückt haben. Machtkämpfe flackern plötzlich aus heiterem Himmel auf und erscheinen uns besonders absurd. Erstarrung fühlt sich besonders hart beim anderen an, und wir laufen Gefahr, ungeduldig und unverständig auf solche alten, scheinbar längst überholten Leiern zu reagieren.

Ich erinnere mich noch gut: In einer Zeit, da mein Mann und ich schon eine Menge miteinander überstanden hatten, saßen wir friedlich im Auto und redeten über ein belangloses Thema. Es war unglaublich, aber innerhalb von vielleicht zehn Minuten entwickelte sich aus unserem harmlosen Gespräch ein regelrechter Krieg. Die Fronten verhärteten sich im Handumdrehen, und schließlich entblödeten wir uns nicht, uns an den Kopf zu werfen, dass es doch keinen Sinn habe mit uns. K.o. – das hatte gesessen!

Schockgefrostet saßen wir da und schwiegen völlig verwirrt: Dass wir noch mal so weit kommen konnten …? Ja, wir waren tatsächlich noch mal so weit gekommen. Aber während des Schweigens wurde mir hundertmal schneller als früher bewusst, wie verrückt das alles war. Und auch mein Mann schien die frostige Stille zu innerer Forschung zu nutzen, denn unmerklich und wortlos taute es in unserem Auto wieder auf. Es war ein faszinierendes Erlebnis: Wir saßen schweigend nebeneinander, und es wurde fühlbar warm zwischen uns – bis wir plötzlich im ziemlich genau gleichen Augenblick anfingen, laut loszulachen.

Solange wir zusammen sind, wird die Entwicklung uns immer wieder herausfordern und uns Möglichkeiten zu noch umfassenderer Heilung bringen – vor allem dann, wenn uns etwas wie ein Rückschlag erscheint. Unser Vertrauen in unsere Beziehung wird einfach immer wieder gefordert. Genauso wie wir immer neue Geschenke für jeden mutigen Schritt auf unseren Partner zu bekommen. Ich weiß, dass sich auf diesem Weg des Zusammenwachsens nicht nur die beiden Menschen, sondern auch die Familie und das ganze Leben dramatisch verändern und intensivieren können.

Während ich dies schreibe, albert mein Mann gerade mit vier Kindern in der Küche herum und bereitet das Essen zu. Vielleicht klingt es für manch einen lächerlich, aber für mich ist es wie ein Wunder. Noch vor wenigen Jahren wäre diese Situation in unserer Ehe undenkbar gewesen. Unsere Rollen waren klar verteilt und wir in ihnen gefangen. Heute sind wir beide gleichermaßen dankbar: mein Mann dafür, dass er nicht mehr länger Gast im eigenen Haus ist. Dass er endlich tief in unsere Familie hineingewachsen ist und sehen kann, wie stark seine gestalterischen Kräfte auch hier zu Hause alles beleben und verändern. Ich bin dankbar dafür, dass ich endlich den Raum habe, wieder nach außen zu gehen, ohne im Inneren unserer Familie ein Vakuum zu hinterlassen. Ich kann dieses Buch nur so von Herzen schreiben, weil mein Mann bereit ist, uns von Herzen zu dienen.

Das Wort »dienen« mag sich anhören wie ein verstaubtes Überbleibsel aus einer anderen Zeit. Für viele klingt es vielleicht nach Selbstaufgabe und Aufopferung. Ich glaube, dass das Dienen eine der entscheidendsten Qualitäten für eine kraftvolle und dauerhaft wachsende Beziehung ist. Wer einem anderen von Herzen dienen kann, der erlebt, dass er etwas zu geben hat – und das gibt ihm ein Gefühl von natürlicher Stärke.

5. Kapitel
Supergeil ...!? – Keine Lust ...!?

Wenn es um Sexualität geht, dann haben wir Deutschen »Sex miteinander«, und im anglophilen Raum »macht man Liebe«. Für mich geht es nicht um »Sex haben«, auch »Liebe machen« trifft es nicht wirklich. Für mich ist die begriffliche Wahrheit »Liebe fließen lassen«. Im zweiten Teil des Buches beschäftige ich mich mit diesem heilsamen und nährenden Fluss der Liebe, der in unserer westlichen Welt allerdings zu den wohl gehüteten Geheimnissen gehört. Kaum etwas, das uns zu diesem erfüllenden Strom zwischen zwei Körpern ganz selbstverständlich beigebracht oder überliefert wird, wenngleich wir uns in einer Zeit bewegen, in der wir mit freizügigen Bildern von Nacktheit und Triebhaftigkeit nahezu überflutet werden. Nirgendwo zwischen Mann und Frau gibt es so viel Verheißung, so viel Verwirrung und so viel Verletzung wie beim Thema Sexualität.

Heutzutage scheint alles möglich und fast alles erlaubt zu sein. Diese Tatsache sorgt allerdings keineswegs für überschwängliche Leidenschaft und dauerhafte Befriedigung, sondern meiner Erfahrung nach für Schuldgefühle und nagende Selbstzweifel. Unser natürlicher Sex ist unter technisierter Sexualität verschüttet. Wir verlieren unseren Kontakt zu unserer eigentlichen Lebenskraft, haben keine Ahnung mehr, wie leicht und lebendig sie sich von Natur aus durch unsere Körper ausdrückt, wie kraftvoll sie fließen und uns und unsere Partner mit Liebe erfüllen kann. Unserem Sex ist seine ihm gottgegebene Unschuld geraubt und durch einen öffentlichen Alles-ist-machbar-Anspruch ersetzt worden. Mehr und mehr Menschen verlieren sich in diesem Abgrund.

Geist und Seele dieser Menschen werden von unzähligen Medien mit einem sich immer wieder selbst nährenden sexuellen Nachrichtenerguss überschwemmt. In ganz normalen Frauenzeitschriften finden sich Überschriften wie: »Blow job. Wer macht's, wer nicht – und wie geht's richtig?«, »Die Lust am Schmerz« oder: »Was braucht der Mann?« Wenn es um Sex geht, wird allerorts konkurriert und quer durch die Medienlandschaft zu immer neuen Höchstleistungen aufgefordert, werden in den Magazinen stets neue Verheißungen angepriesen und Vergleiche angestellt: »Sex-Stellungen im Test: Welche sind die besten für sie und ihn?« Oder: »Und Sie? Einmal die Woche oder öfter?«

Wenn Erwachsenen unter diesem medialen Potenzdruck die Puste ausgeht, verwundert das nicht. Noch drastischer sind allerdings seine Auswirkungen auf Teenager. In einer Tageszeitung war die Geschichte eines jungen Mädchens nachzulesen, das enttäuscht war von seinem ersten echten Kuss. Nachdem es in der Jugendzeitung *Bravo* eine Anleitung mit fünfundzwanzig Kussarten ausgiebig studiert hatte, kam es zu dem frustrierenden Ergebnis: »Ich habe versucht, es genauso zu machen, aber es hat sich nicht richtig angefühlt.« Überall können Jugendliche den Sex der anderen studieren und konsumieren, laufen »Dirty-Clips« auf den Musiksendern, tun es nur die Schönsten, Einfühlsamsten und Unwiderstehlichsten im romantischen Ambiente der Vorabendserien, gibt es Sexberatung und technische Anleitung in allen gängigen Teeny-Blättern. Während die Jugendlichen selbst noch jenseits einer eigenen sexuellen Identität und mit ihrer Körperlichkeit und Attraktivität meist im Zweifel sind, erleben sie perfekte, potente Bildfluten von multiplen Orgasmen auf allen Kanälen.

Dies scheint allerdings keineswegs als Orientierungshilfe für die jungen Zuschauer zu funktionieren. So ergab eine Emnid-Umfrage unter Vierzehn- bis Siebzehnjährigen, dass nur jeder Dritte dieser Altersgruppe bereits Geschlechtsverkehr hatte. Das berühmte erste Mal war für fast die Hälfte aller Mädchen entweder »nichts Besonderes«, »unangenehm« oder von einem »schlechten Gewissen« überschattet. Eine Untersuchung der Bundeszentrale für gesundheitliche Aufklärung über sexuelle Erfahrungen im Jugendalter resümiert, dass der Druck der Bilder, von denen die unerfahrenen Teenager überflutet werden, so stark ist, dass Mädchen bei ihrem ersten Geschlechtsverkehr vordringlich nur noch daran dächten, ob sie es »richtig« machten. Und laut einer Forsa-Umfrage befürchtet bereits jeder dritte Jugendliche, im Bett nicht gut genug zu sein.

Sex haben, Liebe machen – alles ist möglich

Nach allem, was ich in meiner Praxis erlebt habe, glaube ich, dass sich kaum jemand bewusst macht, wie viel seelische und körperliche Verkrüppelungen dieses Sex-Fastfood anrichtet. Wieder und wieder erlebe ich Menschen, die sich falsch vorkommen, weil sie seit Jahren keinen Sex mehr oder keine wirkliche Erfüllung beim Sex erlebt haben. Sie alle bekommen das letzte Prüfsiegel für ihr Außenseiterdasein schließlich noch durch Umfrageergebnisse, die Schwarz auf Weiß belegen, dass alle anderen mehr Spaß haben als sie selbst. Dass es deutsche Paare mindestens zweimal die Woche machen, Ost-Berliner sogar zweimal die Nacht. Dass ein Drittel derer, die einem im Supermarkt, in der Sauna oder auf der Straße begegnen, seine zahllosen Sinnesfreuden mit Sprühsahne und Champagner oder mit Lack und Leder versüßt.

Bei den anderen scheint alles möglich zu sein, sagen solche Statistiken, und sorgen dafür, dass unzählige Menschen völlig verwirrt sind von ihren tatsächlichen körperlichen Bedürfnissen, von ihrer sexuellen Fragilität und emotionalen Schamhaftigkeit. Dabei unterscheidet sich der statistische Befragungsalltag kaum von dem in deutschen Schlafzimmern: Selbst bei garantiert anonymen Umfragen seriöser Institute macht fast ein Drittel der ängstlich gehemmten Befragten gar keine Angaben. Fragen, wie oft man Sex habe, welche Praktiken man dabei bevorzuge, welche Stimulanzien man verwende, bleiben reihenweise unbeantwortet. Und der Rest? Wer mag schon zugeben, dass er sich wie ein Versager fühlt? Für eine amerikanische Studie gingen Forscher daher neue Wege, um der Wahrheit auf die Spur zu kommen: Sie hakten bei fast dreitausendfünfhundert Befragten bis zu fünfzehnmal nach. Das Ergebnis dieser Umfrage: Ein Viertel der Männer und sogar ein Drittel der Frauen gaben zu, im vergangenen Jahr überhaupt keinen Sex gehabt zu haben und ein weiteres Viertel nur einige wenige Male.

Im Fernsehen, in der Werbung, im Internet, in den einschlägigen Magazinen – überall wird uns mehr oder minder direkt suggeriert, dass Sinnlichkeit, Leidenschaft und Erotik allgegenwärtig und für jeden zu haben sind. Wenn allerdings im intimsten Bereich unseres Lebens von diesem Glanz, dieser Lebendigkeit und inneren Befriedigung kaum etwas zu spüren ist, dann spielen wir uns oder anderen etwas vor; geben uns vom Kopf vorgegaukelten Bildern statt unserem leiblichen Partner hin; verkleiden und verpacken uns oder fühlen uns falsch und minderwertig. »Ich sitze hier wie eine Aussätzige …«, eröffnete mir einmal eine Klientin und gestand unter Tränen, dass sie schon seit Ewigkeiten keine Lust habe, mit ihrem Partner zu schlafen. Dass sie ihm entweder einen Orgasmus vorspiele oder sich selbst mit schwelgerischen Sexvorstellungen errege, während sie mit ihrem Mann im Bett liege. Danach verschwinde sie fast jedes Mal im Bad, um zu weinen und sich zu waschen. Viele Frauen haben mir solche Geschichten erzählt. Männer wiederum sind häufig voller Scham und Selbstverachtung, wenn sie ihren geradezu süchtigen Pornokonsum oder ihre regelmäßigen Bordellbesuche offenbaren.

Kürzlich wartete ich im Auto auf jemanden. Mein Wagen parkte zur Mittagszeit mitten in unserer Stadt vor einem Pornokino mit Peepshow. Während ich dasaß und wartete, spuckte der Ausgang einen Mann nach dem anderen aus. Wie musste es wohl sein, so alleine in einer Kabine oder auf einem Kinosessel mit ein paar Kleenex? Nach allem, was ich schon aus den Gesprächen in meiner Praxis wusste, stellte ich mir vor, was die Männer dort drinnen gerade erlebt oder gemacht hatten, was sie losgeworden, was sie bekommen hatten. Derweil schaute ich in ihre Gesichter. Männer aller Altersklassen und aller Nationalitäten. Männer mit gut sitzenden Anzügen. Männer mit schmuddeligen Hosen und speckigen Haaren. Kleine, große, dicke, dünne Männer. So unterschiedlich sie auch schienen, eins war bei allen gleich: Sie hatten einen leeren Blick und duckten sich schnellen Schrittes von dannen. Sie wirkten unruhig, als ob sie von anderer Leute Blicken, vor allem aber von den eigenen Schamgefühlen verfolgt würden. Während ich ihnen hinterherschaute, stieg in mir ein Gefühl von Traurigkeit und Mitgefühl auf. Wie sehr mussten sie sich danach sehnen, eine Frau wirklich glücklich zu machen?

Oft erzählen mir Männer von ihren Gründen, warum sie Sex oder Bilder von Sex kaufen, warum sie heimlich kleine Vermögen in Bordellen lassen oder Nächte auf den einschlägigen Internet-Seiten verbringen, nachdem ihre Frauen längst schlafen gegangen sind. Stets haben die Schilderungen etwas von einem Krankheitsverlauf, von einer Sucht, die ihren Ursprung fast immer in einer Selbstwahrnehmung von Unzulänglichkeit findet. Irgendwo in der dunkelsten Ecke ihres Bewusstseins lauert ein Gefühl von: »Ich bin ein Versager. Ich konnte meine Frau nicht mehr glücklich machen, sie nicht öffnen, sie nicht erreichen ...« Und irgendwo in ihren Körpern wartet gleichzeitig ein unbändiges Verlangen darauf, sich zu befreien, sich zu geben, sich mit einem Menschen zu verbinden.

Idealbilder, Idealpartner, Idealstellungen

Hollywood-Filme, Statistiken, Werbung – von der öffentlichen Hatz nach Idealbildern, Idealpartnern, Idealstellungen, Idealhäufigkeiten lassen Männer wie Frauen sich immer mehr unter Druck setzen. Schließlich werden sie von einem unablässigen Drang getrieben, alles perfekt machen zu müssen. Meiner Meinung nach sind Leistungsdruck, emotionale und seelische Erschöpfung das, was der körperlichen Liebe heutzutage am meisten im Weg steht. Alle Welt beschäftigt sich geradezu zwanghaft mit der Frequenz der Liebe; damit, dass man zweimal pro Woche miteinander schlafen »muss«, dass dagegen »nur zweimal pro Monat« ein ernst zu nehmendes Kriterium für sexuelle Mangelhaftigkeit einer Partnerschaft sei. Genau dieser Anspruch, dieses Messen und Vergleichen, sorgt für das Absterben der Lust. Nichts fehlt der körperlichen Liebe mehr als Selbstvergessenheit, Entspannung und Muße. Stattdessen ist sie technisiert, kontrolliert oder von Fantasien und Utopien befrachtet, völlig aus dem Gleichgewicht geraten. So wie ich zu Anfang behauptet habe, dass siebzig Prozent der Scheidungen nicht sein müssten, so machen mich die schambeladenen oder suchtverzerrten Geständnisse meiner Klienten glauben, dass es bei einer ähnlich hohen Anzahl von Ehen jahrelang keinen oder von Praktiken und Reibungsroutine bestimmten, aber vom Herzen getrennten Sex gab.

Kein Mensch wagt zu sagen: »Wir haben wenig Sex.« Selbst für den, der sich mutig über all die quantitativen Ansprüche hinwegsetzt, für den ist es meist trotzdem tabu auszudrücken, dass ihm auch bei statistisch einwandfreier Liebesfrequenz etwas Unerklärliches fehlt, dass irgendwo in ihm etwas Unerfülltes nagt. Unzählige Paare fühlen sich in ihrer langjährigen Beziehung in einem Zyklus gefangen, der sich bei ihren sexuellen Begegnungen wiederholt und selten etwas Neues, Kreatives mit sich bringt oder gar einem Zauber unterliegt. Sexy Dessous, Pornovideos, Rollenspiele, Swingerclubs, Partnerwechsel – auch das bietet auf Dauer keinen Raum für einen Austausch von Herz und Seele. Vielleicht lieben sich die Partner ja weiterhin, aber sie können ihre Liebe auf keinem dieser Wege körperlich wirklich zum Ausdruck bringen. Das wiederum führt fast immer unweigerlich zu einer langsamen Austrocknung der Partnerschaft oder zu wachsendem Gezänk. Früher oder später steht bei vielen die Trennung ins Haus.

Die große Sackgasse »Sexualität« ist meiner Erfahrung nach die Kernspaltung aller Partnerschaften. An ihrem ausweglosen Ende beginnen fast alle Scheidungen. Trennungen von Tisch und – vor allem – Bett lösen aber so wenig wie die darauf folgenden Beziehungen das eigentliche Problem. Über kurz oder lang meldet sich die innere Rastlosigkeit zurück, geht die Suche nach einer Möglichkeit weiter, Sex und Herz miteinander zu verbinden, unsere eigene Liebe auch körperlich auszudrücken. Eine Suche, die aus einer tiefen, urmenschlichen Sehnsucht gespeist wird und uns überall einholt. Eine Sehnsucht, die uns in jedem Winkel unserer Bequemlichkeit, Konvention und Moral aufspürt, die auf Dauer stärker ist als all unsere Anfangseuphorie bei neuen Partnern und die auch von pornografischer Schwelgerei und sexuellen Fantasien nicht gestillt werden kann. Eine Sehnsucht, die uns an das erinnert, wonach es uns eigentlich verlangt: Uns, so wie wir sind, einem anderen Menschen ganz zu geben – und einen anderen Menschen, so wie er ist, ganz zu lieben.

Die große Sackgasse Sexualität

So irren wir alle herum, überprüfen unsere Frequenzen, unsere Praktiken und unsere Partner. Aber kaum jemand erlebt die eigentliche, tiefe nährende Verbindung der körperlichen Liebe oder kennt gar ihre kraftvolle spirituelle Dimension. Wenn es um Sexualität geht, tut meiner Erfahrung nach fast jeder gut daran, von vorne zu beginnen. Geradezu befreiend wäre es, würden wir uns gegenseitig eingestehen, dass wir vielleicht nichts wissen, oder dass all das, was wir wissen, uns nicht dahin führt, wonach wir uns sehnen. Wenn wir uns dies trauen, könnten wir unserem Partner wieder ehrlich und unschuldig begegnen; könnten uns ihm körperlich wieder öffnen und heilen. Ein Prozess, über den uns in unserer Gesellschaft, in unseren Medien und in unserem Schulsystem kaum jemand etwas lehrt.

Unser allgemeiner Wissensmangel, was die körperliche Liebe angeht, ist groß. In unserer westlichen Welt über den natürlichen Fluss der Liebe in unseren Körpern zu reden ist, als ob man in der Wüste vom Schnee erzählt. Junge Menschen bekommen technisch physische Aufklärung, nach der sie sich dann allzu oft vergeblich abstrampeln auf der Suche nach wahrer Intimität und Nähe. So machen wir heute immer leichter, immer früher, immer vielzähligere sexuelle Erfahrungen – die immer leichter, immer früher zu immer vielzähligeren unausgesprochenen Unsicherheiten, Ängsten und Schamgefühlen führen. Statt ihre Sexualität als die eigentliche natürliche Lebenskraft zu erfahren, wachsen in vielen jungen Menschen Zweifel und Misstrauen dem eigenen Körper gegenüber. Dies alles bleibt meist unverarbeitet, wie ein innerer Schatten, in unseren Körpern erhalten – und wird später im Leben bei jedem Versuch, körperlich zu lieben, immer wieder aktiviert. Meist ahnen wir von all dem nichts, fühlen uns erkaltet, frigide, impotent oder süchtig nach immer neuen Liebesabenteuern.

Wir wollen alles und fühlen nichts

Unser Liebesleben bewegt ich im großen Spagat zwischen »supergeil« und »keine Lust«. Es wird Sie vielleicht überraschen, aber das eine ist so wenig nährend und erfüllend wie das andere. Haben wir keine Lust mehr, fühlen wir uns taub und tot, dann ist uns meist das Herz gebrochen worden. Irgendwo unterwegs auf unserem Weg zur körperlichen Lust und Liebe sind durch Besitzdenken, Eifersucht, Aufopferung, Gier, Misstrauen oder Verrat unsere Träume von Sex und der wahren Liebe zerstört worden. Wir ziehen uns Stück um Stück von unserem körperlichen Empfinden zurück, schneiden uns von unserer Sexualität ab oder verurteilen sie sogar. Aber auch wenn wir unseren Schmerz verdrängen und unsere tiefe Sehnsucht nach körperlichem Geliebtwerden verleugnen, behält der Sex dennoch seine Macht. Er begegnet uns dann einfach nur im Schatten. Einer der bevorzugten Schatten ist unser Partner. Während wir unsere Lust verbannen, dreht sich bei ihm alles um Sex: Er will immer, er träumt immer davon, er kann immer. Und wenn er nicht darf, dann geht er eben immer: auf Partys, in Bars, auf Internet-Seiten, in Peepshows oder Bordelle.

Wenn wir unsere Sexualität kontrollieren, ohne dass uns auf den ersten Blick ein lüsterner begieriger Schatten im Innen oder im Außen begegnet, dann verhärtet meist etwas in unserem Leben; etwas stirbt ab; wir werden zu einer Art besserem, aber totem Menschen. So oder so behält unsere Sexualität ihre Macht. Wenn wir unsere Wunde nicht heilen, wenn wir den Schmerz verdrängen und sie kontrollieren, dann wirkt unsere Sexualität allerdings eher wie ein bedrohlicher Guerrilla aus dem Untergrund in unser Leben hinein. Statt uns in Lustlosigkeit, Selbstgerechtigkeit oder Urteile zu flüchten, bleibt uns nichts anderes übrig, als uns unserem Körper und unserem einst gebrochenen Herzen wieder zuzuwenden und Sex und Herz wieder miteinander zu verbinden – unser natürlicher sexueller Fluss kommt dann wie von selbst zu uns zurück.

Auch die leidenschaftlich Nimmersatten leiden unter Herzschmerz. Viele dauernd wechselnde Liebhaber oder Geliebte entspringen meist einer verzweifelten Suche nach Liebe. All die ständig durch neue Betten fegenden Vernascher vom Dienst sind so wenig Sex-Götter, wie die bereitwilligen Verführerinnen Sex-Göttinnen sind. Sie sind eher Verirrte – sie suchen mit dem Unterleib etwas, das sie nur mit dem Herzen finden können. Aber auch ihnen ist, genauso wie den Lustlosen, das Herz gebrochen worden. Auch sie wollen diesen Schmerz nicht mehr fühlen. Nur resignieren sie nicht – sie kämpfen, suchen und fordern ein. Sie sind getrieben auf der Suche nach einem neuen Kick, einem heißen Abenteuer.

Wenn wir den Sex wie eine Droge konsumieren, dann sind wir eigentlich damit beschäftigt, eine längst vergangene Wunde zu heilen. Wir suchen nach einer Verbindung, die uns einst nicht zuteil wurde. Manchmal wollten wir Liebe geben und haben nur Sex bekommen. Manchmal wollten wir unser Herz schenken und wurden von Besitzanspruch gefangen genommen. Das alles war damals, aber es lebt heute noch in uns weiter, sodass wir überall nach Verbindung suchen, aber nirgendwo die Verbindung finden oder gar in ihr bleiben können, weil noch immer dieser alte Riss zwischen unserem Unterleib und unserem Herzen in uns existiert.

Ich glaube, es gibt heute kaum jemanden und damit kaum eine Beziehung, deren Sexualität nicht der Heilung bedarf. Wenn Paare in einer Ehekrise zu mir kommen, schildern sie mir meist zwei Arten von Sexualität: »Wir haben schon seit geraumer Zeit kaum noch Sex«, lautet das eine Statement, oder: »Nichts geht mehr, obwohl es im Bett doch immer klappte.« Während es im ersten Fall auf der Hand liegt, dass die Verbindung zwischen den beiden Partnern unterbrochen ist, so weiß ich aus Erfahrung, dass dies bei genauerer Betrachtung auch im zweiten Fall erkennbar wird. Fremdgehen und alle Formen von pornografischen Süchten finden sich genauso häufig in lustlosen wie in triebhaften Beziehungen.

Sex als Waffe

Rebecca kam zu mir und war fassungslos. Sie hatte herausgefunden, dass ihr Mann schon seit geraumer Zeit regelmäßig in Bordellen verkehrte. »Dabei lief es im Bett immer bestens zwischen uns«, schüttelte sie verständnislos den Kopf. Warum ging ihr Mann zu Prostituierten? Sie konnte es einfach nicht verstehen. Im Laufe unserer Gespräche kam heraus, dass Sex in ihrer Ehe die schärfste Waffe war, die im gegenseitigen Machtkampf ins Gefecht geführt wurde. Rebecca spielte mit ihrem Körper und mit ihrem Mann. Manchmal verführte sie ihn, wenn er sonst kaum zu erreichen war. Häufig ließ sie sich auf seine Wünsche ein, um ihn dann zu bezwingen. Manchmal »durfte er«, ließ sie es geschehen, wenn sie sich mehr Zeit und Nähe mit ihm wünschte. Manchmal half sie seinem Begehren mit Zurückweisung nach, um die eigene Macht über ihn wieder fühlen zu können. Auf Festen gingen die beiden schnell getrennte Wege, flirteten herum und testeten unter den Augen des anderen die eigenen Chancen auf dem freien Markt – allerdings immer nur bis zu einer gewissen Grenze.

Einmal, Rebecca redete während einer Sitzung sehr offen und detailliert über den Sex mit ihrem Mann, habe es bei ihr »klick gemacht«: »Ich ruckte gegen das Bett, weil mein Mann so fest in mich eindrang. Von diesem Schmerz wurde etwas in mir auf einmal wach. Ich wurde abrupt aus einer Fantasiewelt in meinen Körper geholt und merkte, dass mein Körper all das nicht wollte, was wir da gerade taten. Für einen Moment hätte ich heulen können. Aber dieses Gefühl hielt nur ganz kurz an, dann machte ich weiter mit wie getrieben.« Rebecca entdeckte, dass es kaum echte Nähe in ihrer Ehe gab. Dass sie sich ihrem Mann mit ihren Wünschen selten wirklich anvertraute. Dass in ihrer beider Leben viel los war – eben auch im Bett. Dass sie aber selten echte Gemeinsamkeit und Verbundenheit erlebten. Vor allem wurde ihr bewusst, dass sie eigentlich immer, vom ersten Tag an, Angst gehabt hatte, ihren Mann zu verlieren. Er hatte, als sie sich kennen gelernt hatten, noch in einer Beziehung mit einer anderen Frau gesteckt, sich aber dann für Rebecca entschieden.

Seitdem nagte eine latente Unsicherheit an Rebecca. Nie habe sie das Gefühl gehabt, er habe sich wirklich ganz für sie entschieden. Wenn sie Angst hatte, er könne gehen oder eine andere haben, dann verschaffte sie sich einen Kick, indem sie ihn für sich eroberte. Immer wieder hatte sie das Gefühl, sich beweisen zu müssen – was ihre Leidenschaft entfachte. Aber nie kam ihr Herz in dieser Beziehung zur Ruhe, fühlte sie sich wirklich geliebt. Später kam auch Rebeccas Mann mit zu den Sitzungen. Ihm war es nicht besser gegangen. Er fühlte sich ausgehungert nach Wärme. »Meine Frau hatte immer Ansprüche an mich, nie habe ich gereicht, oft hat sie rumgenörgelt. Eigentlich war unsere Ehe vor allem anstrengend«, resümierte er. Tatsächlich hätten sie häufiger und heftiger Sex gehabt, aber er habe sich danach mit der Zeit immer leerer gefühlt.

Sex wird leer, gierig oder tot, wenn er benutzt wird – manchmal als Waffe, um andere zu besiegen. Manchmal wird er zur Manipulation derer missbraucht, die wir angeblich lieben. Oft entscheidet er über Abhängigkeit oder Unabhängigkeit, über Wertlosigkeit oder Attraktivität. Wir benutzen unsere Körper, wir setzen sie ein, um Menschen anzuziehen oder zu behalten. Mit all dem haben wir unsere Körper ihrer größten Kraft und unseren Sex seiner heilenden Wirkung beraubt. Das Gefühl, das heute am häufigsten in Verbindung mit Sex auftaucht, ist die Angst. Dabei ist Sex das Medium der Liebe, unser Tor, uns wahrhaft zu geben und aus unserer Einsamkeit und traurigen Unabhängigkeit in eine tiefere Verbindung mit einem anderen einzutreten. Schauen Sie ein Baby an, wie es tief verbunden und voller Lebendigkeit in seinem Körper lebt – Sex ist unsere natürlichste Art der Kommunikation, er soll Spaß machen, er kann Brücken bauen und vor allem unsere Liebe zum Ausdruck bringen. Wie? Im zweiten Teil dieses Buches findet »Die Lust an der Liebe« ausgiebig ihren Raum.

6. Kapitel
Von Furien und Jammerlappen

Wir sehnen uns nach Gleichklang und Einheit, um dann doch feststellen zu müssen, dass am Ende Männer tatsächlich vom Mars und Frauen von der Venus kommen. Die beiden Geschlechter funktionieren unterschiedlich – eine Tatsache, die eigentlich nicht weiter tragisch ist für eine Beziehung. Ganz im Gegenteil – eine wirklich fruchtbare Partnerschaft braucht die so unterschiedlichen Kräfte beider Geschlechter. Das wirkliche Problem liegt ganz woanders: Zu viele Vertreterinnen des zarten Geschlechtes sind zu Furien mutiert und zu viele Herren der Schöpfung zu Jammerlappen degeneriert. Frauen haben ihre natürliche Weiblichkeit verloren und Männer ihre natürliche Männlichkeit.

Wer den Mut und die Geduld hat, zum wirklichen Kern von Beziehungsproblemen vorzudringen, wird dort – auch im einundzwanzigsten Jahrhundert – auf Männerhass und Angst vor Frauen stoßen. Beides sind Verhärtungen, Verkrüppelungen und Verdrehungen der im Ursprung wahrhaft göttlichen, elementaren Kräfte der Geschlechter. Die Frau ist von Natur aus empfangend. Schon physisch ist sie dazu bestimmt, den Mann in sich aufzunehmen, sich für ihn zu öffnen. Der Schöpfung nach ist der Mann gebend. Er ist in der Lage, zu bewegen, zu beleben, zu befruchten. In meiner Praxis bemühe ich gerne ein Bild, das für mich in seiner Symbolik die tiefste Wahrheit der beiden Geschlechter zeigt: Die Frau ist wie ein See, der Mann wie ein Fluss, der in diesen See hineinfließt. Die Gesundheit, Lebendigkeit und Klarheit des Sees hängen vor allem von der Beschaffenheit des Flusses ab, der ihn speist. Wird der Fluss irgendwo auf seinem Weg verschmutzt, werden gar dauerhaft Gifte oder Abwässer in ihn eingeleitet, gelangt all dies unwillkürlich in den See. Jeder See ist nur so gut wie der Fluss, von dem er versorgt wird.

Ich bin mir darüber im Klaren, dass dieses Bild in der modernen Welt von Emanzipation und Gleichstellung der Geschlechter geradezu mittelalterlich reaktionär wirken und heftigen Protest hervorrufen kann. Aber es zeigt die Wahrheit! Wer sich für einen Moment aus ganzem Herzen auf dieses Bild einlässt und es in seiner Tiefe erkennt, entdeckt die revolutionäre, bahnbrechende Kraft, die sich entfalten kann, wenn Männer und Frauen wieder zu ihrem wahren Sein zurückkehren. Frauen versuchen nur deshalb ständig an Männern herumzuerziehen, nörgeln nur deshalb so häufig herum, wollen nur deshalb so machtvoll regieren wie Männer, um sich so vor weiteren Verletzungen oder, um im Bild zu bleiben, ihren See vor weiteren Verschmutzungen durch den Fluss zu schützen. Dabei bauen sie allerdings einen Damm, hinter dem sie langsam selbst austrocknen. Fangen Frauen an, ihre Männer umzumodellieren, meckern sie herum, beginnen sie »von hinten« zu regieren – dann agieren Frauen mit aktiv männlicher Kraft und verlieren ihre Empfänglichkeit, Hingabe und Weichheit. Sie verhärten und sind so gezwungen, zu Männern zweiter Klasse zu werden. Dafür wiederum verurteilen Frauen die Männer mehr oder minder bewusst.

Dieses scheinbar mütterlich schmunzelnde, in Wahrheit aber verbitterte »Ach, die Männer …« kann unter den Damen jeder hören, der es hören will. Leise, unterschwellige Verachtung geht um. Worum es eigentlich für die Frauen ginge, wäre, an die unendliche, transformierende Kraft ihrer Liebe und die seismografische Genauigkeit ihrer natürlichen Intuition zu glauben. Unzählige Male habe ich Frauen erlebt, die sehr früh alle möglichen Ahnungen hatten, dass in ihrer Beziehung oder in ihrem Leben etwas schief lief. Aber nur die wenigsten haben dieser Intuition wirklich vertraut und ihren Mut und ihre ganze Kraft aufgewendet, um dieser Intuition zu folgen. Wie oft hat ein weiblicher Körper schon mit Störgefühlen auf männliches Verhalten, ein weiblicher Geist mit Beklemmung auf männliche Strategien und von Männern geprägte Systeme reagiert, aber wie selten haben Frauen ihrem Körper und ihrem Geist wirklich vertraut und sich in ihrem Handeln danach gerichtet? Früher haben sie durch- und ausgehalten oder mit Liebesentzug manipuliert. Heute konkurrieren sie, schwelgen in verträumten Fantasien oder lassen sich schließlich verbittert scheiden.

Aber wie oft glauben Frauen an die transformierende Kraft ihrer Liebe? Wie oft vertrauen Frauen der Wahrheit ihrer Gefühle? Wie oft folgen Frauen ihrem Herzen? Wie oft kämpfen Frauen an der Seite ihrer Männer wirklich mit all ihrer weiblichen Hingabe, mit all ihrer Liebe, mit all ihrem Glauben und mit aller Konsequenz für einen neuen Weg und eine Öffnung und Wandlung ihrer Partnerschaft? Allzu oft weichen sie vor dem kompetent dominanten Habitus ihrer Männer zurück – vor deren daten- und faktenschwangerem, alles mögliche rechtfertigendem Wissen, vor deren finanzieller Macht. Frauen schweigen, manipulieren oder verführen, aber sie stehen immer noch nicht zu ihrer Intuition, machen ihren Glauben und ihre Liebe immer noch nicht zur Geschäftsgrundlage. Noch immer jammern viele Frauen über das von männlichem Machtstreben und linearem Wachstum geprägte System und das von männlicher Ignoranz erdrückte Beziehungsleben. Aber was tun sie dagegen? Sie vertrauen nicht der unendlichen Kraft ihrer eigenen Liebe, aus der heraus sie neue Systeme und neue Beziehungen erschaffen könnten.

Die Emanzipation hat die Frauen bisher nicht wirklich zu sich selbst gebracht. Zwar hat sie ihnen neue Freiheiten und Gestaltungsräume eröffnet – Frauen haben sich selbst anders erfahren können, haben entdecken können, dass auch sie unabhängig, selbstverantwortlich, kreativ und erfinderisch sind –, aber viele Frauen haben sich im Kampf gegen das alte, männlich dominierte System in just diesem System verheddert. Frauen haben Männer an den Pranger gestellt und alle Welt darüber aufgeklärt, was die männliche Vorherrschaft aus ihrem weiblichen Leben Trauriges gemacht hat. Sie haben zu Widerstand aufgerufen, aber nicht zu Weiblichkeit. Vor allem haben sie vergessen, den eigenen Anteil an ihrem Dilemma, die eigene Opferbereitschaft, die eigene Bequemlichkeit und den eigenen mangelnden Glauben an die eigenen Fähigkeiten kritisch zu betrachten. Häufig haben sich die Frauen im Kampf gegen die Vorherrschaft der Männer nicht in ihrer eigentlichen, weiblichen Kraft gestärkt, sondern sie wurden härter, verbitterter und unbeugsamer als die Männer, aus deren Schatten sie sich mit aller Gewalt herausmanövrieren wollten.

Trotz alledem hat sich zumindest äußerlich vieles für Frauen verändert. Längst müssen sie in unserem Kulturkreis nicht mehr alles erdulden, sich nicht mehr unterordnen. Frauen kennen ihre Rechte, wissen um ihre Möglichkeiten und treffen Entscheidungen: Die überragende Mehrzahl aller Scheidungen wird von Frauen eingereicht. Aber tief versteckt in unserer weiblichen Psyche bleibt immer noch ein dunkler Winkel voller Angst vor männlicher Dominanz und vor männlicher Sexualität, der automatisch einen ebenso verborgenen anderen Winkel in uns speist, nämlich den voller Männerhass.

Klagelied der verletzten Weiblichkeit

Einmal besuchte ich ein paartherapeutisches Seminar für Männer und Frauen. An einem Tag wurde die Gruppe nach Geschlechtern getrennt. Die Frauen blieben unter sich, um sich ganz mit ihren weiblichen Wurzeln zu beschäftigen. Das Gleiche galt für die Männer. Wenig in meinem Leben hat mich so sehr überrascht und bewegt wie das, was ich an diesem Tag miterleben konnte: Einmal bekam jede der vielleicht zwanzig Frauen einen Handspiegel und einen kleinen geschützten Winkel im Gruppenraum, um sich dorthin zurückzuziehen. Die Aufgabe lautete, sich zu entkleiden und für etwa eine halbe Stunde die eigenen Brüste und Genitalien im Spiegel zu betrachten. Dabei sollte sich jede Frau in einen inneren Dialog mit ihrem Körper begeben, ihm zuhören und mit ihm mitfühlen, sich erinnern an all das, was Brüste und Genitalien in diesem Leben schon erlebt und an Erinnerung in sich abgespeichert hatten. Nach höchstens zehn Minuten der Stille im Raum setzte plötzlich hier und dort ein leises Schluchzen ein. So unterschiedlich die Teilnehmerinnen des Seminars auch äußerlich schienen – aus dem leisen Schluchzen entwickelte sich ein beklemmendes Wimmern und Weinen, das die ganze Gruppe ergriff, immer lauter wurde und schließlich den Raum mit einem traurigen Klagelied erfüllte.

Irgendwann wurden die Frauen aufgefordert, sich wieder anzukleiden und im Raum zusammenzukommen. Nun ging es darum, dem Körper die Möglichkeit zu geben, all das auszudrücken, was unter dieser Traurigkeit in ihm an Kraft und Energie verborgen war. Eine archaische, erdverbundene Musik wurde gespielt. Die Frauen konnten sich zu ihrem Rhythmus frei bewegen und alle Töne, die ihnen kamen, ausdrücken. Wieder verstrichen einige gehemmte, starre Minuten. Aber dann verwandelten sich alle – Mütter, Studentinnen, Geschäftsfrauen – in rasende Furien, zornige Kriegerinnen und wütende Weiber. Der Raum schien jeden Moment zu explodieren unter dem Gestampfe und den bedrohlichen, anklagenden oder ohnmächtigen Schreien. Das, was ich mit den anderen Frauen an diesem Tag gemeinsam erlebte, ging über geteiltes persönliches Leid hinaus. Es war eine Art Urerfahrung von Frausein.

Wir alle haben nicht nur unser individuelles Unbewusstes,

wir alle tragen in jeder unserer Zellen auch unser kollektives Unbewusstes mit uns herum – sozusagen unser gesellschaftlich historisches Erbe. Würde das genetische Erbgut einer weiblichen Zelle von seinen letzten Jahrhunderten erzählen, wäre es gezwungen, von Unterwerfung, Vergewaltigung, Versklavung, von Hexenverbrennung und von unzähligen lebend und tot geborenen Kindern zu sprechen. Würde es von diesem Jahrhundert berichten, wüsste es wahrscheinlich gerade erst seit wenigen Jahrzehnten, dass ihm etwas wie ein Orgasmus widerfahren könnte. Die gleiche Zelle trüge Informationen über unerlaubte, heimliche und lebensbedrohliche Abtreibungen in sich. Sie wüsste, was eheliche Pflicht, finanzielle Abhängigkeit und ungewollte Schwangerschaft sind. Ganz frisch aus ihrer jüngsten genetischen Vergangenheit könnte diese Zelle erzählen von einem Kampf um Anerkennung, berufliche Entfaltung und körperliche Freiheit. Aber dies alles wäre nur ein Bruchteil ihrer gesamten Erbanlagen.

Die weibliche Zelle von morgen wüsste, dass ihre Vorgängerinnen nur den halben Weg geschafft hätten, um ihr gesamtes gespeichertes Potenzial zu entfalten. Sie wüsste, dass sie erst einen winzigen Teil ihrer unendlichen, weiblichen Kraft ins Leben gebracht hätte. Sie wüsste, dass das in ihr schlummernde Reservoir an Liebe ausreichte, um die ganze Welt zu verändern. Sie wüsste ganz genau, dass ihr Körper ein seismographisch genaues Instrument ist, dem sie zutiefst vertrauen könnte. Für sie würde wirkliche Emanzipation bedeuten, in Selbstverantwortung und Freiheit, gleichzeitig aber tief in der natürlich tragenden Verbindung mit dem Leben verwurzelt zu sein. Für sie wäre wahrhafte Kompetenz, mit allem der Erde und dem Leben innewohnenden Wissen instinktiv verbunden zu sein. Sie wüsste, dass die Frau, zu der sie gehört, sich nicht mehr weiter von etwas emanzipieren, sondern sich vollends auf ihre eigene unerschöpfliche Quelle, ihr Herz, einlassen müsste.

Wenn es um das eigentliche Wesen der Frau geht, dann geht es nicht um Kinder oder Karriere. Es geht um eine naturgegebene, instinktiv gesunde Art, mit Kindern und Karriere – mit unserem gesamten Leben – umzugehen. Es geht um unsere, mit dem Verstand nie zu erfassende, universale Verbindung und tief ins Sein verwobene Herzenskraft. Es geht um eine Art von allumfassender Annahme des Lebens, die jenseits von Selbstaufopferung liegt. Es geht um eine Art von Wissen, das einfach existent, aber nicht erlernbar ist.

Wenn es in Beziehungen scheinbar um Mann oder Frau zu gehen scheint, geht es eigentlich um Kopf oder Herz. Als ich einmal mit einem von seiner Frau verlassenen Mann über diesen Zusammenhang redete, erklärte er mir: »Ich musste am Ende nur feststellen, dass mein Kopf nichts anderes als ein Airbag für den harten Aufprall im Notfall ist. Mein Kopf rennt immer nur der längst gültigen Wahrheit hinterher: Er grübelt, erforscht, ergründet und entdeckt schließlich, dass die Erde keine Scheibe ist – dass sie in Wahrheit rund ist. Aber die Erde war und ist einfach rund – fertig!«

Ich glaube, so wie mit der Erde verhält es sich auch mit dem natürlichen Wesen der Frau. Die Erde ist schon immer rund gewesen und macht sich nicht im Geringsten Gedanken darüber. Sie ist einfach rund, sie kann gar nichts anderes sein – auch wenn die ganze (Männer-)Welt noch glaubt, sie sei eine Scheibe. Die Erde ist einfach rund und lebendig. Und es bleibt ihr nichts anderes übrig, als dies immer zu sein und auf die Erkenntnis dieser Wahrheit durch die Männer, die auf ihr leben, zu warten.

Die bei vielen Frauen verschüttete oder von ihnen nicht mehr ernst genommene intuitive Kraft weiß einfach instinktiv. Sie ist allumfassend und mit allem verbunden. Eine Frau, die zu ihr zurückfindet, ihr entsprechend zu leben beginnt und sich so selbst wieder vertrauen lernt, ordnet sich nicht unter. Vielmehr ordnet sich ihr Leben nach solch geheimnisvollen Gesetzgebungen wie ein Vogelschwarm in der Luft, der gen Süden zieht. Solch eine Frau weiß, wie erfüllt sie sich fühlt, wenn sie geliebt wird und wenn sie lieben kann. Sie wird ihr Leben nicht mehr nach äußerem Status oder nach Männern ausrichten, sie wird es auch nicht für ihre Kinder opfern. Sie wird ganz selbstverständlich erwarten, von ihnen respektiert und geliebt zu werden. Damit wird sie für Männer im besten Falle zu einem großen Mysterium, im schlechtesten zu einfältiger, weiblicher Logik, die den männlichen Verstand verrückt und so genannte logische Gespräche unmöglich macht. Ein weiser Mann sagte: »Ihr Männer müsst verstehen, dass man eine Frau lieben muss, und nicht, dass man sie verstehen muss. Das ist das, was es zu verstehen gilt.«

Träume von Rittern und Rettern

Im Ursprung, in der Frühzeit der Menschheit rührte die Vorherrschaft des Mannes gegenüber der Frau von seiner körperlichen Überlegenheit her. Im Lauf der Zeit haben allerdings längst ganz andere, gleichermaßen für beide Geschlechter zutreffende Werte an Bedeutung gewonnen. Aber auch wenn diese Urzeit längst vorbei ist, so ist sie noch immer in den Tiefen unseres Bewusstseins verankert. Ähnlich wie wir als Erwachsener noch immer aus den Erfahrungen und Eindrücken unserer Kindheit heraus agieren, so behalten wir als Spezies Einstellungen und Verhaltensweisen bei, die in unserer jetzigen Epoche eher kontraproduktiv sind.

Frauen und Männer wissen heute gleichermaßen, dass Männer nicht überlegen sind und dass körperliche Kraft nicht die höchste Eigenschaft eines Menschen darstellt. Aber warum blieb die Frau trotz dieser Erkenntnis noch so lange in einer benachteiligten Position? Warum konnte ihr trotzdem noch bis in die jüngste Geschichte hinein ihr Geburtsrecht der Ebenbürtigkeit verweigert werden? Wie konnte ihr natürlicher Selbstausdruck der geistigen, emotionalen und spirituellen Gleichheit mit dem Mann so lange unterdrückt werden? Es wäre zu simpel zu behaupten, sie sei noch immer nur ein Opfer des Mannes und seines traditionellen Machtanspruchs, sich überlegen zu fühlen. Was hat die Frau selbst zu diesem Geschlechterkampf beigetragen?

So wie bis heute in unseren Zellen noch immer Erinnerungen an die dunklen Tage von Unterwerfung und Vergewaltigung begraben sind, so gibt es bei allem bewussten Verlangen nach Gleichberechtigung und Freiheit noch immer heimliche Sehnsüchte nach dem starken Mann und ritterlichen Retter. Zur Geschichte der Frau gehört nicht nur Unterdrückung. Zu ihr gehört auch, dass Frauen lange den einfachsten Weg gewählt haben, um beschützt und versorgt zu werden. Bis heute verleugnen viele Frauen ihre Selbstverantwortung und lassen ihre Männer Entscheidungen treffen, für den Unterhalt sorgen und gegen die Schwierigkeiten des Lebens auf ihre Art und Weise kämpfen.

Anfänglich genießen viele Frauen es vielleicht noch, von den Schützengräben des Berufslebens fern gehalten und von ihren Männern versorgt zu werden. Anfänglich bewundern sie diese vielleicht sogar für ihre Kompetenzen und den Status, den sie in ihr weibliches Leben bringen. Auch wenn vielleicht nur wenige Frauen heutzutage dies unumwunden zugäben, aber viele von uns haben nicht nur den Mann, sondern vor allem auch seine Fähigkeiten geheiratet: den viel versprechenden Studenten, den geschickten Handwerker, den erfolgreichen Manager, den talentierten Künstler, den wohlhabenden Unternehmer, den statusbeladenen Erben. Wenn dieses Potenzial sich im Laufe der Ehe dann in den anfänglich erhofften Erfolg, in Wohlstand und Sicherheit verwandelt hat, sind die Frauen meist vollends verwirrt. Sie haben endlich, was sie wollten – aber es fühlt sich ganz und gar nicht so an, wie sie einst glaubten. Dieser Erfolg bringt keine wirkliche Lebenskraft und Lebendigkeit in die Familie. Er laugt meist erst die Männer und anschließend zwangsläufig auch deren Partnerschaft aus. Im Laufe einer gemeinsamen Beziehung entdecken die Frauen dann gezwungenermaßen, wie unzulänglich der männliche Weg ist. Sie erkennen, dass dieser Weg zwar zu Wohlstand oder gesellschaftlichem Status, gleichzeitig aber in eine Sackgasse führt und ohne tiefere Befriedigung für sie selbst ist.

Schließlich strafen die von den Männern und ihrer Unzulänglichkeit abhängigen Frauen diese dann nur noch mit Verachtung, verharren in ihrer Ehe aber gleichzeitig voller innerem Groll und aus Angst, die vordergründige Scheinbequemlichkeit ihrer Abhängigkeit verlieren zu können. Frauen sind unzufrieden mit dem Werk der Männer und enttäuscht von ihrem eigenen Leben, tief in ihrer Erinnerung an sich selbst jedoch so sehr von Wertlosigkeit geprägt, dass sie sich noch immer weigern, ihrer eigenen Kraft und weiblichen Stärke endlich zu vertrauen und die Verantwortung für ihr Leben zu übernehmen. So bleibt den Männern die Verantwortung und damit alle Schuld am Zustand unserer Welt, unserer Wirtschaft, unserer Politik, unserer Familien, unserer Sexualität und unserer Frauen.

»Schaut mal, wie schlecht es uns geht! Seht nur, wie leer unser Leben ist! Schaut her, wie sehr wir uns für unsere Familien aufgeopfert haben! Seht ihr, wie ausgezehrt und perspektivlos wir sind? Nichts ist mehr von uns übrig geblieben«, jammern Frauen mit einem gewissen Märtyrerstolz. Viele unter ihnen sind davon überzeugt, dass ihre Kinder ohne ihre permanente Unterstützung in dieser Welt untergehen. Viele sind sich sicher, ihre Kinder vor der Verantwortungslosigkeit ihrer geschiedenen Männer retten zu müssen. Viele glauben, dass sie, um für liebenden Ausgleich auf dieser Welt zu sorgen, ihr eigenes Leben der Karriere ihrer Männer opfern müssen. Eine Feministin fasste dieses weibliche Jammertal mit gebührendem Sarkasmus zusammen: »Die einzige Wiedergutmachung, die das Leben für uns Frauen bereithält, ist die Tatsache, dass die meisten Männer früher sterben.«

Natürlich gibt es neben der jammernden Schwesternschaft, deren Leben zwischen Kindertaxi, Hausarbeit und gesellschaftlich anerkannter Nebenbeschäftigung dahinsiecht, auch noch die besseren Männer unter uns. Kürzlich erklärte eine in einem internationalen Modeunternehmen arbeitende, erfolgreiche Freundin: »Selbst in der Welt der Mode werden Frauen in Führungspositionen zunehmend asexuell. Sie sind smart und elegant, aber ohne jeglichen weiblichen Ausdruck oder gar Vorzug.« Wer als Frau Karriere machen wolle, müsse lernen, »das Spiel« zu spielen und politisch zu agieren.

Die jammernden Schwestern und die besseren Männer sind nur zwei extreme Auswüchse der weiblichen Verirrung und Verwirrung in unserer Gesellschaft. Es gibt zwischen ihnen noch unzählige Schattierungen weiblicher Suche nach Erfüllung und Selbstverwirklichung. Die Frauenbewegung der letzten Jahrzehnte enthält viel Wahrheit, ist aber am Ende eben doch nur eine Halbwahrheit. Es geht nicht darum, sich mühsam mit aller Kraft nach oben in die Freiheit zu kämpfen oder aber vor der männlichen Übermacht zu resignieren. Es geht darum, die eigene Freiheit und naturgegebene Kraft endlich anzuerkennen.

Die volle weibliche Wahrheit ist, dass die Frau in der Tat die gleiche Intelligenz und Kreativität, die gleiche Fähigkeit zu produktivem Selbstausdruck und die gleiche psychische

Kraft besitzt wie der Mann. Damit die Emanzipationsbewegung wirklich ihre Früchte ernten kann und die Frau wirklich den ihr gebührenden Platz in dieser Gesellschaft einnimmt, müssen die Frauen sich endlich den eigenen Anteil eingestehen, der ihre Benachteiligung ermöglicht hat: Je unzufriedener Frauen mit dem männlichen Werk sind, das ihr Leben bestimmt, je ohnmächtiger sie sich fühlen, je größer der Groll, je vehementer die Schuldzuweisungen, je nörglerischer und vorwurfsvoller die Auflehnung gegen die Männer, desto stärker ist der heimliche, meist unbewusste Wunsch, die Verantwortung für ihr eigenes Leben abzulehnen, das Opfer zu spielen und sich auf Tatkraft und Einkommen des Mannes zu verlassen.

Hinter jeder unzufriedenen Frau steht ein schwacher Mann

Natürlich gehört zu dieser unzufriedenen, kämpferischen, sich selbst opfernden Frau auch ein Mann – und zwar häufig einer, der vor seiner wahren Kraft zurückweicht. Männer befinden sich seit geraumer Zeit in einem erschöpfenden Konkurrenzkampf mit ihren Geschlechtsgenossen. Kräftemessen, Siegen und Unterwerfen ist in jeder ihrer Zellen abgespeichert. Der elende Kreislauf, in dem Männer seit Jahrtausenden gefangen sind, ist der von Machtstreben, Niederlage und Kompensation. Siegen gehörte unabdingbar zum Mannsein. In seiner Jagd nach solchen Siegen musste der Mann zwangsläufig immer damit rechnen, einem Stärkeren zu unterliegen. Die Angst davor durfte er aber auf keinen Fall zeigen. Immer musste er sich und andere von seinem Wert überzeugen und notfalls Stärke vortäuschen, wo keine war. Oder er musste Schwächere finden, um sich wieder stark zu fühlen.

Mann sein heute heißt immer noch, große Teile seiner Energie zum Verdrängen und zur Kompensation von Schwäche einzusetzen. Nur die wenigsten Männer trainieren sich dafür noch Muskeln an. Wenn es um die Demonstration physischer Stärke geht, dann greift die männliche Spezies dieser Zeit eher auf Pferdestärken in Einspritzmotoren als auf die eigene Muskelkraft zurück. In den meisten Fällen allerdings findet das Spiel mit der Macht im Kopf statt, geht es darum, den Herausforderungen des Lebens analytisch, über den Intellekt zu begegnen. Die meisten Männer kennen ihre Kompetenzen und verstehen ihr Handwerk, aber sie wissen nicht, was sie brauchen, um Ruhe und Zufriedenheit zu finden. Sie wissen, wie die Welt funktioniert, aber sie fühlen nicht die Lebendigkeit der Erde. Und sie haben kaum eine Ahnung, wie es um ihre Seele steht. Häufig bezweifeln sie deren Existenz ganz einfach, um sich so einer weiteren Beschäftigung mit ihr zu entledigen. Die meisten Männer verstehen und analysieren die Dinge, aber sie erfahren die Liebe nicht, verwechseln sie mit der Erregung der Eroberung und haben keine Ahnung vom Mysterium des Herzens. Sie haben nicht mal eine Ahnung, dass ihr Kopf das Herz niemals verstehen kann.

Frauen verstehen viele Dinge nicht, sie wissen sie ganz einfach. Zu diesem Wissen gehört keinerlei Erkenntnisprozess, dieses Wissen ist einfach existent und wird allein durch Hinwendung präsent. Dem Herzen steht zur Erklärung dieses Wissens kein Argument zur Verfügung, es kann weder begründen noch wissenschaftlich herleiten. Damit ist das Herz in unserer Gesellschaft nur selten eine anerkannte und ernst zu nehmende Instanz. Wer sich nach ihm richtet, ist daher auch bis aufs Äußerste verletzlich, weil er nie »weil« oder »deswegen« oder »darum« sagen kann. Dem Kopf – und damit dem Mann – wird mehr Respekt gezollt: Er ist logisch und rational. Er kann schlussfolgern, begründen und beweisen. Damit kann er jedes Objekt erklären – aber er kann es nicht erfahren. Er jagt immer nur der Wahrheit hinterher, ohne je einen Zugang zu ihrer inneren Kraft zu haben.

Aber erst Männer, die wieder Zugang zu ihrer allumfassenden Verbindung zum Leben finden, können auf dieser Welt, in unserer Wirtschaft, in unseren Familien und bei ihren Frauen wirklich etwas bewegen. Tatsächliche männliche Stärke ist etwas anderes als männliches Benehmen. Folgt ein Mann seiner eigentlichen Kraft, kann er beleben und befruchten. Vor allem ist sich ein solcher Mann seiner selbst, seiner eigenen Liebesfähigkeit sicher – was die Grundvoraussetzung dafür ist, dass er Liebe geben kann, dafür, dass eine Frau an seiner Seite nicht langsam verdörrt.

Aber fast alles, was Männer tun, dreht sich unbewusst darum, ihr verletzliches Inneres zu verstecken und stattdessen für Anerkennung ihrer äußeren Macht zu sorgen. Ein Mann verlässt morgens das Haus und behauptet, er würde jetzt hinausgehen, um für die Familie zu sorgen. Er geht abends zum Sport, um angeblich für körperlichen Ausgleich zu sorgen. Er liebt schnelle Autos, weil Geschwindigkeit Spaß macht. In Wahrheit misst sich der Mann meist mit anderen Männern, sucht er nach Sieg, nach Konkurrenz und nach Macht in dem, was er tut. Das alles soll etwas in ihm bestätigen, was er selbst kaum noch fühlen kann – seinen Wert auf dieser Welt. Und es soll seinem Leben etwas geben, was er selbst vergessen hat – Sinn. Es soll eine Bedeutung in all diese Dinge bringen, die er erschaffen, vergrößert, bekämpft und wieder vernichtet hat.

Wenn dieser Mann nach Hause kommt, hat er sich selten gefragt: »Worin besteht der Sinn meines Handelns? Was wird durch mein Tun auf dieser Welt geheilt? Wem geht es besser, weil es mich gibt?« Meist hat er viel geschafft, aber nichts mehr zu geben, was seine Frau und seine Familie wirklich nähren könnte. Er kennt nur die Ergebnisse seines Tuns, nicht aber sich selbst. Viele noch so erfolgreiche Männer erleiden einen grippalen Infekt immer noch als lebensbedrohliche Krankheit. Unzählige Männer stehen hilflos vor Blumengeschäften, vor ihren spielenden Kindern und der zarten, feinsinnigen Haut ihrer Frauen. Unzählige Männer sind kreative, strategisch erfahrene Eroberer, denen im emotionalen Alltagsleben die Luft ausgeht wie einer Luftmatratze mit einem Loch. Auf einer tieferen Ebene haben Männer im Lauf ihrer nach Erfolg und Siegen jagenden Geschichte gelernt, sich von unliebsamen Gefühlen abzuschneiden und dafür Stärke vorzutäuschen. Deshalb agieren sie intellektualisiert und machtorientiert, wo es eigentlich um ihre Verbindung zum Leben und ihr Gespür ginge. Selbst von ihren Gefühlen getrennt, fürchten sie sich vor den unvorbereitet über sie hereinbrechenden Gefühlswellen der Frauen. Weit von ihrer eigenen emotionalen Heimat entfernt, erleben sie sich umso abhängiger vom intuitiven, weiblichen Gefühlsreichtum.

Wenn Frauen Geld verdienen, können Männer Kinder hüten

Auf jeden Fall sind Männer wie Frauen in diesem Kopf-kontra-Herz, Macht-und-Ohnmacht-Spiel gleichermaßen angekettet. Da keins der beiden Geschlechter mehr bei seiner eigentlichen Kraft ist, fordert es diese vom anderen Geschlecht. Frauen suchen nach Schutz und Fürsorge, sind jedoch voller Groll, weil sie als Preis dafür den Verlust ihrer Autonomie hinnehmen müssen. Männer bestehen auf Freiheit und Macht, sind dafür aber gezwungen, von Secondhand-Gefühlen zu leben und einen vermeintlich Unterlegenen mit durchzuschleppen. Frauen wie Männer sind müde von diesem Entweder-Oder, beide sind in einer Sackgasse angelangt: Die Frauen sind in ihrem Kampf um die Gleichberechtigung verhärtet und werden zu Furien. Männer werden hinter ihrer Maske aus Unabhängigkeit immer hilfloser und degenerieren zu Jammerlappen. Frauen wie Männer fühlen sich in dieser Polarisierung verraten.

Zu einem gesunden Individuum gehören weibliche wie männliche Kräfte, die einfach nur in unterschiedlicher Weise zum Ausdruck kommen und sich im Idealfall ergänzen. Damit Männer und Frauen sich mit ihren Urqualitäten in einer Beziehung so befruchten können, braucht allerdings jeder

der beiden Partner ein Minimum an Autonomie und Selbstverantwortung. Dank der Emanzipation wissen wir: Frauen haben genauso viel Potenzial wie Männer. Aber trauen wir uns auch, uns der ebenso wahren Erkenntnis hinzugeben, dass Frauen genauso viel Autonomie, Selbstverantwortung und finanzielle Freiheit wie Männer brauchen? Meine Erfahrung mit Frauen aller Altersgruppen in meiner Praxis hat gezeigt: Wenn eine Frau sich wirklich hingeben will, dann muss sie sich selbst vertrauen können. Wenn eine Frau ihre Liebe wirklich ins Leben bringen will, dann muss sie sich frei fühlen, sich *für* etwas zu entscheiden. Dazu muss sie die Verantwortung für ihr Leben übernehmen lernen. Die Wahrheit ist: Soll eine Beziehung auf Dauer funktionieren, müssen Frauen sukzessive auf ihren eigenen Füßen stehen – und zwar materiell, intellektuell und emotional.

Ich glaube, weiblich sein heißt nicht, aufopferungsvolle Hausfrau und Mutter zu sein. Weiblich sein heißt, im Herzen frei, instinktiv und empfänglich zu sein. Weiblich sein heißt, dem Mann und den Kindern vorzuleben, wie kraftvoll, wohlhabend und heil ein Leben wird, wenn man sich von seinem Herzen leiten lässt. Männlich sein heißt nicht, der Beste zu sein, sondern sicher in sich selbst zu ruhen. Männlich sein heißt nicht, sich seinen Gefühlen, seinem Instinkt, seiner Familie und seiner Frau zu entziehen, um angeblich so aus der inneren und äußeren Ferne die Verantwortung für sie alle zu tragen. Ich glaube, eine wirklich gesunde Beziehung sollte sich im Laufe ihrer Zeit dahin entwickeln, dass Frauen wie Männer ihre Fähigkeiten verwirklichen, arbeiten und Geld verdienen und dass Frauen wie Männer sich um Kinder und persönliche Entwicklung kümmern. Ich glaube, dass Geldesel-Besuchsonkel-Ehemänner niemals wirklich ihre emotionale Integrität, niemals ihr Herz zurückerobern können. Und ich glaube, dass Selbstaufgabe-Ich-bin-immer-für-alle-da-Ehefrauen, die nur Haushalt und Familie nähren, niemals ihre ganze weibliche Kraft befreien und sich nie wirklich hingeben können.

Frauen sind Anführer auf dem Weg zum Herzen der Männer

Ein Mann hat mir einmal erklärt: »Frauen, die lieben, fordern nichts. Sie wollen von Männern nicht versorgt und nicht beschützt werden, sie wollen von ihnen geliebt werden.« Ich habe gelernt, dass eine Frau diese Liebe braucht, damit sie sich ganz auf ihre innere Wahrnehmung konzentrieren kann, damit sie ihre Ruhe finden und sich selbst ganz von innen ausfüllen kann, damit sie in sich ihre eigene Liebe wiederfinden und fühlen kann. Von dort aus findet eine Frau ihre Kompetenz und ihre natürliche Weisheit.

Männer, die einmal erlebt haben, was mit einer Frau geschieht, die sich wirklich so getragen fühlt, und Frauen, die sich so von einem Mann erfühlt und erfüllt erlebt haben, können sich nichts mehr vormachen. Meist werden sie mutig und setzen viel aufs Spiel – manchmal Karriere, gesellschaftliche Anerkennung und soziales Netzwerk in einem. Männer und Frauen, die sich so wahrhaft ergänzen und gegenseitig verstehen, verändern die Welt.

Für mich ist die Rückkehr zu unserem Urfrausein und Urmannsein das wirkliche Abenteuer, um das es in unserem Leben geht. Unter dem Berg von zeitgenössischen Verwirrungen und jahrtausendealten Konditionierungen entdecken wir immer weniger tatsächliche Unterschiede und immer mehr natürliche Anziehungskraft und Ergänzung, je tiefer wir zu uns vordringen. Allerdings zeigt mir die Erfahrung, dass auf diesem Weg aus der Spaltung in die Annäherung die Vorreiter weiblich sind. Hier kommen Männer wie Frauen nur an, wenn die Frauen sich endlich – im wahrsten Sinne des Wortes – ein Herz fassen und ihrer eigenen instinktiven Führung mehr vertrauen als dem Widerstand der Männer und der Dominanz der Fakten.

Frauen sind diejenigen, die den Weg durch das Dickicht zurück zum Herzen als Anführer antreten müssen. Es nützt ihnen nichts, noch länger zu beklagen, dass ihre Männer dieses nicht fühlen und jenes verdrängen, dass sie seelische Roboter und psychologische Dilettanten sind. Frauen sollten ihre Tränen trocknen, sich selbst endlich ernst nehmen, für ihre Gefühle einstehen, mutig voranschreiten und etwas Besseres und Sinnerfülltes aus ihrem Leben machen. Das stärkt sie, beflügelt ihre Karriere und verleiht ihr tieferen Sinn; das verändert ihre Beziehungen, bewegt und beeindruckt ihre Männer mehr als tausend nörgelnde Worte – und es heilt ihre Kinder.

Annegret war eine erwachsene, allein stehende Frau, die als Einzige in einem Büro voller Männer arbeitete. Als Annegret zu mir kam, hatte sie bereits mehrere Therapien hinter sich, war mittlerweile von großem theoretisch therapeutischem Sachverstand und konnte jedes ihrer Symptome detailliert analysieren und beschreiben. Kurz bevor sie zu mir kam, hatte ihr Arzt sie aufgrund ihrer seelischen Verfassung krankgeschrieben und ihr nahe gelegt, sich in eine Tagesklinik überweisen zu lassen.

Sie erklärte mir, dass sie seit zwei Wochen nur noch heulen müsse und dass sie sicher auch während unserer Sitzung nur schluchzend reden könne, wenn sie mir erzählen würde, was in ihr vorginge. So begann sie zu schildern, was sie fühlte und dachte: über die Männer, das Leben, ihre weiblichen Ängste und Unzulänglichkeiten und ihren Status in ihrer Herkunftsfamilie als die Verrückte, die Seltsame, die seelisch Kranke. Nach jedem zweiten Satz stockte Annegret und vergewisserte sich verschüchtert, ob das denn nicht verrückt klingen würde, was sie da so von sich gäbe. Ich versicherte ihr immer wieder, dass ich selten eine Art, die Welt zu betrachten, für so wenig verrückt gehalten hätte wie die ihre.

Annegret schluchzte nicht. Irgendwann begann sie an diesem Morgen sogar zu lachen und zu sprudeln. Und das, obwohl sie mir von allen möglichen Ängsten und Unsicherheiten erzählte. Schließlich sagte sie, sie habe sich lange nicht mehr so normal wie in diesem Gespräch gefühlt. »Ich glaube, ich bin nicht verrückt, ich brauche nur endlich den Mut, das zu sagen, was ich denke. Vor allem in meiner Familie ...« Wenige Tage später erfuhr ich, dass Annegret auf dringendes Anraten ihrer Familie in eine Tagesklinik eingeliefert worden war. Sie war gleich im Anschluss an unser Gespräch zu ihrer Familie gefahren und hatte dort erklärt, es gäbe vielleicht einen guten Grund, warum sie seit Tagen weinen würde und dass dies vielleicht gar nicht so beunruhigend sei. Daraufhin hatte man sie in ihrer Familie endgültig für verrückt gehalten.

Ich weiß nicht, was aus Annegret geworden ist. Aber ich weiß, dass diese Frau nicht verrückt war, als sie zu mir kam. Annegret war eine von den unzähligen Frauen, die sich selbst, ihrer Intuition und ihren Gefühlen nicht trauen. Sie konnte in rationalen Gesprächen oft nichts entgegensetzen und fühlte sich unter ihren männlichen Kollegen oft fremd. Sie hatte körperliche Sehnsüchte nach Zärtlichkeit und Geliebtwerden, die wenig mit ihren realen sexuellen Erfahrungen zu tun hatten. Sie versuchte, ihre Gefühle mehr und mehr vor anderen zu verbergen, und wurde dementsprechend immer häufiger ungewollt von ihnen übermannt.

Annegret kam nie auf die Idee, dass ihre befremdlichen Gefühle ihr die richtigen Signale geben könnten. Sie kam nie auf die Idee, dass ihr Körper und ihre Seele, wenn sie etwas anderes brauchten, das für sie Richtige brauchten. Ihr fehlte der Mut, Nein zu sagen oder für ihre Empfindungen einzustehen. Das alles führte dazu, dass Annegret sich langsam vom Leben zurückgezogen hatte. Dass sie sich nicht mehr für attraktiv hielt und ihrer Weiblichkeit misstraute. Mittlerweile hatte sie Hemmungen, sich mit Männern zu verabreden, und Angst vor weiteren sexuellen Begegnungen. Aber hinter alledem war Annegret voller Sehnsucht nach einer tiefen, erfüllenden und zärtlichen Beziehung zu einem Mann.

Frauen bleibt nichts anderes übrig, als zuallererst sich selbst wieder zu vertrauen. Wenn sie ihrem Herz, ihrem Instinkt und ihrem Körper endlich glauben, können sie sich den Männern wieder anvertrauen und diese lehren, wie wichtig und kostbar die weibliche Kraft ist. Ohne ihre wärmende, tragende und nährende Energie stirbt jedes Leben. Unseren Beziehungen, unserer Wirtschaft, unseren Kirchen und Religionen, unserer Erde und unseren Männern – allem fehlt in dieser Zeit diese macht- und zugleich hingebungsvolle weibliche Kraft.

7. Kapitel

Wenn zwei sich streiten, nützt der Dritte auch nichts

Ehealltag, Beziehungsroutine, Silberhochzeits-Flair: Alles ist schwer, träge, eintönig, leidenschaftslos. Da sitzen wir, kennen jede Regung unseres Partners. Kennen den Verlauf der stetig weniger werdenden Dialoge im Voraus. Oder wir sprechen Dinge gar nicht mehr an, weil wir die unbefriedigende Antwort schon zu oft gehört haben. Wir spüren und hören Kritik an uns und unserem Verhalten, fühlen uns eingeschränkt oder nicht wahrgenommen. Unzählige Male schon gab es von uns Versuche der Hinbewegung zu unserem Partner, die vor unsichtbaren Mauern endeten. Unzählige Male wollten wir Verbindung und wurden stattdessen durch Rückzug und Schweigen getrennt oder von Urteilen und Ansprüchen zurückgewiesen.

Natürlich teilen wir lieb gewonnene und liebenswerte Gewohnheiten miteinander. Vieles funktioniert blind, bei Wichtigem herrscht selbstverständliche Übereinkunft. Außerdem überkommen uns manchmal die alten Erinnerungen an die erste Zeit und entlocken uns ein Lächeln oder einen unerwartet erotisierten Zug um den Mund. Aber dann schauen wir auf das eintönige Jetzt und träumen Träume von aufregenden und unvorhersehbaren Begegnungen. Wir fühlen uns wie der Ex-Minister, der Sehnsucht nach dem Leben hatte.

Kaum werden uns diese Träume bewusst, verbieten wir uns meist auch schon, sie weiterzuträumen. Damit die täglichen Defizite unserer Partnerschaft nicht zu beschwerlich werden, verdrängen wir die Träume gleich wieder in die Tiefen unseres Eisbergs und durchforsten lieber die Fernsehzeitung nach einem fesselnden Abendprogramm.

Aber dann taucht plötzlich, scheinbar unerwartet, ein Fremder in unserem Leben auf – und aus heiterem Himmel fühlen wir uns wie reanimiert. In der Begegnung mit ihm oder ihr scheinen all unsere Grenzen von uns zu fallen, sind wir bereit für ein Abenteuer. Endlich können wir wieder hoffen, träumen wir davon, uns wieder ganz hinzugeben, endlich wieder zu lieben und zu leben. Häufig erleben wir beim so genannten Fremdgehen eine Intensität der Gefühle und eine Befreiung der Sexualität, wie wir sie selten vor – meist auch nicht in – unserer Ehe gekannt haben. Wir fühlen uns wie elektrisiert, alles in uns ist voller Lebendigkeit und Lebenskraft. Unser Körper pulsiert vor Leidenschaft, und ein latenter Strom von Auf- und Erregung hebt uns empor aus dem trübsinnigen Alltag. Es ist, als ob endlich eine Schneise in den dumpfen Nebel unseres normalen Ehe-, Familien- und Beziehungslebens geschlagen würde.

Wir können nichts wirklich bestimmen, nichts wirklich planen oder gar in unsere alltägliche Routine integrieren. Erwartungsvoll fiebern wir auf das nächste Telefonat, die nächste Begegnung, die nächste Berührung hin. Der geheime Liebhaber oder die heimliche Geliebte wirken wie Insulin bei einem Zuckerkranken – wir brauchen immer wieder eine Dosis, sonst droht unser Spiegel der Lebendigkeit abzusinken. Ohne Nachschub drohen wir wieder unterzugehen in der alten, unerträglichen Routine, in der Bedeutungslosigkeit eines Durchschnittslebens, scheint es, als müssten wir zurückkehren in die Gefangenschaft – dorthin, wo wir uns schon unzählige Male gefragt haben: »Soll das wirklich alles gewesen sein?«

Die heimliche Liebe als Lebenselixier

Mit unserer heimlichen Affäre sind wir nicht mehr länger hoffnungs- und ahnungslos. Mittlerweile sind wir eingeweiht und wissen, dass etwas ganz anderes spannend ist als die alte, heimelige Routine. Geradezu high werden wir in der Ungewissheit des Neuen und Verbotenen. Solches Risiko sorgt für Adrenalinschübe und dafür, dass uns das Herz wieder bis zum Halse pocht. Unsere Geliebten sind rationiert, limitiert, unerlaubt und geheim. Jedes Wort, jede Begegnung, jede Berührung ist kostbar, von Seltenheitswert, Besonderheit, voller Risiko, ein bisschen verboten, ein bisschen gefährlich. Mit jedem Wort, mit jeder Begegnung und Berührung müssen wir so wachsam sein wie ein Bankräuber zwischen Bewegungsmeldern und Alarmauslösern. Wollen wir doch alles von dieser Rarität bis aufs Letzte auskosten und müssen wir es gleichzeitig geheim halten. Erleichterung verschaffen wir uns höchstens mal bei der guten Freundin oder einem treuen Vertrauten, ansonsten muss unser Glück immer wieder still in uns hineinimplodieren, darf es sich auf keinen Fall nach draußen in die Alltagswelt entladen.

Denn da draußen wartet unser Partner, warten unsere Kinder, wartet unsere Familie – wartet damit vor allem Schuld auf uns. Schwelgten wir gerade mit unserem heimlichen Geliebten noch in den höchsten Höhen, ereilt uns jetzt nur beim Gedanken an unsere Familie schon das schlechte Gewissen. Labten wir uns gerade noch an dem Lebenselixier unserer Affäre, wirken diese Hochgefühle, kaum sind wir zurück im trauten Heim, auch schon wie Gift. Einst hatten wir auch hier Träume, aber was ist uns von ihnen geblieben? Zu Hause ist ein Ort hehrer Ansprüche, sicherer Gewohnheit, trauriger Niederlagen und entnervter Resignation. Hier hatten wir so manches zwar schon lange satt, aber jetzt, da wir unseren Hunger woanders so herzhaft gestillt haben, kommen wir uns bei unserer Heimkehr auf einmal vor wie Verräter. Hier hatten wir versprochen, Verantwortung zu tragen, stattdessen haben wir Schuld auf uns geladen und nun Angst vor den Konsequenzen unseres heimlichen Tuns. Hier hatten wir Pflichten und wollten für immer für die anderen sorgen, stattdessen haben wir uns abgewendet und uns unserem Vergnügen gewidmet. Allzu oft waren wir hier gehemmt oder von zwanghaft abgestandenem Trieb, jetzt haben wir uns woanders gehen gelassen und uns als grenzenlos erlebt.

Auch wenn uns der folgende Zusammenhang meist nicht ganz bewusst ist, findet er beim Fremdgehen doch immer in unserem Inneren statt: In dem Maße, in dem wir uns da draußen unserem heimlichen, über alles begehrten Geliebten und damit unserer Leidenschaft und Lebendigkeit hingegeben haben, haben wir uns gleichzeitig unbewusst zu Hause schuldig gemacht. Denn da sitzt der Ehemann oder die Ehefrau und verkörpert Familie, Vertrautheit und Nähe. Kommt die heimliche Liebschaft in unser Leben, spaltet sich dieses automatisch in zwei scheinbar unvereinbare Welten, von denen wir allerdings instinktiv spüren, dass sie beide ihren Platz in unserem Leben brauchen, dass sie irgendwie zusammengehören, dass wir nur nicht die geringste Ahnung haben, wie sie auf Dauer jemals in Einklang miteinander funktionieren könnten. Befinden wir uns in einer Dreiecksbeziehung, scheint es nur Entweder-Oder zu geben: entweder Nähe und Vertrautheit oder Lebendigkeit und Leidenschaft. Sind wir zwischen diesem Entweder-Oder eine Zeit lang hin und her gereist, scheint an beidem immer häufiger eine wachsende Schuld zu kleben. Wir werden keinem gerecht – weder uns selbst noch unserem Geliebten, noch unserem Partner.

Erst der Spaß und dann die Schuld

In Dreiecksbeziehungen erleben wir unsere tiefste innere Spaltung. Dreiecksbeziehungen sorgen immer für Verletzungen und führen immer zu gebrochenen Herzen bei allen Beteiligten. In einer Dreiecksbeziehung lebt die Liebe nur das Leben eines Untergrundkämpfers. In der Dreiecksbeziehung sind alle Beteiligten vor allem in einem vereint – sie alle haben Angst vor Nähe, auch wenn es gerade im Falle des heimlichen Liebhabers oder der heimlichen Geliebten ganz und gar nach dem Gegenteil aussieht. Es gibt Singles, die sich immer wieder zu Menschen hingezogen fühlen, die in festen Beziehungen leben. Der Verheiratete scheint geradezu perfekt zu ihren Idealvorstellungen zu passen, scheint alle Vorteile und Eigenschaften eines Partners in sich zu vereinen, von dem der Single je träumte – nur dass der Auserwählte eben an einen anderen Menschen gebunden und damit nie ganz erreichbar ist. Dadurch sind große Hoffnungen genauso zwangsläufig wie große Enttäuschungen und wechseln sich meist in kürzer werdenden Abständen miteinander ab. Dreiecksbeziehungen zeichnen sich durch unklare Grenzen aus. In einem ständigen Wechselbad von Ahnen, Hoffen, Befürchten und Sehnen weiß keiner, wo er dran ist. Taucht man tiefer in diese Dynamik ein, stößt man auf mangelnde Bindungsfähigkeit und Angst vor Nähe bei allen Beteiligten.

Derjenige in der Mitte fühlt sich wie im Spagat. Er ist meist unfähig, sich zu entscheiden, da beide Partner jeweils die Hälfte dessen zu verkörpern scheinen, wonach er sich in einem Partner sehnt. Er wandert hin und her, prüft alle Vor- und Nachteile beim einen wie beim anderen und träumt heimlich davon, beide haben zu können. Wenn er sich irgendwann tatsächlich entscheiden sollte, hat er stets das Gefühl, etwas verloren zu haben. Bleibt er im Versteckspiel zwischen beiden Partnern stecken, kommt er sich vor wie in einer Falle und laugt langsam aus.

Der heimliche Geliebte sehnt sich immer ein Stück weit nach genau der Sicherheit und Geborgenheit, die der Position des Betrogenen innewohnt. Vor allem kämpft er immer mit seinem Misstrauen in den ersehnten, aber gebundenen Partner: Wie soll er einem Menschen wirklich vertrauen, der einen anderen Menschen hintergeht? Und er kämpft mit der eigenen Schuld, eine Beziehung ruiniert zu haben: Selbst wenn der in der Mitte sich für ihn entscheiden sollte – wie kann ein neues Glück auf der Zerstörung einer alten Beziehung wachsen?

Am schwersten zu verstehen ist die Rolle des Betrogenen im Dreiecksdilemma. Was da hinter seinem Rücken oder gegen seinen Willen geschieht, spiegelt ihm – so vehement er sich dagegen auch wehrt und so unvorstellbar es ihm auch meistens scheint – etwas über seine eigene innere Dynamik wider: Den Betrogenen zieht es selbst aus der Beziehung. Meist stand er seinem Partner zu dem Zeitpunkt, als dieser sich nach Außen orientiert hat, nicht mehr wirklich zur Verfügung. In vielen Fällen war er von Anfang an nicht fest in seiner Beziehung verankert, konnte sich nie seinem Partner wirklich von Innen heraus verpflichten und von Herzen einlassen.

Wie oft habe ich schon mit Betrogenen den Gang zurück zu den Anfängen ihrer Beziehung gemacht – und wie oft sind wir dort bei Geschichten angekommen wie: »Ich war noch mit einem anderen zusammen, als ich meinen Partner kennen lernte ... Ich war mir nicht sicher, ob ich ihn wirklich wollte ... Ich habe mich förmlich erobern lassen ... Ich habe mich manchmal gefragt, ob das jetzt wirklich der oder die Richtige für mich ist ... Ich war mit vielem nicht zufrieden ... Ich habe schon länger an unserer Beziehung gezweifelt ...« Auch wenn es auf den ersten Blick so aussieht, als ob dem, der betrogen wird, gerade bitterlichst das Herz gebrochen wird – meist sieht die innere Wahrheit dieser Beziehung anders aus: Schon oft habe ich ein beschämtes Nicken geerntet, wenn ich jemanden, der gerade von seinem Partner hintergangen oder wegen eines anderen verlassen wird, gefragt habe: »Und? Wann sind Sie innerlich aus dieser Ehe ausgestiegen? Wann haben Sie begonnen, nur noch eine vorbildliche Rolle zu spielen? Wann haben Sie angefangen, Ihren Partner anzuzweifeln, ihm Ihr Vertrauen und Ihre ehrliche, von Herzen kommende Zuwendung zu entziehen?«

Der Betrogene ist zuerst gegangen

Wenn der eine geht, ist der andere meist schon längst gegangen. Das ist eine Tatsache, die wir oft nicht wahrhaben wollen. Lieber lassen wir uns zu einer klaren Verurteilung hinreißen: Der, der betrügt, ist böse und der, der betrogen wird, ist gut. Der Betrogene ist meiner Erfahrung nach aber jemand, der sich selbst häufig verrät. Jemand, der nicht wirklich für sich und seinen Glauben einsteht. Jemand, der in sehr hohen und sehr theoretischen Ansprüchen an Partnerschaft und Beziehung verharrt. Jemand, der sich nicht wirklich einlässt auf den real existierenden, fehlerhaften und unzulänglichen Partner. Der Betrogene fühlt sich meist schon lange auf die eine oder andere Art unfreiwillig abhängig von seinem Partner, traut sich aber nicht, dieser Abhängigkeit entgegenzutreten, sich verletzlich zu machen und wieder mutig der eigenen Wahrheit zu folgen und der eigenen Kraft zu vertrauen.

Und der, der betrügt? Häufig schildern die, die fremdgehen, ihre innere Situation so: »Endlich habe ich mich einmal bestätigt gefühlt. Endlich konnte ich mich einmal fallen lassen. Hier musste ich nicht mehr vor irgendeinem Anspruch bestehen ...« Ein in eine Dreiecksbeziehung verwickelter Mann zeigte sich in unseren Gesprächen von sich selbst überrascht: »Am Anfang dachte ich, ich bräuchte nur mal wieder guten Sex. Aber dann habe ich gemerkt, dass in Wahrheit mein Herz auf der Suche war. Zwischen meiner Frau und mir ist es nie richtig warm geworden. Am Anfang war es vielleicht mal heiß – aber nie war es wirklich warm zwischen uns.«

Im Bett eines anderen landen wir meist dann, wenn unsere Gefühle im Innenraum unserer Ehe zu lange angestaut waren. Wenn wir etwas Wichtiges von uns dort nicht gezeigt und gelebt haben, sucht sich unsere Lebenskraft einen Ausweg. Wie durch ein Leck fließt sie aus unserer Beziehung irgendwann heraus und führt uns direkt dorthin, wo sie wieder eine lebendige Verbindung eingehen kann – wir schlingern hinein in eine Affäre. Die Dreiecksbeziehung entsteht fast immer, wenn wir uns im Inneren vor unserem Partner und seinem ausgesprochenen oder unausgesprochenen Druck, unseren eigenen Hemmungen, unserem Gefühl der Unzulänglichkeit und inneren Leere verdrücken; wenn wir nicht wirklich verbindlich und nicht bereit zur Heilungsarbeit sind. Mit einer Dreiecksbeziehung geben wir unserer inneren Angst vor echter Nähe einen äußeren Ausdruck. Der Dritte im Bunde taucht selten zufällig in unserem Leben auf, sondern meist erst dann, wenn wir mit unserem eigentlichen Partner längst in Sprachlosigkeit erstarrt oder in dauernden Machtkämpfen verstrickt sind.

Wenn wir uns dann da draußen endlich wild, lebendig, inspiriert und leidenschaftlich erleben, sind wir auch gleichzeitig resigniert und enttäuscht: »Das alles fehlt unserem Partner … Das haben wir schon so lange vermisst.« Der letzte Satz stimmt. Aber der erste nicht! Das alles fehlt nicht unserem Partner, sondern unserer Partnerschaft – all die Lebendigkeit, Wildheit, Leidenschaft und Inspiration. Wir haben es vermisst. Ja! Und zwar deshalb, weil wir uns all diese Gefühle schon so lange nicht mehr erlaubt haben. Wir sind auf Nummer sicher gegangen, haben uns angepasst, haben runtergeschluckt, uns selbst betäubt, verdrängt, aufgegeben, den Mut verloren und der Routine und unserer Gewohnheit die Führung unserer Beziehung überlassen. Jetzt kommt ein Fremder daher, von dem wir glauben, er habe uns all diese wunderbaren Zustände verschafft, er sei für alles verantwortlich. In Wahrheit lassen wir uns nur wieder ein, sind wir wieder spontan, wagen wir wieder ein Risiko. Und deshalb erleben wir mit dem Fremden etwas, das wir uns in unserer Ehe nicht getraut haben zu geben.

Wenn der Dritte im Bunde erscheint, ist es höchste Zeit – nicht für die Entscheidung für den einen oder den anderen, sondern für die Wahrheit. Gehen Sie zu Ihrem Partner, setzen Sie sich vor ihn hin und offenbaren Sie sich. Stellen Sie sich ein Textformular vor, in dem es Leerklammern gibt. Immer da, wo sie an *(den Geliebten)* denken, seien Sie dankbar für all das, was Sie im Zusammensein mit ihm von sich selbst wieder entdecken konnten. Studieren Sie all diese aufgetauchten oder wiedergekehrten Gefühle so genau Sie können. Aber dann setzen Sie überall dort, wo Sie *(mein Geliebter)* denken, *(meine Sehnsucht)* oder *(meine ungelebten Seiten)* ein. Erzählen Sie Ihrem Partner offenherzig und schonungslos von Ihren Sehnsüchten und ungelebten Seiten, von dem, was Sie fühlen und erleben möchten. Das erfordert meist die Courage wie beim Sprung von einer hohen Klippe – aber wenn Sie ganz bei Ihrer Sehnsucht, bei der Offenbarung all Ihrer Träume und Fantasien bleiben, werden Sie sich wundern, wie viel Nähe, Lebendigkeit und offener Raum nach dem Sprung in die Angst und den Schmerz plötzlich entstehen.

In der Dreiecksbeziehung haben drei Angst vor Nähe

Das Dreiecksdilemma schreit eigentlich immer nach einer mutigen und echten Offenbarung und Annäherung. Wenn es auftaucht, dann vereinigt es immer drei Menschen miteinander, die ihren nächsten großen Heilungs- und Entwicklungsschritt im Leben vor sich herschieben. Alle drei!!! am Dreieck Beteiligten sind in Wahrheit aufgefordert, sich jeder für sich mit seinen Ängsten vor Verpflichtung und vor echter Nähe zu konfrontieren. Eine gesunde Partnerschaft braucht eigentlich zwei Menschen, aus deren stetiger Öffnung und Entwicklung sich immer wieder neu ein größeres Ganzes ergibt. Werden von diesen beiden Partnern wichtige, tragende Teile der Beziehung nicht gelebt, alte Verletzungen verdrängt und neue risikobehaftete Entwicklungen nicht zugelassen, fehlt der Partnerschaft etwas. Dieser »leere« Teil wirkt wie ein Vakuum und sorgt so lange für Unterdruck, bis er – gegebenenfalls eben durch einen Dritten – gefüllt wird. Dann ist das System wieder komplett – wenn auch noch nicht intakt. Im Falle einer Dreiecksbeziehung ergeben drei Menschen dort zusammen hundert Prozent, wo zwei vielleicht nur fünfzig oder sechzig Prozent ergeben.

Der Dritte im Bunde verkörpert all das, was der Betrogene nicht auslebt. Nichts will der Betrogene natürlich weniger wahrhaben, als dass der böse Dritte auch nur im Geringsten etwas mit ihm zu tun haben könnte. Mit diesem Menschen will er nicht reden, sich nicht auseinander setzen, nicht konfrontiert werden – er soll einfach nur weg. Dieser Mensch lebt aber etwas aus, was dem Betrogenen zu seiner Ganzheit fehlt – ob er es nun wahrhaben will oder nicht. Deshalb ermutige ich die Betrogenen immer wieder zur möglichst ehrlichen inneren Auseinandersetzung mit dem Dritten im Bunde, dem wiederum natürlich all das in seiner Entwicklung so fehlt, was der Betrogene verkörpert. Beide – der Betrogene und der Dritte im Bunde – sind meist völlig aus ihrer Balance geraten, nur in jeweils entgegengesetzten Richtungen.

Und der in der Mitte hätte schon lange in seiner ursprünglichen Beziehung in die Kommunikation und Konfrontation gehen sollen. Seine Aufgabe wäre es gewesen, Vorreiter zu sein, Neues in seiner Beziehung zu wagen, neue Richtungen aufzuzeigen, alten Verhaltensballast über Bord zu werfen und seinen Partner und gegebenenfalls die ganze Familie mit Geduld und unermüdlichem Engagement im täglichen Leben zu inspirieren und auf eine neue Ebene zu führen. Aber stattdessen läuft er vor dieser Verantwortung davon und bleibt dabei, sich lieber etwas vorzumachen und von idealen Partnerschaften, besonderen Beziehungen, einem anderen Leben zu träumen und immer neuen Hoffnungen hinterherzujagen.

Wenn der Geliebte dann in sein Leben tritt, sagt er: Dieser Mensch ist so besonders, so inspirierend, so befreiend und einzigartig, dass sich alles in mir lebendig anfühlt. Aber er erkennt nicht, dass es die besonderen, einzigartigen Umstände sind, die alles so lebendig machen. Das wirklich Besondere, Einzigartige und Inspirierende ist, dass er – zumindest zu Beginn – mit diesem Menschen im Augenblick lebt, ohne Ansammlungen von alten Erinnerungen, ehemaligen schlechten Erfahrungen und Ansprüchen. Wenn es um den höchsten Seinszustand eines Menschen geht, landet jeder ernst zu nehmende, spirituelle Weg im Hier und Jetzt, spricht er von der Erleuchtung des Lebens im Augenblick.

In unserem normalen Leben, in unserer gewohnten Umgebung, in unserer vertrauten Beziehung nehmen wir den Augenblick kaum noch wahr. Wir vermeiden alles Mögliche, das wir bereits irgendwann einmal als schlecht oder schmerzlich erfahren haben. Wir träumen von allem Möglichen, das es noch zu erreichen gilt, weil dort unser Glück auf uns wartet. Wir haben alle möglichen Urteile und Vorstellungen, wie etwas zu sein hat. Das Ergebnis ist: Wir haben unsere Partnerschaft zu Tode geplant und jegliche Lebendigkeit wegkontrolliert. Wir haben uns mit all unseren alten Ängsten und Ansprüchen gegenseitig so lange gelähmt, bis wir uns einander zwar einigermaßen sicher, dafür aber von jeglichem natürlichen Fluss abgeschnitten waren. Wir leben nicht mehr mit dem Menschen an unserer Seite, sondern mit unserem Bild von einem Partner – dem der Mensch an unserer Seite nur leider nicht gerecht wird.

Manchmal können wir dieses fast magische Phänomen –

dieses Spiel, das unser Geist mit uns treibt – auch im Zeitraffer mit einem Geliebten erleben. Einmal kam eine Frau einige Zeit nach ihrer Affäre und ihrer Rückkehr in ihre Ehe zu mir in die Praxis. Sie hatte zufällig ihren einstigen Geliebten getroffen und dabei einen Lachanfall gehabt. Diese Begegnung war ihr peinlich, und gleichzeitig empfand sie sie als unglaublich befreiend: »Ich muss blind und taub gewesen sein. Damals war ich mir sicher, dass dieser Mann außergewöhnlich anziehend und über alle Maßen attraktiv war. Jetzt, als ich ihn wiedersah, war es, als ob die Wirkung einer Droge nachgelassen hätte: Ich sah einen dürren, schlecht angezogenen Allerweltsmann, der beim Sprechen einen starken Akzent hatte, wie ich ihn noch nie mochte. Irgendwann konnte ich nicht mehr anders: Ich musste laut loslachen über dieses Erwachen aus einem Traum.«

Von der Ehepartner-Raupe zum Geliebten-Schmetterling

Genauso magisch wie das Eintauchen in und das Erwachen aus unserem Traum funktioniert, genauso wundersam funktioniert auch die Rückeroberung einer echten Verbindung zu unserem realen Partner. Von Chuck Spezzano habe ich ein geradezu magisches Heilmittel für Dreiecksbeziehungen und für notorische Fremdgänger: Bevor er selbst mit Paaren arbeitete, war er ein begieriger Schüler des Lebens gewesen. Er hatte immer häufiger in immer kürzeren Abständen die Frauen gewechselt, bis er sich eingestehen musste, dass er in einer Sackgasse gelandet war. Keine der neuen Partnerinnen schien ideal, immer früher verflog der Reiz. Meist gab es immer noch einige Zeit der Überschneidung zwischen einer bestehenden und einer neuen Beziehung. Schließlich entdeckte er, dass die neue Frau jedes Mal die Eigenschaften verkörperte, die ihm bei der vorherigen gefehlt hatten. Kaum dass er sich innerlich nach ihnen zu sehnen begann, tauchten diese Eigenschaften auch schon in seinem Leben auf – allerdings in der Gestalt einer neuen Frau.

Chuck Spezzano war in dieser Zeit nicht nur ein Frauenheld, sondern auch schon eine ganze Weile mit der Erforschung des menschlichen Bewusstseins und der Macht des Geistes beschäftigt. So probierte er eine neue Strategie mit verblüffendem Ergebnis aus: Er richtete seine ganze Aufmerksamkeit immer noch auf das, was ihm so sehr fehlte. Allerdings glaubte er diesmal mit ganzem Herzen daran, dass es all dies irgendwo in der bestehenden Partnerschaft zu finden gäbe. Statt wie früher die Flucht zu ergreifen, verband er sich eingehender mit der Frau an seiner Seite und richtete sein Augenmerk darauf, dass sie das, was ihm so fehlte, in Wirklichkeit in sich trug. Er wurde mit einem Wunder belohnt, aus dessen Erfahrung er heute eine seiner wichtigsten Heilungsstrategien für Partnerschaften entwickelt hat. Sie lautet: Gib deine ganze Liebe, deine ganze Aufmerksamkeit und Neugierde deinem Partner zurück. Verbinde dich innerlich von ganzem Herzen mit ihm und konzentriere dich vierzehn Tage lang auf die Eigenschaft, nach der du dich sehnst. Glaube daran, dass du sie in deinem Partner entdecken kannst – und dein wahrer Partner wird sie entwickeln.

Chuck Spezzano ist seit rund zwei Jahrzehnten mit der gleichen Frau glücklich verheiratet und arbeitet mit ihr gemeinsam auf der ganzen Welt an der Heilung von Beziehungen.

Jeder kann diesen Weg gehen. Jeder kann die desorientierten und abgespaltenen Teile seiner Persönlichkeit wieder miteinander verbinden, an die Kraft seiner eigenen Liebe und an sein eigenes unbegrenztes Potenzial sowie an das seines Partners glauben. Das englische Zauberwort für diese Verwandlung heißt »commitment«, was im Deutschen so viel wie »sich selbst verpflichten, für etwas einstehen« bedeutet. Verpflichten Sie sich, Ihr Herz und Ihre Sexualität wieder miteinander zu verbinden. Entlarven Sie Ihre Strategie, ständig Ihre Unabhängigkeit beweisen oder bewahren zu müssen, mit der Sie in Wahrheit von Ihrem meist schon lange vorher gebrochenen, verletzten Herzen ablenken. Wenn wir uns als Erwachsene nicht binden können, geht es immer um ungeheilte Kindheitstraumen. Je länger wir uns schon vor unserem alten Schmerz verschlossen haben, desto mehr Mut erfordert die Entscheidung, sich jemandem endlich in unserer Verletzlichkeit zu zeigen.

Im Falle einer Dreiecksbeziehung kann jeder der drei Beteiligten den Anfang zu diesem dringend notwendigen Heilungsprozess machen. Jeder kann beginnen, sich wieder der eigenen Wahrheit zu verpflichten und dafür offen und mutig einzustehen. Selbst der uneingeweihte Betrogene hat zumindest eine Ahnung, dass da etwas ziemlich schief läuft in seiner Partnerschaft. Vor allem aber der in der Mitte hat einen Trumpf, der allen Beteiligten einen großen Schritt nach vorne bescheren kann: Er kann seinen ursprünglichen Partner einweihen, dass es einen Dritten im Bunde gibt. Dieser ganz pragmatische Akt wird eine große Klärung herbeiführen.

Oft zögern die in der Mitte es immer wieder heraus, ihrem Partner die Existenz eines Dritten zu gestehen. Ich rate aber dazu, dies unbedingt zu tun. Nur so können all die Prozesse in Gang kommen, die für sämtliche Beteiligten dringend zur Entwicklung nötig wären. Meist ergeben sich auf diesem Wege Gespräche, die schon seit Jahren überfällig waren. Meist bahnen sich eine Menge unterdrückter, schmerzlicher Gefühle ihren Weg, die sich keiner der Beteiligten eingestehen wollte. Häufig weigern sich die in der Mitte beim ersten Geständnis, die Identität, den Namen ihres Geliebten preiszugeben. Aber auch hier plädiere ich beharrlich für die Wahrheit. Erst wenn wirklich alles auf dem Tisch ist, können sämtliche Beteiligten wirklich vorangehen. Geradezu auf magische Weise behält der Dritte im Bunde seine Macht und seinen Platz in der Beziehung, solange er im Geheimen teilhat. Deshalb gibt es keine größere Herausforderung zur Heilung einer Dreiecksbeziehung als auszupacken, einzugestehen, zuzugeben und preiszugeben. Deshalb halten wir uns mit der Frage: »Wer ist nur der wirklich richtige Partner für mich?« von der eigentlichen Aufgabe ab, die da lautet: »Jetzt lerne ich endlich, mich zu entscheiden und mich ganz und gar für eine Beziehung und für einen Menschen zu engagieren!«

Aber dieser Weg fordert größte Hingabe, Offenheit und Mut zur Verletzlichkeit. Und er fordert etwas äußerst Altmodisches – Treue und Disziplin. Wer sich sexuell verstreut, wer immer wieder auf der Suche nach einem neuen Kick ist, wer häufig die Sex-Partner wechselt, kann diesen Weg der Heilung nicht nutzen. Leider ahnen wir in unserer wissenschaftlich technisierten Welt meist nur allzu wenig von tieferen seelischen und energetischen Zusammenhängen. Wir haben keine Ahnung vom tiefen Austausch von Kräften, der stattfindet, wenn zwei weitgehend fremde Menschen unbewusst, ohne Verbindung von Liebe und Vertrauen, einfach so »miteinander ins Bett gehen«. Frauen »ziehen sich dabei alles rein« – geradezu wie energetische Staubsauger. Und Männer entleeren nicht nur ihre Körper, sondern auch ihre Herzen.

Nur Unabhängigkeit ist schlimmer als Abhängigkeit

Hören Sie auf, unabhängig zu sein. Wissen Sie, was schlimmer ist als Abhängigkeit? Die Antwort lautet: Unabhängigkeit – weil sie der permanente Versuch ist, nicht abhängig zu sein. Verpflichten Sie sich Ihrem Partner ganz und gar. Damit ist aber nicht ausgedörrte, pflichtbewusste Treue gemeint. Sie sind vielleicht schon eine kleine Ewigkeit zusammen, aber Sie trauen sich nicht zu sagen, wie es wirklich in Ihnen aussieht. Das Fatale daran ist nur, dass jedes unausgedrückte oder gar verschwiegene Gefühl sich wie eine Wand zwischen Sie beide schiebt und eine tiefere Intimität verhindert. So spielen Sie uneingestandene Machtspiele und kämpfen ebenso unausgesprochen um Anerkennung und Zuneigung. Und – was Ihnen wahrscheinlich am allerwenigsten bewusst ist: Sie konkurrieren – Sie wollen besser sein als Ihr Partner, damit dieser Sie nicht verletzen kann. Seien Sie mutig, und zeigen Sie Ihre Abhängigkeit und Angst. Ihre Beziehung kann nur gemeinsam geheilt und transformiert werden.

Wahre Heilung beginnt für einen Menschen erst mit wahrer Selbstverpflichtung zu einem anderen Menschen. Wirkliche Heilung einer Dreiecksbeziehung findet ihren Anfang in einem tiefen Wunsch nach Wahrheit und Mut, sich verletzlich zu zeigen. Was dann folgt, gleicht meist einem ausgiebigen Spaziergang durch die Wüste: Verletzung und erneuter Verrat wechseln einander ab. Die mühselige Phase der Öffnung und Kommunikation scheint endlos und zäh. Immer wieder taucht der Wunsch auf, einfach alles hinzuschmeißen. Genauso oft taucht die Versuchung auf, doch noch auf einen Traumpartner und auf eine ideale Lösung von außen zu hoffen. Aber wer immer wieder beim anderen daran glaubt, dass er all das in sich birgt, was für eine erfüllende Beziehung nötig ist, wird genau diese Eigenschaften in ihm wecken. Und so wird sich das einstige Loch, durch das ein Dritter in die Beziehung schlüpfen konnte, mit Wahrheit und Lebendigkeit füllen.

Kürzlich hatte ich ein wunderbares Erlebnis. Ich war einige Tage beruflich alleine unterwegs. An einem der Abende dort war ich mit einem Mann verabredet, den ich vorher zweimal gesehen hatte, aber nicht wirklich kannte. Wir gingen miteinander zum Essen, um dort einige berufliche Dinge zu besprechen. Ich hatte so etwas ewig nicht mehr erlebt: Aber einige Sätze reichten, und es lag was in der Luft. Wir lachten, als ob wir uns ewig kennen würden. Wir redeten über Berufliches ungewöhnlich offen und vertraut und forderten uns verbal heraus. Es begann regelrecht zu knistern am Tisch. Es war ein herrlich beschwingter Zustand, den ich unendlich genoss. Ich fühlte mich leicht, weiblich und von einem klugen und attraktiven Mann offensichtlich verehrt.

Das alles war wohltuend und erhebend. Wahrhaft besonders war für mich aber etwas ganz anderes: Ich war frei. Ich fühlte mich völlig frei, diese Zuneigung eines fremden Mannes zu genießen. Und ich konnte sogar über diesen Umstand offen reden: Ob er merken würde, was hier am Tisch gerade unausgesprochen geschähe?, fragte ich den Mann. Er lächelte und nickte. Ohne Vorwarnung sagte ich ihm, wie angenehm ich es fände, von ihm umgarnt zu werden. Er war überrascht von meiner Offenheit. Wie zur Belohnung bekam ich im Gegenzug für diese Offenheit gleich einige äußerst schmeichelnde und treffsichere Komplimente. Ich genoss auch dies über alle Maßen und fragte den Mann, ob er wissen wolle, wieso ich so offen mit ihm über all das reden könne? Er wollte. Ich könne mich deswegen so beschwingt und frei fühlen, mich so offen auf diese Zuwendung einlassen, weil ich mich so tief mit meinem Mann verbunden fühle. Das wahrhaft herrlichste Gefühl von allen sei, dass ich genau deshalb weder Schuld noch Scham empfinden müsse, dass ich ihm genau deshalb so offen und weiblich begegnen könne. Dieser Mann war genau der Richtige für eine solche belebende Begegnung gewesen, denn er verstand sofort, was ich meinte.

8. Kapitel

Trennung – die Vertagung der Lösung

Trennungen und Scheidungen gehören mittlerweile ganz selbstverständlich zu unserem Leben. Eine aktuelle Studie besagt, dass die Scheidungsrate seit 1970 bei uns um dreiunddreißig Prozent angestiegen ist. Mittlerweile wird fast jede zweite Ehe wieder geschieden. Die häufigsten Scheidungsgründe sind Fremdgehen, Alkohol und Gewalttätigkeit, Veränderungen nach der Geburt des ersten Kindes, Streit ums Geld und Auseinanderleben. Ich habe mit Menschen in meiner Praxis über all diese Gründe wieder und wieder gesprochen. Manchmal waren die Geschichten der Trennung traurig und resigniert, manchmal zynisch und verbittert, manchmal sogar dramatisch. Trotzdem habe ich gelernt: Was auch immer die Gründe sind, wie schmerzlich und unverzeihlich sie auch sein mögen – Trennung führt selten zur Lösung. Trennung führt meist nur zur Verlagerung des eigentlichen Problems.

Wenn Männer zu mir kommen, vergleiche ich die Trennung häufig mit einem Platzwechsel beim Tennismatch: Geht die Vorhand ständig ins Netz, wird der Spieler das Problem wohl kaum lösen, indem er einfach den Gegner und den Tennisplatz wechselt. Auf einem neuen Platz, mit einem neuen Netz, einem neuen Gegner, aber einer alten überrissenen Vorhand wird das Spiel nun mal nicht besser. Beim Tennis bleibt bei einem lange falsch eintrainierten Bewegungsablauf nur eins übrig: Der Schlag muss umtrainiert, die Spieltaktik oder der Abstand zum Ball verändert werden. Aber wenn in unseren Beziehungen der Ball zu oft ins Netz geht, versuchen wir es heutzutage immer schneller, immer häufiger mit Platzwechsel und einem neuen Spielpartner. So finden wir vielleicht Erleichterung, Abwechslung und neue Erfahrung, aber wir verbessern unser Spiel nicht. Das macht uns mit der Zeit leer und frustriert.

Wir gehen nur selten, weil uns der andere einfach egal ist. Wir gehen meistens – erst recht, wenn es nicht das erste Mal ist –, weil wir hoffnungslos und resigniert sind. Weil wir nicht mehr wissen, wie wir den Ball übers Netz bringen sollen, wie wir eine Lösung finden sollen für etwas, das uns unerträglich erscheint. Meist haben wir mit unserem Partner einen schmerzlichen oder verletzenden Ablauf unzählige Male durchlebt und durchlitten – ohne irgendeine Aussicht auf Veränderung oder Lösung. Dabei ist unsere Beziehung langsam ausgeblutet oder zu einem Schlachtfeld verkommen. Wenn wir uns dann trennen, haben wir das Gefühl, Abstand sei unser einziger Ausweg, um nicht weiter verletzt oder erdrückt zu werden.

Trennung wirkt wie Rettung. Endlich können wir wieder atmen. Endlich kehrt Ruhe ein, ist der bösartige Kreislauf unterbrochen. Endlich lässt der Schmerz nach. Trennung erscheint uns wie eine Insel im Ozean, nachdem wir Schiffbruch erlitten haben. Endlich wieder Boden unter den Füßen. Aber dann, nachdem wir einen Moment verschnauft, die ersten Wunden geschlossen und zu neuen Kräften gefunden haben, schauen wir uns um. Wenn wir ehrlich sind, müssen wir feststellen, dass wir auf unserer Insel feststecken. Manchmal stranden wir gleich zu zweit mit unserem ehemals heimlichen Geliebten, für den wir uns getrennt haben. Manchmal werden wir schnell gerettet von einer neuen Liebe, die wir auf unserer Insel kennen lernen. Aber wann immer wir den Weg zurück aufs Festland zu unseren Kindern, unseren Familien, unseren alten Freunden, in unser Alltagsleben antreten wollen, liegt wieder der endlose Ozean voller alter Muster und Gewohnheiten vor uns, den es zu durchqueren gilt.

Die Chancen der Trennung

Da wir auf jeden Fall zurückmüssen zu dem Moment, an dem es in unserer Beziehung nicht weiterging, um ihn uns bewusst zu machen und unseren Teil darin zu transformieren, ist Trennung nicht die Lösung unseres Problems. Wenn sie uns aber schließlich als einziger Ausweg erscheint, dann sollten wir sie wenigstens als Dienerin auf unserem Weg der persönlichen Entwicklung und Heilung nutzen. Wenn wir die Trennung nicht verurteilen, sondern uns ihr widmen, können wir die beiden ihr innewohnenden großen Chancen erkennen: Vielleicht werden wir durch den abrupten Schnitt der Trennung gezwungen, Dinge zu tun, die wir uns vorher nicht getraut oder nicht erlaubt haben. Wenn wir dies bewusst tun, können wir uns erweitern und völlig neue Fähigkeiten entwickeln. Darüber hinaus schafft uns die Trennung aber auch Raum und Zeit zur Rehabilitation. Im Rückzug, im Sein mit uns selbst ohne den anderen, können unsere Wunden heilen und unsere Herzen sich beruhigen. Wenn wir nach einiger Zeit wieder bei Kräften sind, warten allerdings garantiert die einstige Lernaufgabe und Entwicklungschance wie eine Hürde auf uns, die wir bisher nicht nehmen konnten, aber auf dem Weg unseres Wachstums nehmen müssen.

Vielleicht sind wir gegangen, weil unser Partner zu oft unsere Grenzen übertreten hat. Die Trennung hat dann genau für diese Grenze gesorgt. Manchmal haben Scheidungsanwälte uns unsere eigenen Möglichkeiten und Rechte zeigen und für sie kämpfen müssen. Aber irgendwann nach einer Weile werden wir feststellen, dass uns diese Abgrenzung von Außen nur Aufschub gewährt hat, dass am Ende *wir* unsere Hausaufgaben doch selbst machen müssen: Wir müssen lernen, selbst gut für uns zu sorgen, selbst Grenzen zu setzen, selbst nicht Ja zu sagen, wenn wir Nein meinen. Sonst ist es nur eine Frage der Zeit, wann wir mit unserem eigentlichen Problem konfrontiert werden – das nicht unser ehemaliger Partner ist, sondern in diesem Fall die Tatsache, dass wir keine Grenzen setzen können.

Egal, weswegen wir gegangen sind: weil unsere Grenzen übertreten wurden, wir nicht genug bekommen haben, wir belogen und betrogen, weil wir kontrolliert und verurteilt wurden – die Trennung sorgt einen Moment lang dafür, dass wir bekommen, was uns fehlte. Vielleicht kam sie scheinbar überraschend bedrohlich oder endlich erlösend. Wenn wir allerdings genau hinschauen, dann kommt die Trennung in

Wahrheit immer dann als Helferin in unser Leben, wenn wir aus eigener Kraft nicht in der Lage waren, bestimmte Qualitäten und Fähigkeiten in uns selbst aufzubauen. Sie kommt dann, wenn wir den Glauben in eine gemeinsame Lösung verloren haben. Sie kommt, wenn wir keine Hoffnung mehr verspüren und uns nicht mehr in der Lage fühlen, unsere Partnerschaft zum Leben zu erwecken. Wenn wir in dieser Sackgasse angekommen sind, wenn uns die Verletzungen unerträglich scheinen, die Erstarrung unüberwindbar, dann müssen wir uns um eine bewusste und leidenschaftliche Trennung bemühen – sozusagen eine Trennung aus vollem Herzen.

Trennung aus vollem Herzen bedeutet, dass wir den Abstand zum Partner bewusst nutzen, um uns zu stärken und ihn von diesem sicheren Terrain aus anzunehmen lernen. Das klingt paradox, aber wir können uns nur wirklich weiterentwickeln und von altem Groll lösen, wenn wir mit den Ex-Partnern Frieden finden. Sie haben uns an die schmerzende Stelle geführt, sie haben die Wunde vielleicht vertieft – aber sie haben sie nicht verursacht. Die Trennung diszipliniert uns – wie gesagt – in den meisten Fällen nur zu den Schritten, die wir in der Verbindung hätten tun müssen, aber unterlassen haben. Getrennte Gluckenmütter werden gezwungenermaßen zu selbstständigeren Frauen. Getrennte Gastväter und Besuchs-Ehemänner werden am Wochenende auf sich zurückgeworfen und herausgefordert, ihren Kindern einfühlsamere und verantwortungsbewusste Väter zu werden. Auf diesem Weg werden wir zu Ehrlichkeit unserer eigenen Begrenztheit gegenüber und zu Wachstum gezwungen, auch wenn wir dies häufig erst rückblickend erkennen können. In der Entflechtung finden wir unsere Selbstständigkeit und gegenseitige Achtung wieder – können wir üben, die Vorhand sicher übers Netz zu bekommen.

Vielleicht tragen Sie sich auch gerade mit Gedanken an eine Trennung, vielleicht leben Sie schon getrennt, vielleicht sind Sie gerade dabei, sich wieder neu zu binden. Ich schreibe dieses Kapitel mit einer einzigen, mir wahrhaft am Herzen liegenden Botschaft: Wie in allen anderen Facetten von Beziehung geht es auch in der Trennung am Ende nur um eins – lieben zu lernen. Die Trennung ist die größte Herausforderung an unsere Liebe. Nur in dem Maße, in dem wir das Verhalten unseres ehemaligen Partners verstanden und seine Begrenztheit erkannt haben, in dem Maße, in dem wir nicht mehr von ihm brauchen, als er in der Lage ist zu geben, in dem Maße, in dem wir ihm vergeben konnten – am Ende in dem Maße, in dem wir unseren Frieden mit ihm finden und unser Herz wieder für ihn öffnen können, können wir uns wirklich von ihm lösen, sind wir wahrhaft frei für eine neue Begegnung. Und: Nur in dem Maße, in dem wir unseren Ex-Partner wirklich in Liebe loslassen, können unsere Kinder Frieden und Halt finden und mit ausreichender innerer Verwurzelung in ihrer eigenen männlich-weiblichen Ganzheit gedeihen. Auf die Bedeutung der Trennung für die kindliche Entwicklung gehe ich ausführlicher im Kapitel »Kinder der Liebe« am Ende des Buches ein.

Wie Sie sich wirklich befreien

»Den ehemaligen Partner lieben, um sich von ihm zu lösen ...« Kaum eine These sorgt bei meiner Arbeit erst einmal für so viel Protest und Abwehr wie diese. Vielleicht schütteln auch Sie gerade heftig mit dem Kopf. Trotzdem: Es gibt nur einen Weg, sich nicht nur äußerlich, sondern auch innerlich befreiend zu trennen. Wenn wir etwas überwinden wollen, dann müssen wir es zuerst einmal annehmen. Wenn Sie sich wirklich trennen wollen, wenn Sie wirklich von der alten Beziehung befreit sein wollen, dann brauchen Sie Frieden mit Ihrer alten Beziehung. Um echten Frieden zu finden, gibt es nur einen einzigen Weg: Am Ende bleibt Ihnen nichts anderes übrig, als Ihren ehemaligen Partner gänzlich anzunehmen.

Vielleicht missverstehen Sie diesen Satz und fühlen sich um jeden Preis zurück in Ihre alte Beziehung gedrängt. Aber hier geht es nicht darum, beim alten Partner zu bleiben. Es geht nicht um Zusammenbleiben um jeden Preis: Gloria kam zu mir, weil sie sich nicht scheiden lassen wollte. Ihr Mann hatte sie wegen einer anderen verlassen. Aber Gloria weigerte sich strikt, diese Tatsache zu akzeptieren, geschweige denn in eine Scheidung einzuwilligen. Die Mittel und Waffen, mit denen ihr Mann gegen sie vorging, wurden immer härter. Im Lauf unserer Gespräche wurde Gloria bewusst, dass ihr Mann »gezwungen war« zu gehen. Es wurde deutlich, dass ihre Ehe lange vor dem eigentlichen Verlassenwerden ein Klischee von einer Beziehung war, das sie sich zurechtgelegt hatte, das aber mit einer lebendigen Partnerschaft wenig zu tun hatte. Jedes Mal wenn es um ihren Widerstand gegen eine Scheidung ging, kam Gloria zum gleichen Punkt – der Scheidung ihrer Eltern: »Ich wollte meinen Kindern immer ein Beispiel geben – das Vorbild eines Paares, das zusammenbleibt.«

Gloria ist nie in eine echte Bindung, sondern vor allem in den Widerstand gegen eine Trennung gegangen. Das ist so, als wenn Ihnen jemand sagt: »Denken Sie *nicht* an einen rosa Elefanten!« Wenn Sie sich bisher nie mit rosa Elefanten beschäftigt haben, dann tun Sie es spätestens jetzt. Wenn Sie um jeden Preis zusammenbleiben wollen, dann kommen Sie niemals in den Genuss, aus Freude verbunden zu sein. Jeder Versuch, wegen irgendwelcher äußerer Gründe zusammenzubleiben – aus Pflicht oder aus Verantwortung, wegen der Kinder oder wegen der Freunde –, wird Ihre Beziehung nur lähmen. Unter solch einem Druck kann sich die Liebe niemals entfalten, können Sie sich niemals zu Ihrem Partner hingezogen, sondern unterbewusst nur abgestoßen fühlen. Auch Ihr Partner kann keine natürliche Bindung zu Ihnen entwickeln, weil auch er sich bewusst oder unbewusst instrumentalisiert und unter Druck gesetzt fühlt. Wenn, so wie im Falle von Glorias Ehe, eine Beziehung keine wirkliche innere Kraft und Bindefähigkeit mehr hat, nützt es nichts, sie künstlich aufrechterhalten zu wollen. In dieser Hülle aus Routine und Pflichten ersterben Sie und werden wahrscheinlich von Ihrem ebenso erstorbenen Partner irgendwann mit genau dem konfrontiert, was Sie unbedingt vermeiden wollen – der Trennung.

Es geht hier also nicht um Pflichten, Vorbilder, Versprechen und Zusammenbleiben um jeden Preis. Es geht darum zu lieben – auch wenn wir uns trennen. »... nur in dem Maße, in dem wir unseren ehemaligen Partner lieben, können wir uns wirklich von ihm lösen, sind wir wahrhaft frei für eine neue Beziehung.« Vielleicht denken Sie: Wie soll ich ausgerechnet diesen Menschen lieben, von dem ich mich ja gerade trennen will, weil er mein Leben so sehr beeinträchtigt, vielleicht sogar zerstört hat? Es geht nicht darum, unseren Ex-Partner toll zu finden. Lieben heißt eben nicht, verliebt zu sein. Lieben heißt auch nicht dazubleiben und sich anzupassen. Lieben heißt nicht, gute Miene zum bösen Spiel zu machen. Liebe ist das Gegenteil von Abhängigkeit. Liebe ist frei – sie braucht niemanden, sie will nur lieben. Lieben heißt anzunehmen, was ist.

Ohne Frieden bleiben Sie abhängig

Anzunehmen heißt im Falle einer Trennung, zu erkennen, dass das Fehlverhalten Ihres einstigen Geliebten nichts mit Ihnen zu tun hat. Er macht das alles nicht, um Ihnen zu schaden, um Sie zu hintergehen, Sie zu verletzen. Er ist, wie er ist. Er kann vielleicht nicht Ihre Vorstellungen befriedigen, Ihre Bedürftigkeit stillen. Vielleicht hat er Eigenschaften, die Sie verurteilen oder nicht verstehen. Er legt Verhaltensweisen an den Tag, die Sie nicht wertschätzen, nicht akzeptieren und auch nicht respektieren können. Er reagiert auf Sie nicht so, wie es Ihrer Vorstellung entspricht. Der Schmerz in Ihnen entsteht aber nicht, weil Ihr ehemaliger Partner etwas getan hat. Der Schmerz entsteht, weil Sie es nicht annehmen konnten. Alles wurde immer unerträglicher, weil Sie immer mehr inneren Widerstand und Verurteilung entwickelt haben gegen die Art und Weise, wie Ihr Partner ist. Aber solange Sie schimpfen und meckern, verurteilen und verachten, solange Sie keinen Frieden mit Ihrem ehemaligen Partner finden, sind Sie immer noch an ihn und sein Verhalten gekettet. Sie wollen etwas von ihm – eine Berichtigung, eine Zuwendung, eine Veränderung. Sie haben noch immer nicht genug.

»Er hat sich die ganze Zeit nur um seinen Job gekümmert«, beklagen Frauen häufig die Karrierefixiertheit ihrer Männer als Trennungsgrund. Meist geht diese Klage mit Verachtung einher: Hedi nannte ihren extrem erfolgreichen Mann und seine Geschäftspartner nur abfällig »große Jungs« oder »Seelenkrüppel«. Sie alle würden um jeden Preis Geld verdienen, sie alle hätten keine echten Freunde und keine Zeit für ihre Familie und würden unter Ausschluss ihres Privatlebens mit einem Tunnelblick ihre Karriere verfolgen. Hedi suchte sehr engagiert nach einem spirituellen Leben, war einfühlsam, warmherzig und hatte ihre eigene viel versprechende Karriere für die Kinder aufgegeben. Hedi war von ihrem Mann verlassen worden und fühlte sich seitdem in jeder Beziehung nicht nur rechtschaffener sondern auch im Recht: Hedis Mann hatte von heute auf morgen seine Koffer gepackt und war scheinbar ohne Rücksicht auf Frau und Kinder mit seiner wesentlich jüngeren Mitarbeiterin zusammengezogen. Obwohl er wohlhabend war, war er zu keiner freiwilligen finanziellen Absicherung seiner Frau und seiner Kinder bereit.

Seit der Trennung kommunizierten Hedi und ihr Mann nur noch über Anwälte miteinander. Hedi verweigerte jeglichen Kontakt und jegliche Kommunikation. Das ehemals gemeinsame Haus durfte ihr Mann nicht mehr betreten. Mittlerweile telefonierten sie nicht mal mehr miteinander. Die gemeinsamen Kinder wurden an einem öffentlichen Parkplatz übergeben. Je mehr sich Hedis Mann von der Familie abtrennte, je mehr er jegliche Zuwendung einstellte, desto mehr verweigerte Hedi Kontakt und Kommunikation. Je mehr sie dies tat, desto heftiger reagierte wiederum ihr Mann mit weiteren Einschränkungen. Immer wieder unterstrich Hedi, dass es mit ihrem Mann nichts mehr zu reden gäbe. Immer wieder sprach sie mit kühler Verachtung von ihm oder beschrieb sein Verhalten mit einem erhabenen Lächeln.

Nur wenn wir tief in die gemeinsame Vergangenheit eintauchten, wurde Hedi unerwartet von Schuldgefühlen übermannt. Sie war im Herzen nicht wirklich frei gewesen, als sie die Verbindung mit ihrem Mann eingegangen war. Als sie ihn kennen lernte, war sie unglücklich, aber tief verbunden mit einem anderen Partner. Ihr Mann hatte sie quasi aus den Armen dieses anderen geholt. In unseren Gesprächen wurde Hedi deutlich, wie lange sie im Herzen noch mit dem Ehemaligen auch nach der Ehe verbunden und wie wenig sie für ihren eigenen Mann erreichbar war. Wenn wir über ihre Zukunft sprachen, wurde Hedi ängstlich und wortkarg. Immer wieder hatte sie Fantasien von finanzieller Not.

Während unserer Gespräche musste Hedi erkennen, dass es ihr in dieser Trennung vor allem um Geld ging. Dass sie in dem Moment, in dem sie aus ihrem einst von ihrem Mann geschützten, sicheren heimischen Raum herausgezwungen wurde, genauso um Geld kämpfte, wie er es all die Jahre getan hatte und wie es all die Männer draußen im Geschäftsleben taten, die sie so sehr verurteilte. Sie musste sich eingestehen, dass sie hinter ihrer harten, wortlosen Fassade Angst hatte vor ihrem Mann und vor weiteren Verletzungen. Auch sie zeigte keine Gefühle, auch sie taktierte jetzt im Sinne des Scheidungsrechtes, auch sie bezog sich nur auf Paragraphen im Kampf um Geld und Recht – genau wie es stets ihr Mann getan hatte. Schließlich erkannte sie etwas, was unzählige Frauen verdrängt haben: Sie sehnte sich nach Ansehen, Macht und Geld, aber sie glaubte nicht, dass ihr all dies einfach so zustünde. Damit befand sie sich in der gleichen inneren Wertlosigkeit wie all die Männer, die täglich ihre Gefühle und ihr Privatleben opfern für Macht und Geld. Wann immer Hedi ihren Mann verurteilte, verurteilte sie eigentlich sich selbst.

In der Trennung die Liebe lernen

Einmal kam ich mit einer anderen in Trennung lebenden Frau auf Gott zu sprechen. Sie war von Schuldgefühlen geplagt. Sie hatte Sorge, im sich zuspitzenden Scheidungskampf von Gott für ihr verbittertes Verhalten ihrem Mann gegenüber verurteilt zu werden. Im Verlauf unseres Gespräches sagte ich: »Das größte Geschenk, das Ihnen Gott gemacht hat, ist Ihr Mann. Noch nie hatten Sie eine solche Möglichkeit, sich selbst zu erkennen und für Ihre Unzulänglichkeit lieben zu lernen. Noch nie hatten Sie eine solche Chance, Ihre ganzen Ängste anzuschauen. Noch nie hatten Sie so viele Möglichkeiten, sich selbst weiterzuentwickeln, einem anderen zu verzeihen und ihn loszulassen.« Seitdem habe ich vielen in Trennung befindlichen Menschen gesagt, dass ihr ehemaliger Geliebter, dem jetzt all ihr Groll, ihre Bitterkeit und ihre Wut gehörten, ihr größtes Geschenk auf ihrem Weg des persönlichen Wachstums sei. Dass diesen Partner tatsächlich der Himmel geschickt habe, aber nicht, um mit ihm in märchenhafter Verliebtheit zu schwelgen, sondern um Annahme, wahre Liebe und Wertschätzung für sich selbst zu üben.

Wir sagen, wir mussten uns trennen, weil der andere war, wie er war. Wir sagen, wir können ihn nur lieben, wenn er das tut und so ist, wie wir es uns vorstellen. Genau in der gleichen Art und Weise gehen wir wahrscheinlich schon seit Ewigkeiten mehr oder minder bewusst mit uns selbst um: Wir spalten uns ab von dem an uns, was unserem Urteil nicht standhält. Wir zwingen uns immer wieder, es anderen recht zu machen, uns konform zu verhalten und uns anzupassen, um angenommen und geliebt zu werden. Wenn wir all dies auf unsere Partner projizieren, wenn wir von ihnen verlangen, alles Mögliche zu sein, zu tun oder zu lassen, damit wir sie lieben können, dann ist das keine Liebe, vielmehr sind es Kontrolle und Abhängigkeit von einem Verhalten. Vor allem aber impliziert diese Sicht unausgesprochen, dass wir etwas brauchen, dass uns etwas fehlt, um glücklich, sicher und frei zu sein. Und es impliziert, dass allein unser Partner dafür verantwortlich ist, uns dies zu geben.

Diese Sehnsucht nach einem, der uns rettet und uns gibt, was wir brauchen, ist in Wahrheit ein Überbleibsel aus unserer Kindheit, als wir den Älteren und den Erwachsenen an Kraft und Stärke unterlegen waren. Damals erlebten wir bei diesen Menschen im Umgang mit uns Unzulänglichkeit und damit Verletzung und Machtlosigkeit in uns selbst. Und wir erlebten Ablehnung und Verurteilung unseres Verhaltens. Äußerlich längst erwachsen, versuchen wir heute noch, nett und freundlich zu sein, um Unheil von uns fern zu halten. Wir irren heute noch umher, auf der Suche nach Heilkraft für unsere alten Wunden. Noch immer tragen wir in uns die alte Angst, an der Lieblosigkeit, Verantwortungslosigkeit und Schwäche der anderen zu zerbrechen. Deshalb verlangen wir von ihnen Verhaltensweisen, die dafür sorgen sollen, dass unsere alten Wunden nicht zu Tage treten müssen. Wenn sie diesem Anspruch nicht entsprechen, wenn ihre Unzulänglichkeit unsere Schmerzen doch wieder hervorruft, wenn es wieder wehtut, dann fühlen wir uns unbewusst noch immer wie ohnmächtige Kinder, dann glauben wir, nur noch einen Ausweg zu haben: Wir müssen von unseren Partnern weggehen, uns von ihnen trennen, uns von ihnen scheiden lassen, um zu unserer Macht zurückzufinden.

Menschen, die in der Lage sind, lebendige und zugleich dauerhafte Bindungen einzugehen, haben meist gelernt, ihr Verhalten davon unabhängig zu machen, ob sie sich liebenswert vorkommen oder nicht. Sie haben gelernt, dass man die Verhaltensmuster der anderen und die eigene Bedürftigkeit nach Zuwendung von der Liebe loslösen muss. Liebe stellt sich nicht ein, weil man stets nett und freundlich ist. Liebe stellt sich auch nicht ein, wenn andere sich für uns zum Ideal unserer Vorstellungen verbiegen. Wenn Ihnen in Ihrem Leben etwas fehlt zum Glück, dann sind in Wahrheit Selbstdisziplin und der Wunsch nach Entwicklung, Erweiterung und Öffnung gefragt. Wenn Ihnen etwas fehlt zu Ihrer Erfüllung, dann sind Mut und Beharrlichkeit gefragt, um das Unglück, die Einsamkeit, die Leere und das Leid zu ertragen, das mit diesem inneren Wachstum verbunden ist. Das ist Liebe. Liebe, die Ihnen erlaubt, Ihr volles, unbegrenztes Potenzial zu entfalten. Liebe, die Mitgefühl entwickelt für die Begrenzungen des anderen. Diese Liebe heilt, und sie macht Sie frei – frei von Ihrer bereits früh in Ihrem Leben entstandenen, immer noch nicht geheilten Abhängigkeit, von Ihrem Groll, von Ihrer Bitterkeit und von Ihrer ewigen, altvertrauten Suche nach Zuwendung. Das einzig wahre Ziel von Liebe ist spirituelles Wachstum oder persönliche Entwicklung. Die Trennung ist dafür eine große Chance.

»Bis dass der Tod euch scheidet.« In einer Zeit, in der alles stetig im Wandel begriffen ist, uns immer neue Bedürfnisse suggeriert werden, in der die Natur unserer Gesellschaft immer flüchtiger und virtueller scheint, wirkt dieser Satz geradezu bedrohlich. Ein lebenslanges Bündnis mit ein und demselben Menschen? Kaum vorstellbar. Und doch ist es das, wonach wir alle suchen. Unser innerster menschlicher Kern sucht nach andauernder, sich vertiefender Intimität. Aber zur gleichen Zeit sucht er nach Freiheit, um zu wachsen und sich ganz zu entfalten. Ein Paradoxon. Das Akzeptieren der eigenen Individualität und Getrenntheit ist die einzige Grundlage, auf der eine Beziehung reifen und wirkliche Liebe wachsen kann. Das Akzeptieren der tiefen Bindung, die gerade dann weiter besteht, wenn wir etwas unbedingt loswerden wollen, macht uns frei für eine Trennung in Liebe. Deshalb: Trennen Sie sich aus vollem Herzen – lernen Sie Ihren ehemaligen Partner lieben, um sich wahrhaft von ihm zu lösen.

II. Teil

Rückkehr zur Liebe

1. Kapitel

Wahre Liebe – oder: Die Sache mit Gott

Vielleicht sind Sie an diesem Punkt des Buches angekommen und fühlen sich gerade alles andere als hoffnungsfroh, was Ihre Beziehung angeht. Vielleicht haben Sie sich einsichtig, aber kraftlos durch die zahllosen Versuche der letzten Kapitel gelesen, Ihnen Dankbarkeit für all die düsteren und Energie raubenden Eigenschaften Ihres Partners zu entlocken. Vielleicht fühlen Sie sich resigniert von den ebenso häufigen Prophezeiungen, dass Sie allein es in der Hand haben, wie Ihr Leben verläuft. Vielleicht haben Sie das Gefühl des Mannes, der eines Tages von seiner Frau wider Willen in meine Praxis geschleppt wurde. Seine Teilnahmslosigkeit und sein Desinteresse erläuterte er mir mit den Worten: »Ich habe schon eine Paartherapie mit meiner Frau hinter mir. Jetzt weiß ich alles über mich und meine Frau, vor allem weiß ich jetzt noch präziser und detaillierter, warum ich mich scheiden lassen will.«

Was ich bis hierher über Beziehungen geschrieben habe, klingt vielleicht wie ein Tunnel ohne Ausweg: Es gibt in uns so viele Quellen von Schmerz aus der Vergangenheit, dass wir sie kaum je alle aufstöbern können. Da es den anderen Menschen um uns herum auch nicht besser geht, brauchen wir auf Prinzen und Prinzessinnen in Zukunft ebenfalls nicht mehr zu hoffen. Sicher wissen wir nur, dass wir alle gleich eine ganze Reihe von Verletzungen mit uns herumtragen, unsere Partner kaum kennen, mehr oder minder große Angst vor echter Nähe haben und das vollkommene Glück meist nur als Sehnsucht kennen.

Keine Hoffnung also auf breiter Front. Die neue große Liebe, die romantische Leidenschaft, die heiße Affäre, die einzig richtige Traumfrau, der einzig wahre Idealmann, die heimliche Dreiecksgeschichte, selbst die Scheidung – sämtliche Konzepte von Beziehungen führen uns über kurz oder lang doch nur in ein und dieselbe Sackgasse – jemand anders scheint mehr oder minder indirekt für unser Glück oder Unglück verantwortlich zu sein: Wenn wir uns nahe fühlen, voller Liebe und Akzeptanz, dann nur, weil wir den Richtigen gefunden haben. Wenn die Beziehung aber nicht klappt, dann natürlich, weil es eben doch nicht der Richtige war. Weil der andere dieses nicht getan, jenes nicht gegeben hat, geht es uns schlecht. Wenn er sich doch nur ändern würde, wie vollkommen wäre dann unser Leben! Das haben wir immer und überall so gelernt.

Das wahrhaft Verrückte an diesem allerorts verbreiteten, scheinbar so normalen Konzept ist, dass dabei *dem anderen* etwas zu fehlen scheint, das *wir* brauchen, um uns besser zu fühlen. Wir haben Angst hiervor, wir sehnen uns danach, uns fehlt dies, wir brauchen das – und unser Partner ist schuld daran oder verantwortlich dafür. In Zeiten des ständigen Streits und der Verhärtung der Fronten wird unsere Betrachtungsweise noch verzerrter: Dann behaupten wir sogar, dass wir richtig sind und der andere falsch. Dass allein das Sein des anderen schon verantwortlich ist für unser Leid und unseren Mangel. Weil wir in alldem nicht unsere eigenen alten Verletzungen erkennen, glauben wir, die Schuld läge bei unserem Partner. Sein Verhalten und Sein seien das reale Übel, das wir überwinden, dem wir uns entgegenstellen oder dem wir entkommen müssten.

Das ist wirklich verrückt – wird aber von unserem Denken nicht nur als vollkommen normal akzeptiert, sondern auch mit aller Vehemenz gegen jeden neuen Einfluss verteidigt. Um den wirklich entscheidenden Schritt in unseren persönlichen Frieden zu machen, müssen wir deshalb lernen, unser eigenes Denken anzuzweifeln und uns auf die eigentliche Wahrheit einzulassen: Egal, was wir tun – es gibt auf dieser Welt nichts, was uns Frieden und Erfüllung bringen kann. Es gibt nichts da draußen zu finden, was uns aus unserer Unzufriedenheit und unserer Leere, von unserer Suche und unserem Schmerz befreien könnte – kein Partner, keine Beziehung, kein Erfolg und kein Besitz. Jeder Versuch, *den* Richtigen zu finden, führt uns nur weiter weg von unserer Möglichkeit, *das* Richtige zu *ent-decken*. Um mit einem weisen Mann zu reden: Alles, was wir durch unsere Suche finden können, ist neue Suche.

Nun sagte ich ja anfänglich so begeistert, dass es geht. Dass Sie genau die erfüllende Partnerschaft leben können, von der Sie immer geträumt haben. Ich sage immer noch: »Es geht!« Es geht bestimmt. Aber es geht mit größter Wahrscheinlichkeit nicht so, wie Sie es geplant haben. Dazu ist eine völlige Umkehr Ihrer gewohnten Weltsicht erforderlich, die von Ihnen eine Art geistigen Quantensprung verlangt.

Die Sache mit Gott

Da ist diese Sache mit Gott. Ich kann Sie Ihnen einfach nicht ersparen, auch wenn ich aus vielen Gesprächen mit Klienten weiß, wie verwirrend, zwiespältig, angst- und schambesetzt ihr Verhältnis zu diesem Thema ist. Glaube, Gebet und Gott scheinen in unserer Gesellschaft für viele Menschen immer noch tabuisiert zu sein, scheint die Gefahr zu groß zu sein, in Bereiche von Unergründbarem, Undefinierbarem, nicht wissenschaftlich Festgelegtem zu geraten und dort seinen Halt zu verlieren. Vielleicht können Sie sich trotzdem einen Moment einlassen …

Ich selbst bin von Haus aus nicht gerade eine PR-Managerin Gottes aus Vorbestimmung. In meiner Familie gab es unzählige kritische Diskussionen um Glauben und Kirche. Obwohl wir uns in unserer kleinstädtischen, streng katholischen Umgebung damit eher ins Abseits manövrierten, sind alle Familienmitglieder sehr früh kollektiv aus der Kirche ausgetreten. Später war ich stolz auf diesen revolutionären Geist in meinen Genen und erklärte mich lange als überzeugt ungläubig. Bis sich eines Tages ausgerechnet in mein Leben die Geschichte mit Gott einschlich und schließlich so ausbreitete, dass ich heute behaupte, Gott sei die Lösung für alle Probleme. Sosehr ich mich selbst auch anfänglich dagegen gewehrt habe – auf dem Weg meiner Suche nach echter Erfüllung musste ich am Ende immer wieder bei Gott ankommen. Dabei durfte ich allerdings feststellen, dass er eher ein Bewusstseinskonzept und nicht der Mann mit dem grauen Bart und der Beichte aller Sünden aus meiner Kindheit ist, dass er keiner bestimmten Religion angehört und dass ich ihn nicht unbedingt eher in einer Kirche treffe als beim Frisör – dass aber die Kraft, für die er steht, die Lösung für das gesamte Beziehungselend ist.

Mittlerweile bin ich zu der Überzeugung gelangt, dass jemand, der in den wirklichen Genuss einer entspannten, erfüllenden Beziehung kommen möchte, bereit sein muss, auf den Grund seines Seins hinabzutauchen. Dort, in unserem innersten Kern, sind wir Menschen letztendlich alle spirituelle Wesen, auch wenn wir in unserer Gesellschaft allerorts vermittelt bekommen, vor allem perfekt zu befriedigende Konsumenten zu sein. Wenn ich den Menschen, die zu mir kommen, in ihrer Suche glauben darf und wenn ich unsere Gesellschaft betrachte, dann steuert unsere persönliche genau wie unsere kollektive Evolution trotz oder vielleicht gerade wegen der rasant wachsenden Informations- und Konsumsättigung unausweichlich auf diese Erkenntnis zu.

C. G. Jung drückte die Bedeutung des Glaubens in Beziehungen so aus:

»Unter all meinen Patienten jenseits der Lebensmitte, das heißt jenseits 35, ist nicht ein einziger, dessen endgültiges Problem nicht das der religiösen Einstellung wäre. Ja, jeder krankt in letzter Linie daran, dass er das verloren hat, was lebendige Religionen ihren Gläubigen zu allen Zeiten gegeben haben. Und keiner ist wirklich geheilt, der seine religiöse Einstellung nicht wieder erreicht.«*

* C. G. Jung in einem Vortrag »Über die Beziehung der Psychotherapie zur Seelsorge« 1932 in Straßburg. Zitiert nach C. G. Jung: *Zur Psychologie westlicher und östlicher Religion* (Band II), Olten: Walter 1971

Die Erfahrung mit meinen Klienten hat mich gelehrt, dass der Glaube die größte Heilkraft überhaupt ist. Die meisten Menschen, die zu mir kommen, sind zwischen Mitte dreißig und Ende vierzig – Menschen in der Lebensmitte. Immer mehr von ihnen finden keine ausreichende Befriedigung mehr in den geläufigen, nach außen orientierten Lebenskonzepten. Die meisten meiner Klienten haben eine hervorragende Bildung genossen und Jahre des Wachstums, der Karriere, des Aufbaus und des Erfolgs hinter sich. Dabei haben viele von ihnen viel erreicht, aber nicht das bekommen, was sie gesucht haben – Sinn und Erfüllung. Sie haben den Weg beschritten, auf den in unserer Gesellschaft fast alle Wegweiser zeigen: Sie wollten das Gefühl, wer sie sind, aus ihrem Ansehen, ihrem Aussehen, ihrer Karriere, ihrem Wissen, ihrem Vermögen und ihrem Erfolg beziehen. Aber all ihre Versuche, Bestätigung des Selbstwertgefühles von außen zu bekommen, brachten ihnen auf Dauer keine Befriedigung. Wenn sie dann aus dieser Sackgasse – meist gezwungenermaßen – ausscheren und zu mir kommen, fühlen diese Menschen häufig eine diffuse, unerklärliche Angst. Sie sind beunruhigt, weil sie nichts wirklich Sinn- und Bedeutungsvolles aus ihrem Leben gemacht haben. Sie fühlen sich hilflos, weil nichts von dem, was sie in ihr Leben geholt haben, ihnen authentische Zufriedenheit bringt, nichts ihren Selbstwert dauerhaft oben halten kann.

Ganz im Gegenteil – viele beschreiben, dass sie unter einer stetig wachsenden Spannung stehen, sich immer und überall angetrieben fühlen und nirgendwo wirklich eintauchen und zur Ruhe kommen können. Alles scheint irgendwie flüchtig zu sein und – noch schlimmer – immer nach mehr zu fordern: Kaum sind wir auf der Karriereleiter aufgestiegen, kaum gibt es einen kurzen Moment der Befriedigung, wartet auch schon die nächste Herausforderung auf uns. Kaum haben wir einen Marathon gelaufen, wollen wir unsere Zeiten verbessern. Ist auf unserem Computer die neueste Software gerade installiert, lockt schon eine Nachfolgeversion mit Vorzügen. Haben wir uns auf Kleidergröße vierzig heruntergehungert, treffen wir eine Freundin mit Kleidergröße achtunddreißig. Sind wir endlich Vorstand, wartet schon der Aufsichtsrat, entscheiden die Banken. Haben wir endlich genügend Geld und Besitz angesammelt, steigen in unserem Inneren Ängste auf, all das Angesammelte wieder zu verlieren.

Immer lauern irgendwo Gefahren, entdecken wir neue Anforderungen, uns zu verbessern, gibt es Bessere und Mächtigere, taucht etwas Größeres und Schöneres vor unseren Augen oder in unserer Vorstellung auf. Nichts scheint je zu reichen, um uns dauerhafte Erfüllung zu verschaffen. Eben auch nicht unser letzter Ehemann, unsere neue Geliebte, unsere heimliche Affäre. Es scheint zwar immer mehr Möglichkeiten zu geben, die eigenen Wünsche zu befriedigen, aber diese Möglichkeiten entpuppen sich als so gehaltvoll wie holländische Treibhaus-Tomaten. Mehr und mehr Menschen fühlen sich auf dieser Hatz nach Erfüllung völlig ausgezehrt und erschöpft von dem Gefühl, immer angetrieben zu sein, immer etwas machen zu müssen, um etwas zu sein oder etwas zu bekommen.

Wenn wir uns erlauben, Religion wieder in unser Leben einzuladen, dann müssen wir nicht mehr alles selber machen und auch unseren Partner nicht mehr mit Sehnsüchten überfrachten. Unabhängig davon, ob wir einer bestimmten Glaubensrichtung angehören oder ob wir als Zentrum unseres Seins einen göttlichen, vollkommenen, friedvollen und spirituellen Kern annehmen, können wir uns darauf verlassen, dass es etwas gibt, das über uns selbst hinausgeht. Dass wir mit einer höheren Macht und einer größeren Kraft verbunden sind, dass uns etwas zuströmt und uns führt. Dass es etwas gibt, das uns etwas gibt. Das ist eine Vorstellung, die sofort entspannt und viel Last von den Schultern unseres Partners nimmt.

Da, wo wir alles von unserem Geliebten erhoffen, sollten wir uns dem Glauben zuwenden. Das Beste, was Religion tun kann, ist, uns mit der Liebe zu verbinden – dann verbindet sie uns mit Gott. Gott ist nichts Abstraktes, sondern eine liebevolle Präsenz. Wenn wir an Gott glauben, sind wir mit einer tragenden, liebevollen Präsenz verbunden. Das Konzept von Gott ist allumfassend. Gott ist allumfassende Liebe. Sind wir mit Gott verbunden, sind wir Teil dieser allumfassenden Liebe, Teil eines universellen größeren Ganzen. Die Gesetze des Universums sagen: Makrokosmos gleich Mikrokosmos. Das Ganze entspricht in seiner Beschaffenheit dem kleinsten

Teil des Ganzen. Der kleinste Teil entspricht in seiner Beschaffenheit dem Ganzen. Sind wir mit Gott verwoben, ist unser innerster Kern göttlich. Sind wir durch Religion oder Spiritualität mit der göttlichen Präsenz verbunden, fließt uns in unserem Inneren ständig etwas zu, das wir nach außen in unsere Beziehungen wieder ausstrahlen und abgeben können.

Dies alles ist nicht einfach Theorie, nicht nur Kirchensteuerglaube für die Sonntagsmesse – eine sich vertiefende Verbindung zu Gott bringt wirkliche Veränderungen in unser Alltagsleben: Wenn Gott nicht eine von uns getrennte großartige Gestalt ist, die über uns richtet oder uns lobt, uns für Sünden büßen und beichten lässt oder sie uns großmütig wieder erlässt – wenn er vielmehr die Grundingredienz allen Seins ist, wenn er diese allumfassende, allem innewohnende liebevolle Präsenz ist und wir Teil von dieser Präsenz sind – dann müssen wir folglich in unserer Grundbeschaffenheit wunderbare, göttliche Wesen sein. Dann muss in uns etwas vollkommen Liebevolles und Liebenswertes unter all unseren Verletzungen, Irrungen und Wirrungen ruhen. Dann muss es auch in unserem Leben und in unseren Beziehungen Liebevolles und Liebenswertes zu entdecken geben. Dann geht es in unserem Leben in jedem Moment nur noch um eins: Wollen wir uns unsere unendliche Kraft eingestehen oder nicht? Wenden wir uns der uns innewohnenden göttlichen Präsenz zu oder nicht?

Wenn wir uns – anfänglich vielleicht noch mit großen Zweifeln und unter ständiger intellektueller Beobachtung – erlauben, uns diesem Ansatz gegenüber zu öffnen, kann das unser ganzes Verständnis von uns, unseren Beziehungen und unserem Leben revolutionieren. Wenn wir nach dieser allumfassenden Liebe suchen, richten wir den Blick auf uns selbst, beginnen wir sanftmütiger mit uns zu werden. Wir wollen uns verstehen. Wir werden aufmerksamer und wachsamer unseren Herzenswünschen und Träumen gegenüber. Wir nehmen unsere eigenen Bedürfnisse ernster. Wir beginnen zu ahnen, dass wir vielleicht doch richtig sind, so wie wir sind. Wir müssen nicht mehr draußen herumrennen und ständig nach etwas oder jemandem suchen, das uns etwas gibt oder der unsere schmerzenden Löcher mit seiner Liebe stopft. Wir lernen, uns anzunehmen, können uns Schritt um Schritt weiter nach innen auf uns selbst zurückfallen lassen und aus uns selbst heraus schöpfen, um dann an andere wieder abzugeben, weil es uns Spaß macht. Wir können in uns selbst ruhen. Wir werden authentisch.

Wir müssen nichts tun

Meine kleine Tochter wünscht sich abends vor dem Einschlafen immer ein Nachtgebet. Dabei zwickte ich sie früher manchmal in die Kuppe ihres kleinen Fingers. Dann sagte ich: »Du bist diese kleine Kuppe – und Gott ist dein ganzer Körper. Wenn er sich bewegt, bewegst du dich auch.« Später haben wir durch Zwicken erprobt, dass alle Zehen, Haare, Bauchnabel, Ohrläppchen, Nasenspitzen Teile von Gott sind. Ja sogar erhoben ausgestreckte Mittelfinger – was meine Tochter besonders amüsiert und beschäftigt. Eigentlich läuft alles auf eins hinaus: Wenn wir die liebevolle Gottespräsenz in unserem Leben wieder erlauben, erlauben wir uns zu empfangen. Dafür müssen wir nichts tun, wir sind einfach wie die kleine Zelle eines großen Körpers – wir sind Teil dieses Körpers, wir entsprechen ihm, wir leben in ihm und werden durch ihn genährt.

Vielleicht halten Sie an dieser Stelle einen Moment inne. Vielleicht erlauben Sie sich, in dieses Bild von der kleinen Zelle, die Teil eines größeren Ganzen ist, einzutauchen. Vielleicht erlauben Sie sich einen tiefen Atemzug und fühlen dabei einmal ganz bewusst Ihren Körper von innen heraus. Stellen Sie sich einfach einmal vor, Sie seien die kleine Zelle. Nehmen Sie doch einmal mit Aufmerksamkeit wahr, wie Ihr Atem in Ihre Brust und in Ihren Bauch hineinfließt. Vielleicht machen Sie sich einmal bewusst, dass Ihr Atem immer fließt, egal, ob Sie ihm Ihre Aufmerksamkeit schenken oder nicht. Er kommt und geht – immer – absolut zuverlässig, so wie eine Welle des Meeres, die Ihre Zehen am Strand umspült.

Sie können nicht einfach aufhören zu atmen – in Wahrheit atmet Ihr Atem Sie. Und in Wahrheit atmet er in diesem Moment nicht nur Sie, sondern absolut alles, was lebendig ist. Die gleiche Luft, die gerade in Sie hineinströmt, strömt auch in mich hinein. In diesem Moment sind wir verbunden. Sie sind eine kleine Zelle. Ich bin auch eine kleine Zelle. Mich fasziniert diese Vorstellung immer wieder, wenn ich mir erlaube, mich bewusst meinem Atem zuzuwenden – ich bin verbunden mit etwas Größerem; es fließt etwas in mich hinein, und ich muss nichts tun.

Was, wenn wir tatsächlich nur – oder Gott sei Dank – eine winzige Leber-, Knochen- oder Hautzelle des Universums sind? Was, wenn wir nur an Gedächtnisschwund leiden und diese universelle Verbindung vergessen haben? Was, wenn wir uns nur für dieses abgetrennte, einsame Wesen halten? Was, wenn wir Teil von allem sind, was ist? Nehmen Sie noch einmal Ihren Atem wahr. Er fließt. Ob Sie sich nun um ihn kümmern oder nicht – er fließt. Die ganze Zeit. Er bewegt Ihren Körper. Er öffnet und schließt ihn. Er versorgt Sie. Er hält Sie am Leben. Versuchen Sie einmal, ihn anzuhalten. Es wird Ihnen nur kurze Zeit gelingen. Danach wird er sofort desto tiefer in Sie hineinströmen. Der Atem ist eine so alltägliche Angelegenheit, dass wir ihn kaum noch bewusst wahrnehmen, aber er ist eines der größten Mysterien des Lebens. Er ist das Leben. Und meiner Meinung nach ist er unsere göttliche Verbindung. Aber um diese immer während stille Lebendigkeit und Bewegung in unserem Inneren wahrzunehmen, um die eigentliche göttliche Präsenz in uns zu erkennen, müssen wir uns einen Moment der Stille zugestehen.

Wenn wir uns diese Stille und diesen Glauben wieder erlauben, erlauben wir uns gleichzeitig den Glauben, im Innersten ein liebevolles Wesen zu sein. Wenn diese Wahrheit in uns mit der Zeit genügend genährt wurde, manifestiert sie sich auch deutlich in unserem äußeren Leben. Wenn wir wieder mehr bei uns ankommen, wenn wir unsere eigene innere Autorität wieder spüren, lösen wir uns von Rollen, Süchten und gesellschaftlichen Ansprüchen. Wir werden langsam authentisch, wir erlauben uns, so zu sein, wie wir gerade sind. Wir erlauben uns, das auszudrücken, was wir gerade fühlen.

Wir vertrauen auf Fülle in unserem Leben und nähern uns unserer eigentlichen Berufung.

Je tiefer wir wieder in uns selbst verwurzeln, desto mehr ahnen wir, wie tief wir mit anderen verbunden sind. Je mehr wir wieder bei uns selbst ankommen, desto mehr wird uns bewusst, dass wir nur dort kämpfen, jammern, abwehren, gieren und süchteln, wo wir uns selbst nicht mehr fühlen konnten. Nur dort, wo uns der Kontakt zu unserer eigenen inneren Größe abhanden gekommen ist, stehen wir in Konflikt oder Bedürftigkeit mit den anderen um uns herum. Wir lernen, dass wir überall dort, wo es wehtut, Hinwendung von uns selbst an uns selbst brauchen. Wo immer wir mit einer solchen Haltung hingehen, können wir ohne Zögern Liebe und Unterstützung geben und empfangen. Wir müssen die Schwächen der anderen nicht länger mit Feindseligkeit abwehren, sondern erkennen dahinter ihre Suche nach Liebe, nach ihrem eigenen göttlichen Kern, nach ihrer Zugehörigkeit zu einer größeren Kraft.

Mit der Zeit verändert sich unser Lebensgefühl grundlegend. Wir können unseren Selbstwert erleben: Wir stellen fest, dass wir weniger brauchen und mehr zu geben haben. Je mehr wir uns auf uns selbst einlassen, desto tiefer können wir unsere Verwobenheit mit dieser größeren allumfassenden Gottespräsenz spüren. Je tiefer wir dieser inneren Verbundenheit vertrauen, desto mehr erleben wir, dass diese Liebe ganz selbstverständlich aus unserem Inneren fließt. Desto mehr verstehen wir, dass jede unserer Taten, jeder unserer Gedanken, jedes unserer Worte von dieser Präsenz belebt werden kann. Wir gehen durchs Leben und haben das, was man Gottvertrauen nennt – das, was ich das »Es-geht-Gefühl« nenne.

Vielleicht haben Sie die letzten Absätze berührt. Vielleicht hat sich irgendetwas in Ihnen an die Wahrheit, die in diesen Absätzen steckt, erinnert. Vielleicht haben Sie sie aber auch gelesen, um jetzt, an dieser Stelle nur mit den Schultern zu zucken: »Hört sich logisch an ... Wohl klingende, verheißungsvolle Worte von der guten Frau – aber ich fühle nichts dergleichen in mir ...« Wovon ich hier erzähle, ist ein Weg. Auch wenn Sie sich jetzt in diesem Moment alles andere als angekommen fühlen, so wird der Weg sich vor Ihren Füßen entfalten, wenn Sie nur bereit sind, einen winzigen ersten Schritt zu tun. Alles, was für diesen Weg erforderlich ist, ist die Bereitschaft, ihn *gehen zu wollen*, auch wenn Sie nicht wissen, wie. Der Rest geschieht von selbst. Mag sein, dass es verrückt klingt – aber es ist wahr. Als ewig grübelnder, zweifelnder, überzeugter ehemaliger Atheist habe ich es nie mit dem Verstand erfassen können, aber schließlich habe ich es selbst erfahren.

Wenn Sie jetzt, in diesem Moment, an keinen Gott dieser Welt glauben; wenn Sie nichts von alledem glauben, was ich in den letzten Abschnitten geschrieben habe; wenn Sie Zweifel hegen, dass Ihr Leben sich je so entwickeln könnte; wenn Sie sich aber tief im Herzen wünschen, dass Ihr Leben sich tiefer verbunden und lebendig anfühlen und dass Ihre Beziehung wirklich heilen möge – dann müssen Sie nur innerlich Ja sagen. Ich versichere Ihnen, Ihr Leben wird sich verändern, und Ihre Beziehung wird heilen. Vielleicht äußerlich dramatisch, vielleicht leise und still – auf jeden Fall wird beides auf diesem Weg nicht mehr so sein, wie es jemals vorher war.

Aber dieser Weg ist kein Weg der Trainingsmethoden, der Theorien, Glaubensrichtungen und Ansätze. Sie können uns vielleicht Impulse geben, uns die Richtung zeigen, aber am Ende ist der Weg zu unserem persönlichen »Es-geht-Gefühl« der Weg, auf den unser Leben uns ganz natürlich führt. Alles, was uns gerade widerfährt, alles, was uns berührt und begegnet, ist genau das, was wir auf unserer Reise brauchen. Egal, wie unser Leben gerade auch aussieht – es ist das Beste, was wir für unser Wachstum bekommen können, es ist maßgeschneidert. Ich weiß nicht, wie oft ich nach einem tief greifenden, schmerzlichen Beziehungsprozess in meiner Praxis schon gehört habe: »Ohne sein Fremdgehen hätte ich all das nie gelernt. Ohne ihren Rausschmiss wäre ich nie aufgewacht …« Im Moment scheint sich alles falsch anzufühlen, aber rückblickend betrachtet, waren die tiefsten Einschnitte das Beste, was uns passieren konnte.

Jeder Weg ist einzigartig, für niemanden gleich. Jeder hat auf diesem Weg seine eigenen Herausforderungen, Hürden und Engpässe – und paradoxerweise sind sie es, die uns die Richtung weisen: Hinter jedem unserer Probleme hält sich eine unserer Gaben versteckt. Immer wenn es am Ende doch geht, wenn wir eine Sucht überwunden, eine Angst besiegt, eine Krankheit geheilt, eine Krise überstanden, einen Unfall überlebt, unserem Partner verziehen, unseren Eltern vergeben haben, strömt uns sofort neue Kraft zu. Keine Autorität, kein Führer kann uns diesen Weg zeigen und uns mit dieser Kraft versorgen. Wenn wir wirklich Erfüllung suchen, müssen wir auf unsere eigene Führung vertrauen. Wir müssen darauf vertrauen, dass wir so wie wir sind richtig sind, egal, wie schmerzlich, schwierig oder verurteilenswert unser Leben gerade zu sein scheint. Wir brauchen diese Hürden und Widerstände, um zu erleben, dass wir genau die passenden Ressourcen besitzen, diese zu überwinden. Wir müssen erfahren, dass wir mit größeren Kräften versehen sind, als uns unsere Angst hat glauben machen. Wir müssen erfahren, dass Wunder geschehen können und uns in ausweglosen Situationen die Kräfte des ganzen Universums beistehen. Wir müssen erleben, dass Gebete erhört werden.

Aber keine Kirche, kein Tempel, kein Seminar, kein Missionar und kein Buch über Beziehungen können einen mit diesem Gottvertrauen und unserem eigenen göttlichen Kern verbinden, bevor wir nicht dazu bereit sind. Sind wir allerdings dazu bereit, dann brauchen wir keinen Vermittler und keine Überzeugungsarbeit mehr. Meist sind wir jedoch erst dann wirklich bereit, wenn wir den Glauben an jede Vermittlung und Überzeugung verloren haben und wir niemandem mehr zuhören. Meist muss unser Leben erst am Abgrund völliger Sinn- oder Ausweglosigkeit entlangschrammen, bevor wir fähig sind, uns wahrhaft zu öffnen oder um Hilfe zu bitten. Meist erst in tiefen oder schockartigen Krisensituationen – dann, wenn wir das Gefühl haben, jede Kontrolle über unser Leben, jede Macht und jeden Glauben verloren zu haben – können wir uns hingeben.

Gott ist nicht der Mann mit dem grauen Bart

Selbst wenn wir Gott nicht sehen wollen, kann er sich uns trotzdem zeigen. Schließlich wollte auch ich von Gott nie etwas wissen. So hat es auch eine ganze Zeit und einige dramatische Erlebnisse lang gedauert, bis ich Gott wirklich als das erkannt habe, was er/es ist. Dabei hatte ich schon längst mehrfach in sein Angesicht geschaut. Jedes Mal war ich dabei mit dem Tod konfrontiert gewesen. Einmal befand ich mich in Südafrika inmitten einer Schießerei, als eine Kugel mich nur knapp verfehlte, weil mich ein fremder Schwarzer mit einem Ruck rettend unter ein Auto zerrte. Gleich dreimal habe ich dramatische Autounfälle wie durch ein Wunder überlebt – glaubte einige Sekunden lang zu sterben, um kurz danach unbeschadet aus zusammengestauchten Autowracks herauszukriechen. Immer wiederholte sich bei all diesen Erlebnissen ein Phänomen: Während ich dachte: Gleich ist alles vorbei!, breitete sich für einen kurzen Atemzug lang ein Gefühl von unbeschreiblichem Frieden in mir aus. Kaum dass ich merkte, mit dem Leben davongekommen zu sein, verschwand dieses Gefühl wieder, wich es zuerst einmal sogar großer Angst.

Beim letzten dieser Erlebnisse konnte ich den Schock und das Wissen, gleich tot zu sein, erstmals ausgiebig und im Zeitlupentempo erleben. Ich gehörte zu einer Skigruppe. Wir saßen gemeinsam im Bus auf einer Serpentinenstraße hoch oben in den Schweizer Bergen auf dem Rückweg von unseren Skiferien. Plötzlich roch es nach verbranntem Gummi. Wir machten gerade noch Witze darüber, dass unsere Bremsen womöglich versagt hätten und wir gleich den Abhang herunterstürzten, als einer der Busfahrer aufsprang, immer wieder an der Handbremse riss und rief: »Alle sofort auf den Boden.« Die Bremsen versagten tatsächlich.

Während der Bus schneller und schneller wurde, brach unter seinen vierzig Insassen Hysterie aus. Einige schrien oder kreischten, andere wimmerten, einige warfen sich auf den Boden, andere erstarrten. Ich konnte mich nicht mehr rühren, blieb wie angeklebt auf meinem Platz sitzen und sah, wie die von unten kommenden Autos versuchten, uns auszuweichen. Es war wie in einem James-Bond-Film. Ich schaute zu, war körperlich wie gelähmt, aber von einer nie gekannten Klarheit und Ruhe im Kopf. Wir schafften zwei kleinere Biegungen, dann rasten wir auf eine Kehre zu, die wir niemals schaffen konnten. Es war, als ob sich alles in mir zutiefst entspannte, fast auflöste, während ich, die tiefen Bergschluchten direkt links unter mir im Auge, auf meinen Tod wartete. Dann holperte es plötzlich, schepperte, krachte und knallte dumpf. In mir waren ein unglaublicher Friede und eine noch nie erlebte Stille.

Kurz darauf nahm ich wie durch einen Weichzeichner wahr, dass um mich herum alles wild durcheinander ging. Jeder versuchte, dem qualmenden Wrack zu entkommen. Der Bus war mit ein paar Zentimetern Abstand vor einer Hauswand zum Stehen gekommen, und keiner der Insassen war wirklich ernsthaft verletzt. Ein Wunder war geschehen: In der Kurve, die wir nicht mehr hätten nehmen können, stand eine kleine Mauer, die den Bus unten gebremst hatte. Hinter der Mauer stand ein Holzschober, der unser Tempo zwar dämpfen, sich dann aber in tausend Teile auflösen konnte. Hinter dem Schober stand ein Haus, das im ersten Stock genau über Kopfhöhe vorgebaut war. Es hatte unseren Bus oben erwischt und noch mal gebremst. Ich, die ich unter normalen Umständen keinen Tropfen Blut sehen kann, war wie in Trance eine ganze Zeit lang als Krankenschwester zwischen all den Verletzten selbstverständlich und seelenruhig damit beschäftigt gewesen, zu helfen und zu verarzten. Ich schwebte und hatte ein Gefühl von unendlicher Kraft und unbeschreiblichem Mitgefühl. Dann irgendwann schaute ich an mir herunter und sah, dass ich überall voller Blut war. Plötzlich wachte ich abrupt aus diesem schlafwandlerischen, wunderbaren Zustand auf. Es war, als ob ich augenblicklich schockgefrostet würde. Mir liefen die Tränen herunter, ich hatte Angst, fing an, mit den Zähnen zu klappern, und sackte erschöpft zusammen. Dieses nie gekannte, unbeschreibliche Gefühl von absolutem Seelenfrieden, das so sein Ende nahm, konnte ich nie mehr vergessen. Aber damals verband ich es weder mit Gott noch mit sonst irgendetwas Besonderem. Immer, wenn ich mich daran erinnerte, ergriff mich einfach nur eine stille Dankbarkeit. Und mir blieb eine neu hinzugewonnene Sicherheit, dass auch das Unvorstellbarste möglich ist.

Erst heute weiß ich, dass ich damals – und auch all die Male davor und danach – Gott begegnet bin. Im Angesicht des Todes konnte ich alles loslassen, mich so vollkommen hingeben und entspannen, dass ich fühlen konnte, von welch tiefem Frieden, welch unbeschreiblichem Mitgefühl und welcher Liebe ich im Innersten erfüllt bin. Ich konnte erfahren, dass Wunder geschehen und es auch in ausweglosen Situationen Rettung gibt. Bis ich das wirklich verinnerlichen konnte, bedurfte es jedoch noch einiger weiteren Ausnahmekräfte in meinem Leben. Nur unter geduldiger, unnachgiebiger Mithilfe des Universums konnte Gott sich langsam in mein Leben schleichen.

Einige Jahre später. Mein beruflicher und persönlicher Zustand war desolat. Ich hatte einen Nervenzusammenbruch hinter mir und mich von allen zurückgezogen. Aber eine Freundin hatte mir in meine Einsiedelei hinein ein englischsprachiges Buch mit der Post geschickt, dessen Titel sinngemäß lautete: *Die Boten der Dämmerung*. Ich dachte beim Öffnen des Päckchens: Irgend so was Spirituelles – sie soll mich bloß damit in Ruhe lassen ... Englisch zu lesen, schien mir in diesem Moment außerdem zu mühselig, und so legte ich das Buch in die Ecke. Im Laufe von zwei Wochen fiel es mir aus unterschiedlichen Gründen dreimal auf die Füße. Beim dritten Mal fluchte ich laut, schlug es auf und sagte entnervt, aber ahnungslos: »Was willst du bloß von mir?« Als ich nach Stunden wieder aus diesem Buch auftauchte und über Fügung, Führung und universelle Gesetze gelesen hatte, blieb mir das überaus seltsame Gefühl, nichts verstanden zu haben, aber alles Gelesene bereits irgendwie in mir zu wissen. Es war, als hätte ich etwas Verlorenes oder hinter einer Amnesie Verschwundenes wieder gefunden. Ich ahnte auf einmal, dass es doch etwas Größeres gab, dass da doch mehr war als mein damals ziemlich sinnentleertes Leben.

Sterben, um geboren zu werden

Meine wirkliche Feuertaufe aber kam Jahre später: Mein Kind wollte nicht auf die Welt kommen. Und das, obwohl ich so perfekt vorbereitet war. Die Geburt meines Kindes sollte die sanfteste und babyfreundlichste von allen werden. Generalstabsmäßig hatte ich alles vorbereitet – alles gelesen, was die Buchhandlungen im Umkreis hergaben, mich entspannt und geatmet fürs Baby im Bauch, Musik aufgelegt, einen wunderbaren und liebevollen Arzt und eine freundliche Klinik gefunden. Aber mein Kind wollte nicht auf die Welt. Der Termin war längst überfällig, aber ich hatte mir vorgenommen, der Natur ihren Lauf zu lassen. Die Ärzte drängten mich, die Wehen einzuleiten. Ich weigerte mich, bis der Wehenschreiber eines Tages Komplikationen anzeigte. Die Wehen wurden eingeleitet und übermannten mich sofort mit der Gewalt eines Erdbebens. Einen Tag und eine Nacht verbrachte ich unter heftigsten Kontraktionen, doch mein Kind wollte immer noch nicht kommen. Ich war nur noch ein Schatten meiner selbst, sodass die Ärzte mir dringend einen Kaiserschnitt nahe legten. Aber ich hatte mir schließlich vorgenommen, der Natur ihren Lauf zu lassen.

Nachdem ich mehrfach – auch wegen des Laufes der Natur – eine lokale Rückenmarksbetäubung abgelehnt hatte, flehte ich am Mittag des nächsten Tages nur noch danach. Aber mein Körper war bereits so im Ausnahmezustand, dass die Betäubung nicht mehr wirkte. Schließlich weigerte sich der Arzt, länger die Verantwortung zu übernehmen, wenn ich jetzt nicht in einen Kaiserschnitt einwilligen würde. Mit letzten Kräften stimmte ich zu und ergab mich meinem Schicksal – ließ in Wahrheit der Natur zum ersten Mal während dieser Geburt ihren Lauf. Und es geschah wieder, was schon so oft in meinem Leben geschehen war: Etwas entspannte sich in mir. Ich wurde ruhig und ließ geschehen. Es war erstaunlich: Ausgerechnet im kalten, nüchtern gefliesten OP-Saal – dort, wo ich unter keinen Umständen hatte enden wollen – kam mir so unendlich viel Liebe entgegen. Während ich auf dem Tisch lag und wusste, mein Kind wird nicht »natürlich« auf die Welt kommen, geschah erneut ein kleines Wunder: Ein Arzt hielt meine Hand, mein Mann streichelte meinen Kopf, ein anderer Arzt redete mir gut zu, die Schwestern strahlten mich an, bis mir plötzlich die Tränen vor Glück die Wangen runterliefen und ich zugleich fühlte und sagte: »Alles wird gut!« Dann schlief ich unter der Narkose ein.

Als ich wieder aufwachte, standen Ärzte und Schwestern in meinem Zimmer um mich herum, und mein Mann hielt selig unsere Tochter im Arm. Alle starrten mich stumm an, während ich mich langsam und friedlich immer wieder völlig beseelt sagen hörte: »Ich bin tot. Ich bin tot.« Es dauerte eine Stunde, bis ich ein nuckelndes Baby an der Brust hielt und tatsächlich realisierte, dass ich lebte und auch mein Kind. Später berichteten mir mein Mann und die Schwestern, dass ich bis zum Aufwachen aus der Narkose lächelnd die wunderbarsten Geschichten vom Sterben erzählt hatte, von Licht, von Frieden, von Liebe.

Wieder mal musste ich erst komplett kapitulieren, jeden Millimeter meines Plans aufgeben, musste ich sterben, um zu gebären. Und wieder war ein Wunder geschehen: Unbedingt hatte ich der Natur ihren Lauf lassen wollen, doch bei den Nachuntersuchungen mussten die Ärzte beim Ultraschall feststellen, dass der Dickschädel meiner Tochter nicht durch mein Becken gepasst hätte und eine so genannte natürliche Geburt mit ernsten Komplikationen verbunden gewesen wäre. Mein Kind und die Natur waren also schlauer gewesen als ich und mein Plan. Auch diesmal war ich wieder von tiefer Dankbarkeit erfüllt. Erstmals fragte ich mich zaghaft, ob es vielleicht auch in meinem Leben so etwas wie göttliche Fügung geben könnte. Aber auch diesmal war dieses getragene Gefühl nicht von Dauer, vergaß ich diesen Gedanken dann auch schnell wieder.

Es bedurfte tatsächlich noch einer weiteren tiefen Krise, bis aus meinen ersten Ahnungen, dass es doch etwas Größeres gibt, an das es sich zu glauben lohnt, ein Leben getragen von alltäglichem Gottvertrauen wurde. Meine größte Wandlung habe ich dem einstigen desolaten Zustand meiner Ehe zu verdanken. Es waren meine Einsamkeit und die Ausweglosigkeit in dieser Beziehung, die mich auf mich selbst zurückgeworfen und damit zu Gott gebracht haben. Hier gab es nichts Spektakuläres, keinen großen Schock, keine plötzliche Begegnung mit dem Tod. Es war ein langsames Siechtum, das mich zerfraß – das leise nagende Gefühl, dass etwas in meinem Leben fehlte. Woche um Woche, Monat um Monat nistete sich die Einsamkeit in mir ein und machte es unbehaglich in mir. Aber ich traute mich nicht, mit anderen darüber zu reden. Ich war jung verheiratet und hatte ein Baby – ich hätte doch glücklich sein müssen. Ich war aber nicht glücklich – ich war kreuzunglücklich. Bis ich eines Abends alleine auf unserer Terrasse stand und anfing zu beten. Ich war selbst erschrocken darüber, aber ich hörte mich laut zu Gott beten. Ich bat um Hilfe und weinte still. Ich schlief alleine ein, mein Mann war, wie so oft, unterwegs. Aber irgendwie fühlte ich mich an diesem Abend nicht so einsam wie während der Abende zuvor. Und so betete ich immer öfter.

Wo das Beten schließlich hinführte, haben Sie während der letzten hundert Seiten lesen können. Meine Hoffnung und mein Glaube sind es, dass die Worte in diesem Buch Menschen vielleicht tief genug erreichen, um ihren eigenen göttlichen Kern anzurühren. Dass auch Sie es wagen, ein Gebet zu sprechen und damit die unerschöpflichen Kräfte des Universums um Hilfe zu bitten. Dass auch Sie vielleicht aus der Einsamkeit Ihrer Beziehung, Ihrer Resignation oder einem ziemlich festgefahrenen Leben heraus in diesen eigenartigen, machtvollen Prozess geraten, in den ich damals wie in einen Strudel geriet: Indem Sie sich für die hier offenbarte Wahrheit öffnen können, wird sich diese Wahrheit in Ihnen öffnen. Aber das ist eben nichts, was man *machen* könnte – es kann sich Ihnen im Laufe des Lesens erschließen, dann werden Sie es einfach wissen. Eventuell taucht in Ihnen ein leises Gefühl auf von »Es könnte gehen, vielleicht könnte es doch gehen …«

An dieser Stelle möchte ich Ihnen eine meiner Lieblingsgeschichten erzählen: Ein Mann hatte einen Traum. Er träumte, dass er mit Gott am Strand entlang spazieren ginge. Am Himmel zogen Szenen aus seinem Leben vorbei. Und für jede Szene aus seinem Leben waren Spuren im Sand zu sehen. Als er aber auf die Fußspuren zurückblickte, sah er manchmal zwei Spuren und manchmal nur eine. In Zeiten größerer Not und Trauer, fiel ihm auf, zeigte sich nur eine Spur. Deshalb fragte er den Herrn: »Herr, ich habe bemerkt, dass zu den traurigen Zeiten meines Lebens nur eine Spur zu sehen ist. Du aber hast versprochen, stets bei mir zu sein. Ich verstehe nicht, warum du mich da, wo ich dich am nötigsten brauchte, allein gelassen hast?« Da antwortete der Herr: »Mein lieber Freund, ich liebe dich und würde dich niemals verlassen. In den Tagen, in denen du am meisten gelitten und mich am nötigsten gebraucht hast, wo aber nur eine Spur zu sehen ist, da habe ich dich getragen.«

2. Kapitel
Die Wahrheit ist, es gibt Lügen in Ihrer Ehe

Wie kommen Sie auf diesen Weg zu sich selbst im praktischen Alltag? Wie kommen Sie zu Gott und damit zu Ihrem »Es-geht-Gefühl«? Wie entdecken Sie Ihr eigentliches, Ihr vollkommenes Sein; die allumfassende, liebevolle Präsenz in Ihnen wieder? Wie wird Ihr Leben wieder lebendig? Wie beginnt Ihr Herz wieder zu fließen? Wie wird aus dem Frosch an Ihrer Seite wieder ein Prinz oder eine Prinzessin? Wie wird aus Ihrer Ehe wieder ein Abenteuer? Indem Sie einfach stehen bleiben und innehalten – da, wo Sie jetzt gerade sind. Sie müssen nichts tun, nichts verändern – einfach nur einmal dort ankommen, wo Ihr Leben jetzt gerade ist. Setzen Sie sich hin und schauen Sie sich alles an, als ob Sie es noch nie gesehen hätten. Seien Sie offen und neugierig wie jemand, der noch nie Einblick in Ihr Leben hatte, und – bei weitem der schwierigste Teil: Seien Sie ehrlich! Hier geht es nicht um Konzepte, Vorstellungen, Ansätze, um Ihre Bilder vom Leben – hier geht es darum, wie es Ihnen tatsächlich geht.

Haben Sie eigentlich keine Lust mehr auf das alles? Langweilt Ihre Frau Sie? Haben Sie Angst, Ihr Mann könnte eine andere haben? Sitzen Sie gerade zu Hause im trauten Kreis der Familie und verzehren sich nach Ihrem Geliebten? Ahnt niemand, wie einsam Sie eigentlich sind? Denken Sie von sich und Ihrem Leben: Wenn die anderen nur eine Ahnung hätten …? Tun Sie fürsorglichen, aber langweiligen Dienst nach Vorschrift und kommen Ihren ehelichen Pflichten nach? Stürzen Sie sich in wilden Aktivismus und Ablenkung jeder Art? Ziehen Sie sich zurück und funktionieren Sie nur noch durch Routine? Sind Sie der Beste, der Erfolgreichste, und ist Ihr Leben trotzdem leer? Haben Sie fast alles erreicht und bekommen, aber es fühlt sich sinnlos an? Weiß niemand, wie es Ihnen wirklich geht?

Lieber sterben wir

Es gab einmal eine fürchterliche Nacht mit einer Freundin. Sie hatte eine Einladung gegeben. Alles war perfekt gewesen – die Gäste, das Essen, die Tischdekoration – nur die Stimmung nicht. Etwas lag in der Luft. Schließlich waren alle Gäste gegangen, auch die Kinder und ihr Ehemann lagen im Bett. Wir beiden saßen und redeten und redeten die halbe Nacht. Meine Freundin war verzweifelt, wie von innen ausgehöhlt. Sie fühlte sich völlig überfordert und von ihrem Mann im Stich gelassen. Voller Verbitterung und Ohnmacht eröffnete sie mir, dass ihre Ehe für sie unerträglich geworden sei. Im Laufe der Nacht gab sie immer mehr von ihrer Einsamkeit, Angst und Depression preis. Zum Schluss gestand sie mir sogar, dass sie vermute, ihr Mann habe eine Geliebte, und dass sie immer häufiger darüber nachdenke, ihrem Leben ein Ende zu setzen. So könne ihr Leben und vor allem ihre Ehe auf keinen Fall weitergehen.

Ich lag im Bett und konnte den Rest der Nacht nicht schlafen. Ich war wie gelähmt von der riesigen Diskrepanz in ihrem Leben: Sie war diejenige, die immer aktiv war, die ständig eine Reise, ein Fest oder einen Besuch vorbereitete. Sie war es, die immer eine Pin-Wand voller Einladungen hatte. Sie war es, die ich schon vor zwanzig Jahren als stolze Anführerin und von allen Männern begehrt kennen gelernt hatte. Sie war schön, sie war talentiert, mittlerweile mehrfache Mutter, Teil der Gesellschaft.

Schlaflos und voller Sorgen fragte ich mich, was ich nur tun könnte. Ich kannte sie gut genug, um zu wissen, welche Zähigkeit und welche übermenschlichen Kräfte sie aufbringen konnte, wenn sie etwas wollte. Und dieses Leben hatte sie gewollt. Sie hatte ein detailliertes Bild von ihrem idealen Leben, und sie hatte es Puzzlestein um Puzzlestein über die Jahre zusammengesetzt. Jetzt, da es Form annahm und so war, wie sie es wollte, musste sie feststellen, dass es ihr nicht im Geringsten das brachte, was sie sich davon erträumt hatte. Und doch, so wusste ich, würde sie nicht einfach alles loslassen.

Am nächsten Morgen, als ich in die Küche kam, saß schon ihr Mann am Tisch, und die Kinder tobten durch die Küche. Vom schlaflosen Grübeln, von den Sorgen um meine Freundin wie gerädert, schaute ich sie traurig und mitfühlend inmitten ihrer Familie an. Sie wirbelte herum, schob die Kinder zum Spielen in den Garten und flötete mir energiegeladen entgegen: »Hallo, meine Liebe! Und ...? Hast du auch gut geschlafen? Schau mal, was für ein herrlicher Tag ...«

Es war, als ob ich nur einen Albtraum gehabt hätte. Als ob

ich es des Nachts mit einem anderen Menschen zu tun gehabt hätte. Als ob es diesen verzweifelten Abend nie gegeben hätte. Meine sämtlichen Versuche, auch nur ein Stück Authentizität in diesen Morgen zu bringen, scheiterten. Meine Freundin servierte ihrem Mann das Frühstück, organisierte den Tag der Kinder und die nächsten Verabredungen und tat, als wäre nichts gewesen. Sie hatte ihre Vorstellung von ihrem Leben, und sie würde sie nicht kampflos ihrer inneren Verzweiflung und der Wahrheit opfern. Aber die Wahrheit ist das Einzige, was wirklich heilt. Das größte Problem an ihrer Situation war nicht die verfahrene Ehe an sich, sondern die Tatsache, dass sie sich und anderen schon seit geraumer Zeit diese traurige Wahrheit nicht eingestehen wollte.

Kennen Sie den Zustand, dass Ihre Innenwelt und Ihr äußeres Leben sich anfühlen, als würden zwischen beiden die Sehnen zerreißen wie einem Ungeübten beim Spagat? Ich behaupte, dass die meisten Menschen in langfristigen Beziehungen sich immer wieder in solchen mehr oder minder starken seelischen Zerreißproben befinden. Wir haben ein Bild von unserem Leben, die Menschen in unserem Umfeld geben uns die Rahmenbedingungen für dieses Bild vor – und alles, was nicht in diesen Rahmen hineinpasst, verstecken wir vor uns selbst, unseren Partnern und unseren Freunden. Unser Bedürfnis nach Zusammengehörigkeit und Verbundenheit mit anderen ist so groß, dass wir unbewusst bereit sind, sogar unser Leben dafür zu opfern. So nahm meine Freundin lieber in Kauf, innerlich zu ersterben und sich mit Selbstmordgedanken zu quälen, als ihre Familie und ihre Umwelt mit ihren tatsächlichen Bedürfnissen zu konfrontieren.

Lügen für die Liebe

Manchmal ist es ganz banal: Wir haben keine Lust, mit unserer Nachbarin zu telefonieren, und behaupten einfach, wir müssten jetzt die Kinder zum Turnen fahren. Manchmal wiegt es schwerer: Wir bauen Häuser, fahren Autos, laden Leute ein, die wichtig für unser Ansehen oder unsere Karriere sind, die uns aber nicht wirklich erfüllen. Manchmal wird es existenziell: Wir gehen einer Arbeit nach, mit der wir viel Geld verdienen, derentwegen wir aber kaum noch schlafen können. Manchmal raubt es uns die Seele: Wir schlafen nur noch aus Pflicht mit unserem Partner und fühlen uns danach nur leer und benutzt.

Das Schlimme ist nicht, dass wir das alles tun – das ist menschlich. Das Tragische ist, dass wir versuchen, die Angst, die dahinter liegt, vor uns und vor anderen zu verbergen. Dass wir das alles nur deshalb tun, um in der Verbindung bleiben zu können, um weiter geliebt, um nicht verlassen zu werden. Dabei erreichen wir aber genau das Gegenteil. Da wir aus Angst, für unsere Wahrheit nicht geliebt zu werden, nur etwas Falsches geben, bekommen wir auch nur etwas Falsches zurück. Mit jeder Rolle, mit jeder freundlichen Täuschung manifestieren wir unser Elend nur noch mehr. Wir zeigen nicht, wie wir uns fühlen, wir sagen nicht, was wir denken. Da es in uns und in unserem Leben scheinbar etwas gibt, das nicht akzeptabel ist, sorgen wir höchstpersönlich dafür, dass aus unserem Leben eine Lüge wird, die manchmal so unerträglich werden kann, dass wir uns nur noch das Leben nehmen wollen.

Das Leben und die Ehe meiner Freundin entsprachen damals ihrem Bild, aber nicht ihrem Herzen. Unser Bild kommt immer von außen, von unseren Familien, unseren Prägungen, unseren Defiziten und der Gesellschaft. Unser Herz kennt unsere eigentlichen Bedürfnisse. Meine Freundin hätte damals vieles loslassen müssen, Kontrolle abgeben, Grenzen ziehen, Hilflosigkeit und Schwächen zeigen … Sie hätte mit ihrem Mann und ihrer Umwelt in einen echten, kompromisslosen Dialog über ihr Herz und ihr wahres Wesen eintreten müssen. Sie hätte die Nacht, die sie mit mir geteilt hat, zu ihrem Tag machen müssen.

Dieser Prozess ist am Anfang nie angenehm. Wenn wir uns trauen, ihn einzuleiten, indem wir aus unserem angepasst freundlichen Versteck heraustreten, ist es meist wie eine Überschwemmung, die über unser Leben schwappt und alles mit sich reißt. Meistens hält sie sich weder an den richtigen Zeitpunkt, noch nimmt sie Rücksicht auf die äußeren Umstände.

Vor dem Anfang kommt das Ende

So war es auch mit der Überschwemmung in meinem Leben: Mein Mann feierte einen großen Geburtstag. Dieses Fest war ihm wichtig. Ein echtes Wiedersehen sollte es werden: Von überall her hatte er Freunde eingeladen. Während er noch beruflich unterwegs war, stand ich in der Küche bei den Vorbereitungen und hatte das Gefühl zu ersticken. Alles sollte zu diesem Anlass besonders schön, besonders lecker, besonders fröhlich werden, doch das führte letztendlich dazu, dass mir durch diesen erhöhten Anspruch meine eigene missliche Lage nur noch misslicher erschien. Wieder war er nicht da, wie so oft in den letzten Monaten. Wieder war ich mit allem, was unser Privatleben anging, alleine. Wieder sollte ich bei seinen Freunden funktionieren, dabei ahnte doch keiner von ihnen, wie es mir wirklich ging. Schön sollte ich sein und die perfekte Gastgeberin, dabei fühlte ich mich grässlich und wäre am liebsten weggelaufen.

Ich stellte die Häppchen zurecht, zündete die Kerzen an, räumte Getränke hin und her und quetschte mich in mein Kleid, den Tränen nahe. Kurz bevor mein Mann und die Gäste kamen, stieg in mir von Minute zu Minute eine immer größere Hilflosigkeit, gepaart mit einem unbändigen Zorn hoch. Mein Mann und die Gäste trudelten ein. Hier ein Hallo, da ein Küsschen: »Lange nicht gesehen ...« Ich versuchte zu funktionieren, wie ich es so oft getan hatte, aber es ging nicht. Ich musste mich in die Küche zurückzuziehen, um nicht länger dem ausbrechenden Vulkan in meinem Inneren ausgesetzt zu sein, während da draußen die freundliche Gastgeberin von mir gefordert war. Irgendwann kam eine Freundin in die Küche und sagte: »He, was ist denn los mit dir?« Es war, als ob sie ein Loch in einen Staudamm gebohrt hätte. Ich brach in Tränen aus und schluchzte laut Worte, von denen ich nicht mal wusste, dass ich sie dachte: »Ich muss mich scheiden lassen, ich muss mich scheiden lassen. So kann es nicht mehr weitergehen.«

Dieser Geburtstag ist allen in Erinnerung geblieben. Manche Gäste haben danach den Kontakt zu uns abgebrochen.

Andere lachen heute noch mit uns. Mein Ausbruch in der Küche, mein Rückzug ins Schlafzimmer, die Gedanken an Scheidung – alles hatte sich in Windeseile wie eine dunkle Wolke über das ganze Fest ausgebreitet. Mein Mann konnte sich an diesem Abend vor der Überschwemmung von außen nur noch mit einer heftigen Überschwemmung von innen retten. Doch als er am nächsten Tag wieder nüchtern war und unsere Gäste abgereist waren, war nichts mehr in unserer Ehe wie davor.

Ich sprach all die Dinge aus, die zu sagen und zu fragen ich mich schon lange nicht getraut hatte. Ich erfuhr, dass er eine andere hatte. Er erfuhr, dass ich schon lange nicht mehr bei ihm sein wollte. Wir waren beide leer und resigniert, hatten gleichzeitig aber Angst, die Konsequenzen zu ziehen. Ich hatte alles unzählige Male in meinem Kopf hin und her gewälzt, hatte tausend Erklärungen, warum es so nicht mehr ging. Aber ich war ohne jede Hoffnung, dass etwas anderes mir wirklich helfen könnte.

Wenn wir loslassen, kommt die Heilung zu uns

Es gab immer ein Entweder-oder. Entweder blieb ich und würde langsam verkümmern wie eine Pflanze ohne Wasser – oder ich würde gehen und die Familie zerstören, meinen einstigen Traum davon aufgeben, etwas mit meinem Mann zu versuchen, was mir noch mit niemandem je gelungen war. Ich hatte das Gefühl, langsam zu zerreißen – bis ich schließlich der eigenen inneren Anspannung nicht mehr standhalten konnte: Ich war gezwungen loszulassen – ich konnte nicht mehr analysieren, nicht mehr beschuldigen, nicht mehr verstehen und nicht mehr rationalisieren. Ich saß vor meinem Mann, und aus mir floss alles heraus – alle Gefühle, alle Ängste, alle Heimlichkeiten, alle Sehnsüchte und mein trauriges Verlangen nach Trennung. Ich redete und redete, bis dieser Strom von selbst verebbte – dann auf einmal konnte ich ihn wieder mit klaren, tränenentleerten Augen ansehen, und etwas völlig Absurdes geschah: Ich fühlte mich mit mir verbunden, und ich fühlte mich meinem Mann zum ersten Mal seit Ewigkeiten wieder verbunden. Es herrschte eine tiefe Stille zwischen uns, und ein seltsames, leises Gefühl von Wahrhaftigkeit und Zusammengehörigkeit stellte sich ein. Ein Gefühl, das wir seit Jahren nicht mehr gehabt hatten – ein leises Gefühl von »Es könnte gehen, vielleicht könnte es doch gehen …«

Was mussten wir für einen Albtraum erleben, damit sich dieses Gefühl wieder zeigen konnte! Aber keiner von uns beiden hatte sich vorher freiwillig bewegt. Erst musste sich eine so ungeheuerliche Druckwelle aufbauen. Erst mussten wir über Trennung reden. Erst dann sind wir meist wirklich bereit, unsere Seele wieder zu hören. Wenn Menschen zu mir kommen, die sich gerade auf dem Höhepunkt ihrer persönlichen Krise befinden, fallen nicht selten die Worte: »Ich kann nicht mehr. Ich sehe keinen Ausweg mehr. Manchmal möchte ich einfach nur sterben.« Sie empfinden die Sackgasse in ihrem Leben als ausweglose Katastrophe. Für ihre Seele dagegen ist der Zusammenbruch, in den solch eine existenzielle Krise häufig mündet, eine Erleichterung – eine radikale Befreiung unseres wahren Selbst aus dem engen Gefängnis unserer Ansprüche und Vorstellungen. Endlich ist wieder Raum für die Wahrheit und den Fluss unserer Gefühle.

Auch wenn uns in unserer Gesellschaft etwas anderes vermittelt wird – unser Körper und unser Geist sind nur Diener der Seele. Durch sie möchte sich unsere Seele ausdrücken, hier kann sie unser wahres Selbst zeigen. Auch wenn ihre sanfte Stimme leicht überhörbar ist – unsere Seele ist unsere eigentliche Anführerin. Aber leider sind Körper und Geist meist so zubetoniert von unseren Vorstellungen und Zielen, dass kein Raum mehr für den zarten Fluss unserer Seele bleibt. Es ist, als ob wir von innen ersticken, erblinden und taub werden gegen uns selbst. Wir können unsere Seele nicht mehr wahrnehmen. Aufgesogen von unseren Alltagsansprüchen, sind wir nur noch selten in der Lage oder bereit dazu, ihre Stimme zu vernehmen oder ihr gar zu folgen. Wir haben einen Plan, wir haben Bilder und Ansprüche. Aber unsere Seele ist stets auf die Verwirklichung unseres eigentlichen Selbst, unserer höchsten Potenziale und auf persönliche Entwicklung aus. Ihr einziges Ziel ist unsere Evolution hin zur Entfaltung unseres vollkommenen göttlichen Seins. Dabei ist es für sie ohne jede Bedeutung, wie erfolgreich, geistig entwickelt oder gesellschaftlich anerkannt wir sind.

Das Nützliche an Katastrophen

Manchmal geraten wir in Situationen, die scheinbar katastrophal erscheinen, die uns aber aus Sicht unserer Seele zur Weiterentwicklung zwingen und zur Entfaltung unseres vollkommenen inneren Seins drängen. Wenn wir einen geliebten Menschen, unsere Arbeit, unser Zuhause oder unsere Gesundheit verlieren, bereitet uns das Angst oder Frustration. Aus der Sicht unserer Seele haben wir es jedoch mit Heilkrisen, mit Wachstumschancen zu tun.

So mussten mein Mann und ich uns nach diesem kathartischen, traurigen, aber wahrhaftigen Geburtstagsfest eingestehen, dass es nichts Tragendes mehr in unserem Zusammenleben gab. So entschlossen wir uns, dass jeder bis auf weiteres seines Weges gehen sollte, ohne dem anderen darüber Rechenschaft ablegen zu müssen. Es war eine wortlose, schmerzliche und einsame, aber extrem wahre und heilsame Zeit in unserem Leben. Wir standen vor einem Trümmerhaufen, über den wir vorher schon unzählige Male gestolpert waren, ohne seine Existenz wahrhaben zu wollen. Seit Ewigkeiten nahmen wir diesen Trümmerhaufen unbewusst wahr, schwiegen über ihn hinweg, lebten unseren Entwurf einer Ehe an ihm vorbei. Jetzt endlich lag die Wunde offen, fing jeder an einer Ecke an, die Teile des Trümmerhaufens abzutragen, die er als seine eigenen erkannte. Wie wir viel später erst verstehen lernten, war dieser Geburtstag der Neuanfang in unserer Beziehung.

Das Leben ist so viel klüger als wir. Wenn wir uns zurückhalten, wenn wir nicht hinschauen wollen, wenn wir nicht auf unser Herz hören, obwohl wir jeden Tag deutlicher spüren, dass wir in die Schieflage oder aus den Fugen geraten – dann sorgt das Leben für uns. Meist tut es das auf eine Art und Weise, die uns alles andere als gefällt. Während wir immer heftiger mit dem Ausweichen beschäftigt sind, werden wir doch direkt an den Rand des Abgrundes gezwungen und gegebenenfalls auch darüber hinausgeschoben. Das Leben zwingt uns zu springen – aber nur, damit wir Vertrauen dafür entwickeln können, dass wir sicher unten ankommen. Es führt uns immer genau zu den Umständen, in denen wir am meisten wachsen können.

Jeder von uns merkt auf die eine oder andere Weise, dass in seinem Leben etwas aus der Mitte gerät, dass etwas – vielleicht lang Ersehntes – uns nicht die Erfüllung bringt, die wir uns erhofften. Dann ist es an der Zeit, Hausaufgaben zu machen und etwas Neues zu lernen. Das heißt, wir müssen innehalten und unser Leben mutig und ehrlich anschauen. Meist bleibt uns dann nichts anderes, als wahrhaftige und kompromisslose Kommunikation mit den anderen zu suchen. Wir müssen bereit sein, unser Herz wieder zu öffnen und die Konsequenzen dessen, was wir dann fühlen, zu tragen. Wenn wir dem ausweichen, unsere inneren Impulse und unseren Schmerz verdrängen oder uns durch Geschäftigkeit ablenken, dann geschieht meist etwas von außen, das diesen Prozess der Neuordnung in Gang setzt. Schicksalsschläge, Engpässe, Krankheiten und vor allem die Menschen, die uns nahe stehen, sorgen dann scheinbar gegen unseren Willen für Entwicklung in unserem Leben.

Dieser Weg ist allerdings meist deutlich schmerzlicher als

der selbstverantwortliche Weg, dem wir ausgewichen sind. So übermannte die Wahrheit auch meine Freundin später in einer Art und Weise, die eher einer Weltuntergangs-Sintflut denn einer Überschwemmung glich. Sie hatte als Erste gefühlt, dass es so nicht mehr weitergehen konnte, dass ihre Ehe sinnentleert und ausgehöhlt war, dass ihrer beider Seelen zubetoniert waren. Aber sie hatte Angst gehabt, ihren Mann damit zu konfrontieren. Statt ihm mit der Wahrheit, mit all ihren Zweifeln und Ängsten zu begegnen, entschied sie sich für ein weiteres Kind. Als sie hochschwanger war, eröffnete ihr ihr Mann, dass er die Ehe nicht mehr ertragen könne und sie für eine andere Frau verlassen würde.

Die Wahrheit heilt

Auch wenn Ihnen alles ausweg- und hoffnungslos erscheint – seien Sie trotzdem mutig und zeigen Sie sich verwundbar. Halten Sie inne und schauen Sie sich die Wahrheit in Ihrem Leben an. Die Wahrheit ist, dass Ihre Beziehung wahrscheinlich nicht Ihren Träumen entspricht. Die Wahrheit ist, dass Ihr Partner vielleicht kaum noch etwas von Ihnen weiß. Die Wahrheit ist, dass Sie vielleicht kein Gefühl der Verliebtheit mehr verspüren. Die Wahrheit ist, dass Sie in Ihrem Partner abstoßende und verletzende Eigenschaften erkennen. Die Wahrheit ist, dass Sie sich eifersüchtig oder abhängig fühlen. Die Wahrheit ist, dass Sie Ihren Partner manchmal am liebsten los wären oder verachten. Die Wahrheit ist, dass Sie Ihren Partner vielleicht schon mehrmals mit jemand anderem betrogen haben. Die Wahrheit ist, dass Ihr Partner Sie vielleicht schon mit jemand anderem betrogen hat. Die Wahrheit ist, dass Sie Ihren Partner vielleicht aus den falschen Gründen geheiratet haben.

Die Wahrheit ist, dass all dies zum natürlichen Gang von Beziehungen gehört und uns großartige Heilungsmöglichkeiten beschert, wenn wir unsere Beziehungen als Ort der Heilung betrachten. Die Wahrheit ist, sich der Wahrheit zu stellen, erfordert Mut und bedeutet kontinuierliche Arbeit. Diese Arbeit wollen die meisten nicht tun. Lieber halten wir an idealisierten Bildern von uns und unserer Beziehung fest. Lieber gehen wir zu Müllers zum Abendessen und laden daraufhin Meiers zum Kaffee ein. Lieber spielen wir Tennis oder sammeln Gartenzwerge, gehen wir kegeln oder Golf spielen. Lieber geben wir unserer unbewussten Angst die Oberhand. Lieber vermeiden wir tiefe Gefühlsarbeit, wo weniger angenehme Empfindungen auftauchen könnten.

Natürlich soll unsere Beziehung uns Glück, Freude, sinnliches Vergnügen und Liebe bescheren. Aber wann immer wir uns gerade nicht in diesem wunderbaren und glückseligen Zustand befinden, soll sie uns Heilung bringen, die uns in diesen Zustand zurückführen kann. Wann immer etwas schmerzt, wann immer wir uns bedrückt oder unerfüllt fühlen, können wir diese unangenehmen Situationen in unserer Beziehung als Möglichkeit zur Heilwerdung nutzen.

Dazu noch eine kleine Wahrheit von Chuck Spezzano zum Schluss:

Durch das Tor eurer Schwäche findet ihr eure Stärke. Durch das Tor eures Schmerzes findet ihr eure Lust und Freude. Durch das Tor eurer Furcht findet ihr Sicherheit und Schutz. Durch das Tor eurer Einsamkeit findet ihr eure Fähigkeit, Erfüllung, Liebe und Gemeinsamkeit zu erleben. Durch das Tor eurer Hoffnungslosigkeit findet ihr wahre und berechtigte Hoffnung. Durch das Tor eurer Kindheitsmängel findet ihr Erfüllung heute.

3. Kapitel
Abenteuer Alltag

Wir alle sehnen uns nach Abenteuer und Lebendigkeit, nach Romantik und Leidenschaft. Doch wie soll das gehen nach zehn oder zwanzig Jahren Ehe? Gut, vielleicht ahnen Sie nach über hundert Seiten dieses Buches, dass der neue Lover oder die neue Geliebte nur sehr begrenzt Aussichten auf Erfüllung all dieser Sehnsüchte birgt. Vielleicht haben Sie schon die Scheidung hinter sich und erleben ernüchternderweise erneute Anzeichen alter Dürreperioden. Vielleicht hat Sie ja auch das letzte Kapitel über die Wahrheit motiviert, und Sie sagen sich: »Genau! Ich bin bereit zur Ehrlichkeit – so ein bisschen zumindest …«

Wenn Sie wirklich beginnen, zu leben und sich mutig und wahrhaftig zu zeigen, glauben Sie gar nicht, wie spannend Ihr tagtägliches Leben werden kann. Wir passen uns an, machen freundliche Mienen, bemühen uns um fürsorgliche Vorbildlichkeit, tragen Pflichten, werden die Besten, leisten brav für mehr Anerkennung, bauen uns berufliche und häusliche Denkmäler. Derweil träumen wir von Fremde, Freiheit, Lebendigkeit und Abenteuer. Je eingefahrener unser Alltag, je dicker unsere Gitterstäbe aus Gewohnheiten, desto größer unsere Sehnsucht nach Ausbruch. Oder aber wir ziehen uns von allem zurück, werden aus Überzeugung immer vorbildlicher, immer erstklassiger, immer pflichtbewusster, immer kaufsüchtiger – bis uns eines Tages das Schicksal ereilt: eine Krankheit, eine Pleite, ein Verlust, eine Trennung, ein aufgeflogener Seitensprung – auf einmal reißt eine Flut alles, was uns lieb und teuer, gewohnt und erstarrt war, alles was unseren Regeln entsprach, einfach mit sich: unser Ansehen, unser Vertrauen, unsere Sicherheit, unsere Lebenslügen. Wir fliegen aus der Kurve. Jetzt wird unser Leben zwar endlich spannend, aber beängstigend, bedrohlich und nicht länger planbar.

Warum nicht lieber mit vollem Bewusstsein selbst für Abenteuer sorgen? Hören Sie auf zu träumen oder sich Ihr Bild vom Leben zu basteln. Ich schlage vor, dass Sie Ihr Leben leben. Hören Sie auf, vor allem wegzurennen. Nehmen Sie das an, was gerade in Ihnen ist. Hören Sie in sich hinein, fühlen Sie in sich hinein – und drücken Sie es aus. Das klingt für Sie nach Anarchie und Chaos? Nicht wirklich ... Wenn man seinen Ärger nur rausschreit und den Partner mit Wutausbrüchen verletzt, schadet man sich selbst. So ein Streit führt fast nie zu einem Ergebnis, zerstört aber die Beziehung. Und trotzdem ist nichts wichtiger, als die eigene Wut endlich zu erkennen – und zu erleben. Dabei geht es aber eben nicht darum, sie einfach nur rauszuschreien, sondern ihre geballte Ladung ganz und gar in unserem Inneren zu spüren. Allerdings – bevor mich jemand falsch versteht – geht es auch nicht darum, die Wut im Inneren festzuhalten. Es geht darum, sie sehr genau wahrzunehmen und anzunehmen – so transformiert sie sich von selbst, und wir können sie endlich als Anschubkraft für unser Leben nutzen.

Lassen Sie Ihren Gefühlen wieder freien Lauf

Immer wieder fragen mich Klienten nach unseren ersten gemeinsamen Sitzungen, ob denn alles mit rechten Dinge zugehe. Sie hätten das Gefühl, völlig die Kontrolle über sich zu verlieren. Wenn jemand nach langer Zeit der Erstarrung wieder Kontakt mit sich sucht, beginnen Tränen zu fließen, wo vorher nie Tränen geflossen sind. Überraschend bahnen sich Wutausbrüche ihren Weg durch das sonst so aufgeräumte und durchorganisierte Alltagsleben. Im ersten Schritt ist das gut so. Meist sind diese Gefühle schon seit Ewigkeiten aufgestaut und müssen sich erst einmal entladen, damit Raum für eine neue, authentischere Kraft in uns frei wird. Für die meisten Menschen ist es nach Jahren der meist unbewussten Gefühlskontrolle so wie nach Jahren ohne Sport: Solange wir uns nicht bewegen, fällt uns gar nicht auf, wie steif wir sind. Aber wehe, wir treten zur ersten Trainingsstunde an: Alles fühlt sich eingerostet und starr an. Wir kommen sofort aus der Puste und haben anschließend tagelang Muskelkater.

Wenn unsere Gefühle sich nach langer Zeit wieder ihren Weg in unser Bewusstsein und in unser Leben bahnen, dann gibt es meist jede Menge Widerstand in uns. Wir müssen erst langsam wieder Kontakt zu unserem Emotionalkörper finden und gegebenenfalls mit Angst, Beklemmung und Gefühlskater rechnen. Aber so wie wir von unserem Körper nach einigem sportlichen Training mit Vitalität, Lebenskraft und Schönheit belohnt werden, so kommen auch unsere Lebendigkeit, unsere ursprüngliche Authentizität und unser Seelenfriede zu uns zurück, wenn wir unseren Gefühlen wieder Raum geben. Sie sind unsere Lebensenergie, sie sind unsere innere Bewegung und unsere seelische Anschubkraft. Wenn wir uns ihnen wieder mit schwindender Kontrolle und möglichst wenig Urteil zuwenden, wenn wir sie nehmen, wie sie kommen, dann werden wir wieder ganz. Wir müssen uns keine Sorgen machen, wenn sie am Anfang wie die Sintflut über uns hereinbrechen. Stellen Sie sich vor, ein Damm ist gebrochen – irgendwann hört die Flut wieder auf, und der nährende, natürliche Fluss versorgt das vorher ausgedörrte Land. Auch Ihre Gefühle beruhigen sich nach einer ersten Zeit des Ausbruchs wieder auf ein gesundes Maß von lebendiger innerer Bewegung.

Mit unseren Gefühlen kommt das Abenteuer auf jeden Fall zurück in unser Leben – wenn wir den Mut haben, sie wirklich anzunehmen, und uns bemühen, auch die scheinbar schlechten Gefühle in ihrer Botschaft zu verstehen: Tränen sind heilsam ... Wut kann befreien ... Auf jeden Fall sind es *unsere* Tränen, ist es *unsere* Wut – und deshalb sind sie zuerst einmal in Ordnung, auch wenn andere Menschen an ihnen teilhaben. Menschen an unseren Gefühlen teilhaben zu lassen, ist etwas anderes, als sie auf sie zu richten. Wenn wir uns unsere Gefühle einfach wieder erlauben, dann nehmen wir sie weg von den anderen. Vielmehr übernehmen wir die Verantwortung für sie. Dann zeigen wir uns bewegt, aber wir suchen keine Schuldigen und auch keine Büßer.

Ich kenne einen Mann, der ein Meister ist in der Kunst, mit seinen Gefühlen zu leben. Er liebt es, vor großen Auditorien zu arbeiten. Wenn er dort steht, hält er allerdings nie eine Rede – er *lebt* vielmehr die Worte. Manchmal ist er so berührt von dem, was er erzählt, dass ihm die Tränen die Wangen herunterrollen. Im nächsten Augenblick lacht er von Herzen und mit ihm das ganze Auditorium. Dieser Mann ist das, was er sagt. Er fordert sich immer wieder dazu heraus, das zu tun, was er seinen Zuhörern mit aller Leidenschaft vermittelt: sich ganz zu geben, sich dem Leben zu schenken. Ich habe ihn einmal mit seinen Kindern erlebt. Er war kurz zuvor mit ihnen beim Fallschirmspringen gewesen, obwohl er unter größter Höhenangst leidet. Er hatte sich selbst überwunden, nachdem seine Kinder seit langer Zeit den innigen Wunsch verspürten, dieses Abenteuer einmal zu erleben. Natürlich hätten die Kinder auch ohne ihn springen können, aber dieser Mann wusste genug um die Dynamik von Familien, um sich zu der Entscheidung durchzuringen, als Oberhaupt voranzugehen. Kinder haben so etwas wie eine innere unbewusste Wachstumsbremse. Auf einer tieferen Ebene erlauben sie sich nicht, in ihrer Entwicklung weiter zu gehen als ihre Eltern. So halten sie unbewusst die Rangfolge ein und die enge Verbindung zu ihrer Familie aufrecht. Wenn Kinder sich später doch über ihre Eltern hinausentwickeln wollen, fühlen sie sich immer wieder gebremst, boykottieren ihren Erfolg unwissentlich oder erleben Weitergehen stets gekoppelt mit Schuldgefühlen. So hat dieser Mann für sich entschieden, sich gemeinsam mit seinen Kindern über sich selbst hinaus zu entwickeln – was so manches Mal in seinem Leben für ein Alltagsabenteuer gesorgt hat.

Gehen Sie nicht fremd – geben Sie bekannt, was Sie denken

Unser Leben kann so spannend werden, unser Alltag zu einem Abenteuer und unsere Beziehung neu und erfüllend, wenn wir den Mut wiederfinden, uns zu überwinden und ganz zu geben. Wenn wir uns ganz geben, dann heißt das, dass wir uns zeigen. Wir sind so, wie wir gerade sind. Wir leben unser Innerstes, wir sind wir selbst, wir sind authentisch. Vor allem fangen wir wieder an, miteinander über das zu reden, was wir all die Jahre verschwiegen, verdrängt oder ängstlich runtergeschluckt haben. Der einzige Weg von echter Heilung ist die Kommunikation. Trennung ist der Abbruch der Kommunikation. Die meisten Menschen, die sich trennen, können einfach nicht mehr miteinander reden. Entweder haben sie Angst, vom anderen für das, was sie sagen könnten, verurteilt zu werden, oder sie verweigern jedes Gespräch aus Groll und Bitterkeit und nutzen die Kommunikationsverweigerung als Machtinstrument.

Aber auch ganz normale Paare reden im Schnitt nicht mal zehn Minuten täglich miteinander, sagt die Statistik. Im Gegensatz zu den Siebziger- und Achtzigerjahren sei es heute nicht mehr angesagt, stundenlang über die eigene Beziehung zu diskutieren, erläutern die Trendforscher. Wir leben in Zeiten der SMS. Über Ehen und Scheidungen entscheiden Kurznachrichten und die geheimen Mailboxen auf Handys. Ein kurzes Piepen kann größte Adrenalinausschüttungen bewirken – bei Geliebten. Oder es kann Panikattacken auslösen – bei misstrauischen Ehepartnern. Aber offene und ehrliche

Gespräche, an denen beide nicht nur mit dem Kopf, sondern mit dem ganzen Herzen beteiligt sind? Viele Paare praktizieren über Jahre die Kommunikationsvariante: Einer redet, der andere hört nicht zu. Aber das ist, als ob ein Fluss gegen einen Staudamm fließt. Gefühle stauen sich und stauen sich … Irgendwann sind die Beteiligten dann entweder erstarrt, oder sie brechen auf die eine oder andere Art aus der Beziehung aus, damit ihr Fluss wieder fließen kann.

Sie wissen nicht, worüber Sie reden sollen? Vor allem die vielen alltäglichen, scheinbar banalen Kleinigkeiten sind so wichtig. Ihre Frau kennt nicht einmal den Namen Ihres wichtigen Geschäftspartners. Ihr Mann weiß nicht, dass Sie letzte Nacht einen Albtraum hatten. Reden Sie darüber, mit all dem Gefühl, das für Sie in dieser Sache steckt! Die wichtigste Frage in der Alltagskommunikation lautet: Wie möchte ich gerne, dass mein Partner mit mir umgeht? Diese Frage ist deshalb so wichtig, weil sie uns genau sagt, wie wir unseren Partner behandeln sollten. Die Antwort auf diese Frage zeigt vor allem uns selbst den nächsten Schritt zur Heilung und Wiederbelebung unserer Kommunikation.

Sie glauben gar nicht, wie spannend Ihr Leben wird, wenn Sie wieder oder zum ersten Mal wirklich für sich eintreten. Was glauben Sie, was geschieht, wenn Sie sich endlich Luft machen? Wenn Sie aufhören, angepasst und freundlich zu sein, wenn Sie endlich sagen, was Sie denken? Wenn Sie nicht mehr freundlich grüßen, als ob Schraubzwingen Ihre Mundwinkel hielten. Wenn Sie aufhören mit all den kleinen angepassten Lebenslügen, weil Sie es allen recht machen wollen? Wenn Sie bei der nächsten Einladung mit Ihrem Tischnachbarn nicht mehr übers Wetter plaudern? Wenn Sie all Ihren Mut zusammennehmen und Ihrem Partner sagen, was Ihnen am gemeinsamen Sex nicht gefällt? Wenn Sie es Ihrer Frau, Ihrem Mann nicht mehr recht machen, um des lieben, aber toten Friedens willen? Ihr Leben wird ein Abenteuer ... Es ist, als ob Sie aufwachen. Viele Ängste werden aus dem Dunkel Ihres Unterbewusstseins aufsteigen, manche Gefühlswelle wird Sie oder Ihre Lieben aus dem gewohnten Trott reißen, aber Sie werden sich lebendig fühlen.

Die größten Abenteuer in Ihrem Alltag birgt die Zeit der Ruhe. Sie arbeiten von morgens bis abends. Sie bauen immer mehr auf, haben viele Hobbys, aber da ist kein Raum zur Muße. Was glauben Sie, wie viel Aufregung in Ihr Leben kommt, wenn Sie sich Ruhe und Alleinsein gönnen? Wenn Sie Ihr Leben umgestalten auf Sinnlichkeit, Tiefe, Stille und Heiterkeit hin? Anfänglich werden Sie sich fühlen wie ein Junkie auf Entzug, wenn Sie mit sich alleine sind. Sie werden gezwungen sein, ohne Ablenkung auf sich selbst zurückgeworfen zu sein. Das kann ziemlich abenteuerlich werden, wenn Sie sich dieser Begegnung mit sich selbst stellen. Vielleicht erleben Sie zum ersten Mal bewusst, dass nichts als Ihre eigene innere Unruhe Ihr Leben so getrieben und stressig macht. Vielleicht werden Sie von Ihrer Angst übermannt, verlassen zu werden, zu wenig Geld zu verdienen, nicht genug zu leisten, wenn Sie endlich Stille finden. Wenn Sie in solch einem Moment bei sich bleiben und lernen, diese Stille mehr und mehr zu suchen und auszuhalten, wird sich mit der Zeit etwas in Ihnen stabilisieren. Plötzlich erleben Sie sich in ehemals kritischen Situationen mit viel weniger Anforderung und Widerstand. Sie müssen dann nicht mehr ständig nach etwas streben und auch nicht mehr der oder die Beste sein.

Es geht hier vor allem immer wieder darum, unsere Gefühle mit uns und mit anderen zu teilen und so gut wir können wir selbst zu sein. Wenn wir traurig sind, dann sind wir eben traurig. Und wenn wir glücklich sind, dann sind wir halt glücklich. Kein Gefühl ist von Dauer. Gefühle sind immer in Bewegung. Wir können sie nicht festhalten und müssen sie auch nicht verdrängen. Unser Ziel ist es, von Moment zu Moment gut mit uns selbst Kontakt zu halten. Zu wissen und auszudrücken, was in uns vorgeht, und das ohne Scham und Verurteilung. Genauso wichtig ist es, mit dem Leben Kontakt zu halten und das, was es uns gerade präsentiert, anzunehmen und zu akzeptieren. Selbst wenn es schmerzlich ist, den Sinn darin und die Möglichkeit zu Wachstum zu suchen.

Es gibt nichts außer diesem Moment

Es geht um diesen Moment! Wenn Sie sich jetzt wahrhaft eingestehen, dass alles nicht so ist, wie Sie es gerne hätten; wenn Sie darüber hinaus bereit sind, diese Unvollkommenheit samt ihrer ungeliebten Gefühle anzunehmen, alten Groll loszulassen und alte Schmerzen zu verzeihen, dann passiert etwas Merkwürdiges: Sie kommen an – mitten in Ihrem Leben, mitten im Moment, direkt bei Ihnen. Hier, in diesem Moment, gibt es kein Problem. Hier herrscht Friede.

Nichts von allem, was ich in diesem Buch geschrieben habe, fordert mehr heraus als diese Einsicht. Um wirklich hier anzukommen, müssen wir unseren analytischen Verstand hinter uns lassen. Dass jetzt, hier, in diesem Moment, alles in Ordnung ist, auch wenn wir betrogen, verlassen und verletzt wurden – das kann man nicht verstehen, an diese tiefe Wahrheit kann man nur er-INNER-t werden. Sie können sie nur innerlich erfahren. Sie können sich nur dafür öffnen. Aber Sie können sie nicht aktiv machen.

In unserem alltäglichen Leben gibt es zwei Bereiche, in denen sich diese Wahrheit von uns erfahren lässt: im Spiel mit unseren Kindern und im Liebesakt. Wir alle wollen gute Eltern und gute Liebhaber sein. Wenn wir ganz ehrlich sind, wissen wir, dass kaum etwas schwerer ist als das. Spannenderweise liegt das genau daran, weil es im Liebesspiel genauso wie im Spiel mit den Kindern niemals um Erreichen geht – es geht um Sein. Wer versucht, Lust oder Spaß zu erreichen, der wird nie ankommen. Wie oft stehen wir hilflos und gehemmt vor unseren Kindern, wenn sie einfach nur mit uns toben und spielen wollen? Wie oft ereilt uns Scham oder Anspannung, wenn wir uns bemühen, besonders gute Liebhaber zu sein?

Die Lust hat so wenig ein Ziel wie das Spiel unserer Kinder. Aber nirgendwo gibt es mehr Spaß, Tiefe und Nähe zu erleben. Kürzlich rutschte es mir im Gespräch mit einem Klienten heraus: »Wenn Sie wissen wollen, was für ein Liebhaber Sie in einer dauerhaften, nahen Beziehung sind, dann schauen Sie sich an, wie Sie mit Ihren Kindern spielen.« Wenn wir die Eltern werden wollen, die wir von ganzem Herzen sein wollen, wenn wir wirkliche Lust und Erfüllung erleben wollen, dann müssen wir das Leben im Moment wieder erlernen.

Eigentlich sind wir irgendwie immer auf der Jagd. Eigentlich fehlt uns immer irgendetwas. Vielleicht denken Sie, dass ich übertreibe. Dass Sie doch eigentlich ganz zufrieden sind. Mag sein. Eigentlich … Aber irgendwo dreht sich alles im menschlichen Leben um Fortkommen, um Weiterentwicklung, um Erreichen. Das gehört schließlich zum Gang der Dinge, sagen Sie. Ja, stimmt. Weiterentwicklung und Evolution sind die Dynamik des Menschseins. Aber das Erreichenwollen ist das Problem an der Sache. Es führt uns heraus aus dem Moment, aus unserem Alltag und weg von seinen unzähligen kleinen Abenteuerspielplätzen. Wer von uns macht es sich schon einfach mit seinem Leben? Wer akzeptiert, dass er gerade betrogen wurde oder seinen Job verloren hat? Wer geht auf die Suche nach dem Guten, nach der Chance zur Weiterentwicklung, die das Leben für uns in dieser scheinbaren Blockade versteckt hat? Wer lässt sich von der Strömung des Flusses mitnehmen? Wir alle sind am Paddeln. Entweder weil uns der Verlauf des Flusses nicht passt oder sein Tempo.

Heute weiß ich, dass absolut jede Blockade, jeder Widerstand meines Lebens im Nachhinein Segen mit sich gebracht hat. Aber ich weiß, wie lange ich dafür gebraucht habe, um das zu verstehen. Ich weiß, welche Bärenkräfte ich entwickelt habe, um das Leben aufzuhalten oder ihm gefälligst etwas anderes abzufordern als das, was es mir gerade bescherte. Wenn uns etwas nicht passt, dann wollen wir sofort etwas anderes. Wir spüren dieses innere Ziehen aus Angst oder

Mangel, und schon jagen wir nach Erfolg, körperlichen Freuden oder Selbstbestätigung. Und wir hoffen und flehen inständig, dass etwas davon uns Glück bescheren oder uns von unseren Angst- und Mangelgefühlen befreien kann. Aber egal, was wir auch versuchen, alle Erlösung ist kurzlebig und verlangt nach mehr. Fast immer sind wir Teilnehmer des nie zu gewinnenden Wettlaufs gegen uns selbst: »Wenn ich erst einmal dieses erreicht oder jenes verändert habe, dann …« Kaum sind wir beim »dann« angekommen, sagen wir uns wieder: »Wenn ich noch dieses erreiche oder jenes verändert habe, dann …« Immer befinden wir uns so gedanklich in der Zukunft, niemals in der Gegenwart.

Aber nur in diesem Moment, jetzt, hier, liegt die Möglichkeit auf Erfüllung verborgen. Nur hier in diesem Moment kann ich mich entscheiden, das zu sein, was ich jetzt gerade bin – und genau das dann aus vollem Herzen vollkommen anzunehmen. Nur hier, in diesem Moment, kann ich mich ganz in mich hineinfallen lassen und das Gute in mir fühlen, ganz egal, was in meinem Leben gerade geschieht. Unser Verstand suggeriert uns immer, dass wir hier und jetzt nicht ins Glück gelangen können. Dass die Zugangstür irgendwo in einem imaginären Zustand in der Zukunft zu suchen ist. Dass zuallererst irgendetwas passieren muss. Dass es Zeit braucht, damit wir dieses oder jenes verstehen, erlernen, klären, vollenden, lösen oder finden, bevor wir dieses oder jenes sein oder haben können, um dadurch endlich glücklich, erfüllt und zufrieden zu sein. Die Wahrheit aber ist, dass nichts von alledem uns mehr in die Nähe von Zufriedenheit und Freiheit bringen kann, als wir es in unserem Inneren bereits jetzt sind. Alles, was uns von unserer momentanen Zufriedenheit und Erfülltheit abhält, sind unsere Urteile und Vorstellungen darüber, wie etwas zu sein hat.

Ein Leben in Gottvertrauen

Aus diesem Grund sollten wir uns jeden Tag ganz praktisch darin üben, all unsere Urteile, Erwartungen und Vorstellungen wie ein Detektiv aufzuspüren. Lernen wir mit der Zeit, sie zu entlarven, bleibt noch die Frage, wie wir uns von ihnen langsam lösen oder zumindest mit ihnen Frieden finden können. Der wichtigste Grundsatz lautet: Es läuft vielleicht alles nicht so, wie es sollte – aber es macht Sinn! Das ist Gottvertrauen. Ich glaube, ich konnte bis hierher zeigen, dass in meinem Leben alles Mögliche nicht so gelaufen ist, wie ich es mir vorgestellt habe. Aber im Nachhinein hat es, wie gesagt, immer Sinn gemacht – und zwar einen höheren Sinn. Wie der Hamster in der Rolle strampeln wir uns den lieben langen Tag ab. Wir wollen dies oder jenes, am besten sofort und unbedingt. Vor allem, wenn es für uns wichtig wird oder schwierig, neigen wir ganz besonders zu angestrengtem Aktivismus. Wir spüren uns nicht mehr und auch nicht das größere Ganze, in das wir eingewoben sind. Statt uns tragen zu lassen, tun und machen wir ohne Unterlass, so lange, bis eines Tages nichts mehr geht. Dann werden wir meist zu dem eigentlichen Kern der Sache gezwungen. Ruhe zu geben und uns selbst wahrzunehmen.

Wenn sich in unserem Leben langsam Gottvertrauen ausbreitet, lernen wir mitunter auszuscheren und – indem wir aufhören zu kämpfen – Raum für eine Lösung zu schaffen. Solange wir uns abstrampeln, können wir nichts merken. Um aber wirklich Hilfe zu empfangen, müssen wir uns öffnen. Dann kann das Leben wieder wirken und zu seiner natürlichen Ordnung zurückfinden. Wo schon die nächste, nicht minder schwierige Übung auf uns wartet: Bewusstheit. Es ist nicht länger die Frage, was Sie tun, sondern mit welcher Haltung Sie es tun. Die meisten Dinge in unserem Leben tun wir quasi in innerer Abwesenheit. Während wir frühstücken, lesen wir die Zeitung. Beim Autofahren denken wir an unsere Arbeit. Während der Arbeit essen oder rauchen wir. Wir sind einfach nicht da.

Wie sollen wir uns gut fühlen, wenn wir gar nicht da sind? Wie sollen wir wissen, was wir wirklich brauchen? Wenn Gottvertrauen Einzug hält in unser Leben, dann finden die eigene Wahrnehmung und Intuition wieder ihren Platz. Dann fühlen wir, was unser Körper braucht, und geben es ihm. Wenn wir arbeiten, gehen wir unserer Berufung nach. Wir fragen uns: Macht mir das Spaß, kann ich hier Sinnvolles geben, und bringt es mich und andere weiter? Wir werden immer wacher und präsenter und gehen unseren Weg, auch wenn er manchmal einer Achterbahn gleicht, in dem festen Wissen, dass all das, was war und ist, Sinn macht. Denn Gott ist keine Person, Gott ist eine Lebenshaltung. Ein Leben in Gottvertrauen ist ein Leben, in dem man das Wunder zulässt, dass sich eine Situation verändert, weil wir uns verändern.

Menschen, die sich langsam für den Moment öffnen und bereit sind, sich auch in schwierigen Situationen in Gottvertrauen zu üben, leben weder im Chaos noch als Tagträumer, auch sind sie weit entfernt von Egozentrik. Sie haben klare Ziele, aber sie behaupten nicht, jeden Schritt auf dem Weg dorthin im Voraus zu kennen. Während ihr Mut wächst, sich selbst immer ungeschminkter zu zeigen, werden sie großzügiger anderen gegenüber. Das Prinzip ist ganz einfach: Wenn Sie sich selbst geben, können Sie auch andere so nehmen, wie Sie sind. Dabei bekommen Sie nicht unbedingt mehr von den anderen, Sie empfangen nur mehr, weil Sie offen für sie sind. Mit Gottvertrauen findet Ihr Leben immer mehr Ruhe, ohne dass es sich äußerlich wirklich verändern muss. Es ist vielmehr Ihre Haltung zu den Dingen, die sich ändert. Mit der Zeit gibt es wenig, was Ihnen wichtiger ist als ihre Partnerschaft – aber nicht, weil Sie sich dort irgendeine besondere Erfüllung von jemand anderem erwarten: Ihre Partnerschaft bekommt auf diesem Weg deshalb immer größere Bedeutung, weil sie das spannendste Experimentierfeld für Sie ist, um sich selbst zu entdecken, und weil Sie sich dort einem anderen Menschen am ehrlichsten zeigen können. Je mehr Ihr Mut zur Wahrheit wächst, je mehr Sie darauf vertrauen lernen, dass der andere das beste Abenteuer ist, das Sie jetzt gerade erleben können, desto mehr werden Sie Ihrer eigenen Liebe teilhaftig werden. Unsere manchmal abenteuerlich befremdlichen Partner bieten uns all die Facetten, an denen wir unsere Liebe weiter wachsen lassen können.

Wenn wir so zu lieben lernen, dann bekommt unser Leben eine ganz neue Qualität. Dann erleben wir, dass sich Menschen und Beziehungen verwandeln. Dann können wir die Vielfalt, die unser Leben und die Menschen um uns herum zu bieten haben, wirklich genießen. Wenn wir so leben, leben wir aus ganzem Herzen und geben von ganzem Herzen. Aus ganzem Herzen zu leben heißt, aus vollem Herzen zu leben. Aber wenn unser Herz nicht mehr von der Welt, von den Dingen, den Menschen und auch nicht von unseren Partnern gefüllt wird, wie kann es dann voll sein? Unser eigentlicher Quell der Liebe ist nicht von dieser Welt, sondern unser innerer unerschöpflicher, göttlicher Kern.

Können Sie einen Spagat? Wahrscheinlich nicht. Wenn doch, dann sind Sie mit Sicherheit ein erwachsener Mensch, der seinen Körper jeden Tag neu herausfordert. Aber wahrscheinlicher ist, dass Sie keine Ahnung haben, wie weit sich Ihr Körper dehnen kann. Erlauben Sie mir die Behauptung, dass Sie wahrscheinlich bisher auch nicht die geringste Ahnung haben, wie weit sich Ihr Herz öffnen kann. Meine Ehe hat heute nichts mehr mit meiner Ehe von vor zehn Jahren zu tun. Aber ich bin mir sicher, dass ich trotzdem nicht mehr als eine Ahnung habe von dem, was zwischen uns und in unser beider Herzen möglich ist, wenn mein Mann und ich diesen Weg weitergehen.

Einmal kam ein erfolgreicher Mann zu mir. Er trat ein, nahm Platz und fragte: »Was ist falsch mit mir, dass mich meine Frau, meine drei Kinder und meine erfolgreiche Karriere nicht erfüllen?« Er erzählte mir, dass er fast jede Nacht von Schreckensträumen geplagt aufwache und mittlerweile die Lebenslust verliere. Er habe nur noch einen Gedanken – abzuhauen, sich heimlich davonzumachen. Kurze Zeit nach diesem Geständnis wurde er in einen Gerichtsprozess verwickelt, in dem sein ganzes Vermögen und das Ansehen seiner

Firma auf dem Spiel standen. Ohne dass wir bis dahin eine befriedigende Antwort auf seine Frage gefunden hätten, verließ er, geplagt von sich abwechselnden Rachegedanken und Panikattacken, meine Praxis. Irgendwann erfuhr ich, dass er seine Firma verloren hatte.

Fast ein Jahr später kam er plötzlich wieder, rundlicher von Statur und weicher in den Gesichtszügen. Ebenso unvermittelt wie beim ersten Mal erklärte er mir diesmal: »Ich habe jetzt was kapiert. Ich habe immer nur in Furcht vor dem Leben gelebt. In diesem Jahr habe ich gelernt, dass das Leben nicht dazu da ist, um mir etwas anzutun. Es liebt mich tatsächlich. Es liebt uns alle, so wie wir sind. Es erteilt uns nur die Lektionen, die wir brauchen – egal, wie schwierig sie uns auch erscheinen. Das Leben ist einfach viel weiser, als wir uns je vorstellen. Wenn wir endlich anfangen, das Leben zu verstehen, dann entdecken wir, dass das Leben immer nur eins von uns will: dass wir wachsen und tatsächlichen Frieden finden.« Als er mir das erzählte, hatte er fast alles, was er in seinem Leben aufgebaut hatte, verloren – und noch keine neue Perspektive. Aber seiner Familie sei er jetzt so nah, wie er es sich nie in seinem Leben hätte vorstellen können.

4. Kapitel
Vergebung – Sie können niemanden ändern

Vergeben – schon das Wort wirkt unmodern, wie ein Überbleibsel aus einer anderen Zeit. Neben der Wahrheit gibt es allerdings nichts, was Ihr Leben drastischer verändern, Ihre Beziehung tiefer heilen kann als Vergebung. Vergebung meint allerdings etwas anderes, als die meisten Menschen mit diesem Wort verbinden. In unserer erfolgsorientierten Gesellschaft hat Vergebung eher einen Beigeschmack von Großmut, Aufopferung oder Moral. Meiner Erfahrung nach ist sie aber eine machtvolle, wenn nicht die größte aller Heilkräfte.

Da in jeder Beziehung Machtkampf, Verurteilung und Schmerz auftauchen, ist wirkliche Veränderung in Beziehungen ohne Vergebung gar nicht möglich. All die Verletzungen, die sich mit der Zeit zwischen Ihnen und Ihrem Partner angesammelt haben, türmen sich in Ihrem Herzen und in Ihrem Körper auf wie ein großer Müllberg, der zwischen Ihnen beiden steht. Vergebung ist daher kein moralisches Konzept. Sie hat nichts mit Großmut oder Gönnerhaftigkeit zu tun. Wahre Vergebung befreit, hat den Effekt einer groß angelegten Entrümpelungsaktion in Ihrem Herzen. Wahre Vergebung ist eine sehr radikale Art, mit dem Leben umzugehen. Wie das meiste, was ich in diesem Buch als wirklich hilfreich beschreibe, fordert auch die Vergebung einen Perspektivwechsel von außen nach innen.

Nehmen Sie sich zur Veranschaulichung einmal einen Augenblick Zeit für ein kleines Experiment: Gehen Sie in Ihrer Erinnerung zurück in eine Situation, in der Sie verletzt worden sind. Vielleicht hat sich jemand nicht um Sie gekümmert, Sie hintergangen, betrogen oder verlassen. Vielleicht haben Sie sich benutzt oder im Stich gelassen gefühlt. Lassen Sie sich einfach von Ihrer Erinnerung in eine solche alte, schmerzliche Geschichte hineintragen. Tauchen Bilder oder Gefühle in Ihnen auf? Wer hat Sie verletzt? Was war das für eine Situation? Steigen Gefühle von Groll, Wut, Ohnmacht oder Angst in Ihnen auf? Tauchen Spannungen in Ihrem Körper auf? Krampft es im Bauch oder der Brust, schnürt sich der Hals zu? Spannt es im Nacken? Baut sich Aggression in Ihnen auf? Fühlen Sie sich gelähmt? Werden Sie wild und zornig?

Lassen Sie sich einen Moment Zeit, um ganz in die Erfahrung einzutauchen. Was auch immer in Ihnen geschieht, wenn Sie an die alte Verletzung denken – es findet in *Ihnen* statt. Erlauben Sie sich, bewusst zu bleiben. Trauen Sie sich das, was in Ihnen abläuft, so wahrzunehmen wie ein Sportreporter Spieler auf dem Spielfeld. All die Erinnerungen, all der Schmerz, all die Wut, all die Ohnmacht und Starre oder der Zorn, alles ist in Ihnen. Nicht bei dem, der Sie verletzt hat, nirgendwo da draußen. Nichts ist in diesem Moment passiert – außer dass ich Ihnen ein paar Fragen gestellt habe. Es sind Ihre Gedanken, Ihre inneren Bilder, Ihre Emotionen, Ihre körperlichen Spannungen. *Ihnen* geht es schlecht, wenn *Sie* an eine alte Verletzung denken. *Ihnen* geht es schlecht, weil *Sie* sich noch immer verletzt fühlen.

Sicherlich gibt es alle möglichen unangenehmen Geschichten zwischen Ihnen und Ihrem Partner. Wahrscheinlich hat es wehgetan. Vielleicht war in einem Moment der Schmerz kaum zu ertragen. Vielleicht verspürten Sie unzählige kleine Stiche ins Herz. Wenn uns etwas verletzt, ist es wichtig, sich diesen Schmerz und die Verletzungen einzugestehen, sich die aufsteigende Wut oder den Zorn zu erlauben. Aber wozu ist es gut, dies immer wieder aufs Neue zu tun? Wir verletzen uns dann nur immer wieder selbst, rauben uns Kraft und Zuversicht und binden uns unfreiwillig an Ereignisse und Menschen.

Groll macht krank

Den meisten von uns scheint es ein geradezu masochistisches Vergnügen zu bereiten, die alten fiesen Geschichten und unseren an ihnen klebenden alten Schmerz wiederzukäuen, all die Erinnerungen, all den Schmerz, all die Ohnmacht oder den Zorn wieder rauszukramen. Aber so bleibt alles bei Ihnen. Nichts davon ist bei dem, der Sie verletzt hat, nirgendwo da draußen finden Sie etwas davon. Es sind *Ihre* Gedanken über diesen Menschen, über diese Situation. *Ihnen* geht es schlecht. Der andere ist in diesem Augenblick gar nicht da. Er schreit Sie nicht an, er verlässt Sie nicht, er betrügt Sie nicht. Sie denken nur daran, dass er es irgendwann getan hat oder wieder tun könnte. Und schon fühlen Sie sich schlecht.

»Natürlich!«, sagen Sie, »natürlich geht es mir schlecht, natürlich bin ich verletzt: Schließlich hat mein Partner mich betrogen, sich nie wirklich um die Kinder gekümmert, mich gedemütigt.« Sie finden, angesichts solcher Tatsachen ein Recht darauf zu haben, Groll zu hegen. Mag sein, dass Sie ein Recht dazu haben. Aber haben Sie auch Lust dazu? Ich weiß, diese Frage klingt vielleicht absurd: Haben Sie wirklich Lust dazu, sich schlecht zu fühlen? Niemand hat uns je ermutigt oder beigebracht, diese Frage zu stellen, wenn es um unsere Reaktionen auf emotionale Verletzungen geht. Vergeben heißt vor allem, den eigenen inneren Frieden höher zu schätzen als den Drang, sich selbst und andere immer wieder alten Mustern und Ansprüchen zu unterwerfen. Wenn wir vergeben, dann macht uns das frei. Vergebung ist wie ein Lösungsmittel, das in uns festklebende Schuldgefühle, Groll, Selbsthass und Urteile löst.

Zu verzeihen nützt Körper und Seele und kann gelernt werden, lautet das Ergebnis einer neuen amerikanischen Studie, die die Auswirkungen der Vergebung auf seelische Verletzungen untersuchte. Dabei kam heraus: Anhaltender Groll macht krank und verhindert neue gesunde Entwicklungen – verzeihen dagegen ist heilsam und ermöglicht neues Leben. Knapp zweihundertsechzig Probanden waren von Psychologen um Dr. Frederic Luskin von der Stanford-Universität zu sechs neunzigminütigen Sitzungen eingeladen worden, in denen sie vergeben üben konnten. Während der Gesprächstherapie konnten die Teilnehmer über die ihnen zugefügten seelischen Verletzungen reden. Sie konnten sich Vorträge zum Thema Vergebung anhören oder innere Zwiegespräche mit den Menschen führen, die sie gekränkt oder beleidigt hatten. Am Ende dieses Projektes gaben die Teilnehmer durchweg an, weniger Schmerz als zuvor zu empfinden. Psychische, aber auch physische Symptome von Stress wie zum Beispiel Rückenschmerzen, Schlaflosigkeit oder Magenbeschwerden ließen nachweislich nach. Außerdem waren die Probanden viel eher bereit, in ähnlichen zukünftigen Situationen wieder zu vergeben. Der Leiter der Studie, Dr. Frederic Luskin, bezeichnet das Verzeihen als Beginn und Ende eines Heilungsprozesses. Wer nicht vergeben könne, binde Unmengen seelischer Energie, verschwende die eigene Kraft in Zorn, Rachegedanken, Hass, Bitterkeit und Wut. Im Verzeihen dagegen liege die Möglichkeit, die Fesseln der Vergangenheit zu lösen.

Vielleicht können Sie sich ja durch das Fazit dieser Studie zu einer neuen Weltsicht inspirieren lassen: Vergeben zu können, ist unser Recht, uns nicht mehr von Vergangenem quälen zu lassen. Im Zorn und in der Suche nach Schuldigen stecken zu bleiben, bringt uns um die Möglichkeit, bei uns selbst anzukommen und unsere eigenen Verletzungen zu betrauern. Unser Schmerz bleibt nicht nur in uns, er erstarrt mit der Zeit und lähmt und beschwert uns, wenn wir uns seiner nicht annehmen und ihn verarbeiten, wenn wir stattdessen Wut, Bitterkeit und Groll verhaftet bleiben. Die wichtigste Reinigungsarbeit ist die Trauer. Für uns Menschen ist es wichtig, dass wir Schmerzliches gebührend betrauern dürfen. Nur so können wir die Kränkung überwinden, sie loslassen und etwas Neues beginnen. Kein Schmerz kann in uns wirklich heilen, solange er nicht wahrgenommen, ausreichend betrauert und nicht vergeben ist.

Tappen Sie jedoch nicht in die hinterlistige Falle, die sich auf diesem Weg versteckt hält, und schneiden Sie sich nicht heroisch von Ihren Schmerzen und alten Verletzungen ab, indem Sie Großmut und Verständnis für jegliches Verhalten anderer von sich fordern. Gut verdrängt bewirken Verletzungen eine Art innere Vergiftung – nicht gelebte Trauer führt häufig zu Depressionen. Die Mundwinkel hochzuziehen und gönnerhafte Nachsicht mit den anderen zu üben, sie zu entschuldigen oder gar unsere Verletzung zu verleugnen, hat nichts mit Vergebung zu tun. Es geht beim Vergeben vielmehr um einen radikalen Wechsel des Standpunktes: »Ich will nicht länger die Opferrolle übernehmen, und ich will mich auch nicht länger schlecht fühlen. Deshalb lasse ich das alles jetzt los und kümmere mich mit meiner ganzen Kraft um meinen Weg!« Wer das schafft, der kann aufhören, sich an die Wunden der Vergangenheit zu klammern und sich mit seinem Leben, so wie es war, aussöhnen. So zu vergeben ist anfangs nicht leicht – aber heilsam. Und vor allem – man tut es für sich selbst.

Wenn wir erkennen, dass das, was wir als so unangenehm wahrnehmen, nicht im anderen liegt und nicht dessen Schuld ist, dann sind wir einen großen Schritt weitergekommen. Selbst wenn es scheinbar auf der Hand liegt, dass der andere Mensch die Schuld an etwas trägt, waren doch die Gefühle, die Reaktionen auf das, was geschehen ist, längst in unserem Inneren vorhanden. Meist trifft eine aktuelle Kränkung nur auf unzählige, unverarbeitete alte Wunden zum gleichen Thema. Sie alle haben nur auf einen Auslöser gewartet, damit sie an die Oberfläche unseres Bewusstseins steigen konnten. Das ist Teil der Evolution; ein Mechanismus, den das Leben auf geniale Weise so eingerichtet hat: Alle Schmerzen, alle Verletzungen, alle Urteile tauchen irgendwann zur Heilung auf. Alle Auseinandersetzungen, Unfälle und Angriffe spiegeln das, was in unserem Geist ist, wider, und sie alle sind Resultat unserer eigenen Gedanken, Bewertungen und Impulse.

Das heißt aber eben nicht, dass nun wir statt der anderen Person die Schuld auf uns nehmen. Alles, was uns widerfährt, zeigt uns nur die Tiefe und den Umfang der eigenen Verletzungen. Akzeptieren wir diesen Zusammenhang zwischen Innen und Außen, fällt uns nicht die Schuld zu, vielmehr bekommen wir endlich Einsicht, Kraft und die Verantwortung, uns selbst in Gänze wahrzunehmen.

Für unsere Beziehung zu anderen ist nur eins wirklich von Bedeutung: Wir müssen unsere eigenen negativen Geisteszustände aufspüren und anschauen. Für jeden ist das Stigma am schwersten, das er sich selbst auferlegt hat. Nur wir selbst entscheiden, was uns kränkt, was wir als negativ beurteilen und mit unangenehmen Gefühlen verbinden. Deshalb sollten wir erkennen lernen, auf welche Weise wir unser persönliches Leid erschaffen, indem wir an negativen Einstellungen gegenüber Menschen und Umständen festhalten. Wenn Sie nicht erkennen, wie Sie das wieder und wieder tun, werden Sie es wieder und wieder unbewusst tun. Und dann werden Sie nicht verstehen, wieso Ihr Leben so schwierig ist. Sie werden andere und deren Anderssein für Ihre Probleme verantwortlich machen – vorzugsweise Ihren Partner, aber auch Ihre Eltern, Ihre Kinder, Ihren Chef, die Nachbarn oder die Gesellschaft.

Eltern sind wie Hanteln

Nicht verziehener Groll, Schuldzuweisungen, Urteile und Bewertung sind das Gift unseres Lebens. Hinter allen Urteilen über andere verstecken sich Selbstangriffe. Deshalb braucht unser Geist regelmäßiges Training, das uns hilft, unsere eingefahrenen Denk- und Betrachtungsweisen zu entgiften. Ihre besten Trainingspartner sind Ihre Eltern. Um entgiften und vergeben zu üben, liebe ich, was unsere Eltern anbetrifft, folgende Sichtweise: Eltern sind nicht dazu da, uns alles recht zu machen, uns stets zu stützen und zu fördern. Eltern sind vielmehr wie Hanteln, sie sind Gegengewichte für unser Leben und dienen zur Kräftigung unserer Seelenmuskeln. Wann immer Sie mit Ihren Wurzeln hadern – lassen Sie diese Sichtweise auf Ihren Geist wirken. Fragen Sie sich, welche Kraft sich in Ihnen entwickeln konnte oder musste aufgrund der Unzulänglichkeit oder Fehlerhaftigkeit Ihrer Eltern. Vielleicht schaffen Sie es ja sogar, Ihren Eltern dafür zu danken.

In anderen Kulturen ist so ein Prozedere fester Teil des Lebens: Amerikanische Indianer verehrten beispielsweise bestimmte Stammesmitglieder als »Gegen-Menschen«. Sie hatten das Gegenteil dessen zu tun, was alle anderen taten, um den Stamm daran zu erinnern, dass seine Vorstellungen von »richtig« und »falsch« relativ waren. In der Sufi-Tradition gibt es eine spirituelle Disziplin, den »Pfad des Vorwurfs«, der seine Anhänger ermahnt, wann immer möglich die fragwürdigen Handlungen anderer zu rechtfertigen. Einmal auf dem Pfad, wird man sogar dazu angeregt, die Nähe derer zu suchen, die einen nicht mögen. In Indien beruht das Prinzip der Gewaltlosigkeit darauf, dass man die unvermeidliche Fehlbarkeit des Menschen akzeptiert. Laut Gandhi lauert der Feind innen und außen, und wir müssen zwischen diesen beiden Manifestationen eine Versöhnung anstreben.

Wenn wir uns nicht in dieser Offenheit anderen gegenüber üben, machen wir uns zum Opfer unserer eigenen übermenschlichen Ansprüche an uns selbst. In uns lauern Selbsteinschätzungen wie: »Ich darf keine Fehler machen. Ich muss immer perfekt sein oder mich perfekt zeigen, sonst halten mich die anderen für einen Versager. Ich bin nicht ausreichend, deshalb brauche ich die Anerkennung anderer. Wenn sie mich ablehnen, bin ich minderwertig.« Wenn wir selbst akzeptieren lernen, dass wir unvollkommen sind und sein dürfen, dann können wir auch die Anspruchshaltung vom idealen Verhalten anderer aufgeben. Je weniger wir nach Perfektion streben, desto mehr entschärfen wir unsere Beurteilungen und Verurteilungen anderer.

Uta hat ständig Angst, jemand könnte etwas über sie sagen. Es vergeht kein Gespräch, in dem sie nicht darauf hinweist, dass man über dieses nicht reden solle und jenes nicht für die Ohren anderer bestimmt sei, dass niemand davon etwas erfahren dürfe. Bei allen möglichen Verabredungen gerät sie in den Konflikt, diesem zu verheimlichen, dass sie sich mit jenem trifft. Uta ist – was ihre eigene Person angeht – Geheimnisträgerin erster Güte und immer auf der Hut vor möglichen Spionen und Lästermäulern. Wenn man allerdings mit ihr ein Gespräch führt, kostet es größte Mühe, nicht in eine Be- und Verurteilung anderer abzudriften. Es gibt kaum etwas, was Uta nicht einer kritischen, manchmal gnadenlosen Bewertung unterzieht; kaum etwas, dem sie mit festem Glauben und ohne Zweifel entgegentritt. Und vor allem gibt es kaum eine alte Kränkung, die sie wirklich verzeihen kann. Würde Uta sich selbst einmal von außen betrachten, würde sie sich als gnadenloses Lästermaul verurteilen. Würde Uta sich ehrlich wahrnehmen, könnte sie sehen, dass sie voller Angst, Unsicherheit und perfektionistischer Maßstäbe steckt. Würde Uta ihr Herz für sich selbst öffnen, könnte sie fühlen, wie viel Sehnsucht nach Nähe und wie viel Wunsch nach echter und offener Begegnung in ihr stecken.

Vergebung ist vor allem erst einmal für uns selbst notwendig – für unsere Selbstablehnung, unsere Anspruchshaltung an unser ideales Verhalten und unseren Perfektionismus. Wenn wir noch nicht genau wissen, *was* wir vergeben sollen, dann braucht Vergebung, wie alles andere auch, zuerst nur einmal Bereitschaft und später Hingabe und Übung. Nehmen Sie Ihren Partner, Ihre Eltern, Ihre Chefs und Kollegen, Ihre Freunde und Verwandten und *üben* Sie im wahrsten Sinne des Wortes Vergebung. Wenn Sie wieder über sie lästern, sie be- oder verurteilen, sich über ihr Verhalten aufregen, dann erinnern Sie sich daran, dass Sie gerade etwas über Ihre Gnadenlosigkeit sich selbst gegenüber erfahren. Erinnern Sie sich an Ihren eigenen verborgenen Wunsch nach Nähe, Ihre eigene Scham, Ihre eigene Kompensation von Unsicherheit. Üben Sie Mitgefühl, Verständnis und Sanftmut oder lassen Sie einfach die ganze Geschichte los. Das wird wahrscheinlich nicht gleich von heute auf morgen gelingen, aber je öfter Sie sich selbst beim Urteilen ertappen und gleichzeitig das Loslassen üben, desto friedlicher werden Ihr Leben und Ihre Beziehungen. Wenn Sie wissen wollen, ob Sie genug geübt haben, fühlen Sie einfach in sich hinein. Sie erkennen echte Vergebung sofort. Etwas in Ihnen löst sich, Spannung lässt nach. Ihre Gefühle beruhigen sich. Die Perspektive, aus der Sie den Menschen oder die Situation betrachtet haben, ändert sich. Sie fühlen sich aufgeräumt – freier, leichter und beweglicher. Etwas Neues ist möglich.

Wahre Wunder

Wir träumen von Wundern, die mit unseren Beziehungen geschehen könnten, aber das einzige Wunder, das es wirklich gibt, ist die Vergebung. Wir haben in jedem Moment die Möglichkeit, uns für dieses Wunder zu entscheiden. In jedem Moment können wir uns entscheiden, ob wir uns grämen oder ob wir die ganze Geschichte endlich loslassen wollen. Wir haben es in der Hand, ob wir glitschige Froschhaut oder ein verwunschenes, zu befreiendes Prinzenherz fühlen wollen. Jeden Moment können wir uns entscheiden, unseren alten Groll einfach loszulassen. Das Wunder liegt einzig in unserem Perspektivenwechsel, in unserer Öffnung für eine neue Sicht. Aber wir müssen dieses Wunder nicht geschehen machen, wir können einfach darum bitten.

Wahrscheinlich gehört es nicht zu Ihren regelmäßigen, alltäglichen Beschäftigungen, kurzerhand um Wunder zu bitten, wenn es ernst wird. Gerade in schwierigen Situationen haben wir gelernt, Schuldige zu suchen, Abwehrmaßnahmen zu ergreifen und zu verurteilen – aber eben nicht, nach innen zu gehen und in einem Gebet um Hilfe zu bitten.

Wenn Sie merken, dass Sie es alleine nicht schaffen, dass Sie alleine keinen Frieden mit dem anderen finden können; wenn Sie wieder in Ihren Urteilen zu versinken drohen; wenn Sie das Gefühl haben, Ihre Perspektive nicht mehr aus eigener Kraft ändern zu können, dann bitten Sie um ein Wunder. Alles, was dazu vonnöten ist, ist Ihre Bereitschaft, vergeben zu wollen – auch wenn Sie es noch nicht können. Gestehen Sie sich einfach ein, dass Sie im Moment nicht die Kraft besitzen, aus den Urteilen und Beschuldigungen auszusteigen. Erleben Sie bewusst Ihren immer wieder auflodernden Groll, der Sie daran hindert, sich für Liebe und Vergebung zu entscheiden. Seien Sie einfach bereit, vergeben zu wollen. Seien Sie bereit, an Ihre unter allem liegende göttliche Verbindung und die ungeahnte Ihnen zur Verfügung stehende Hilfe zu glauben. Auch wenn Sie jetzt immer noch verbittert sind, auch wenn Ihr Herz alleine nicht zur Ruhe kommen kann, können Sie ein wahres Wunder erleben. Sie müssen nur darum bitten. Allein Ihre Bereitschaft zu vergeben wird alle Hilfe des Universums auf den Plan rufen – denn: »Der heiligste von allen Orten dieser Erde ist der, an dem ein alter Hass zu gegenwärtiger Liebe wurde«, heißt es in *Ein Kurs in Wundern.**

* *Ein Kurs in Wundern*, Gutach i. Br.: Greuthof 2001, P-26.IX.6:1

5. Kapitel

Die Lust an der Liebe

Da Sie vielleicht beim Lesen der nächsten Zeilen nicht gleich darauf kommen werden, kündige ich es hiermit an: Es geht in diesem Kapitel um Sexualität – oder besser: um körperliche Liebe.

Heute Morgen bin ich aufgewacht, und alles, was ich sah und fühlte, war von Liebe durchtränkt. Ich weiß, wie kitschig sich das für so manches Paar Ohren anhört. Aber es ist die Wahrheit. Ich könnte jetzt munter im Vokabular eines Liebeslied-Texters fortfahren, um die Gefühle zu beschreiben, die mich schon den ganzen Vormittag über wie sanfte Wellen durchfluten. Ich glitt von der Nacht in den Tag und fand mich sofort in einer wohligen inneren Überschwemmung wieder. Ich blieb mit geschlossenen Augen still liegen und freute mich, durch das Innere meines Körpers zu surfen. Überall Kribbeln und sanfte warme Wellen, ein Gefühl von Lebendigkeit und unbegrenzten Möglichkeiten. Nur ungern schlug ich irgendwann die Augen auf, aber auch da draußen, außerhalb von mir, schien die Welt im Überfluss: Die Farben der Herbstblätter an den Bäumen in unserem Garten wirkten kraftvoller und satter als sonst. Die erdigen Gerüche während meines morgendlichen Laufs durch den Wald erschienen mir intensiver und vollmundiger. Irgendwann wollte ich nicht mehr laufen, um jeden einzelnen Schritt auf dem weichen Waldboden und jede Farbschattierung des Herbstlaubes noch intensiver erleben zu können. Immer wieder strömte der Gedanke: Alles ist möglich! durch meinen Kopf.

Alles ist möglich

Sicher möchten Sie wissen, was der Grund für diesen göttlichen Zustand war: Mein Mann und ich hatten uns nach zwei zähen Tagen voller Anspannung und alter Schatten in der Nacht zuvor wieder tief und von ganzem Herzen verbunden. Wir hatten uns körperlich geliebt. Alles entscheidend ist dabei das Wort »geliebt«. Alles entscheidend ist, dass ich hier nicht von sexuellem Trieb rede, sondern von körperlicher Liebe. Beide hatten wir gegenseitig unseren Schmerz und unsere Bockigkeit durchliebt, bis jeder beim anderen wieder seine wahre friedvolle Natur entdecken konnte. Wir waren so lange beieinander geblieben, bis unsere Seelen, unsere Herzen und Körper sich endlich wieder mit Liebe füllen und verbinden konnten, bis der heilsame Strom zwischen uns wieder floss.

Jeder von uns beiden weiß, dass er den anderen aus tiefstem Herzen liebt. Jeder von uns beiden weiß längst, dass solche Tage voller Anspannung und Streitsucht jenseits unserer eigentlichen Verbindung sind. Es ist, als ob wir beide unter Halluzinationen litten, Monster im anderen sähen und bösartige Stimmen hörten. Wir wissen, dass der andere nicht verantwortlich ist für unsere eigenen drückenden Gefühle.

Wir wissen, dass wir in solche Zustände nur geraten, wenn wir vorher nicht gut mit uns selbst umgegangen sind: wenn wir zu viel Hektik haben, zu viele Dinge auf einmal machen, Rollen spielen oder irgendwelchen äußeren Anforderungen gerecht werden wollen. Wir wissen, dass wir ausgedörrt und unleidlich werden, wenn wir uns keine Zeit zum »Spielen« und zum Loslassen nehmen. Wir wissen, was geschieht, wenn wir wie Roboter unserem Tagwerk nachgehen, uns nicht in die Augen gucken, unser Programm abspulen und uns zwischendurch nicht von Herzen aufeinander einlassen. Wenn wir nur über zu erledigende Dinge reden und nicht erkunden, wie es dem anderen wirklich geht. Wir wissen längst, dass wir davon unsere Verbindung zu uns selbst, zum anderen und zur Liebe verlieren. Wir wissen, dass es dann irgendwann knallt. Und trotzdem passiert es uns – wenn auch in immer größer werdenden Abständen.

Mittlerweile sind wir schon ziemlich geübt darin, durch die nächste Talsohle zu irren, den nächsten Schützengraben am Ende dann doch möglichst unverwundet zu durchwaten. So waren wir diesmal zwei Tage lang mit steigender Tendenz und wegen immer unbedeutenderer Dinge aneinander geraten. Immer wieder ging mein Mann auf die Flucht, immer wieder stellte ich ihm nach. Kleinigkeiten genügten, damit wir uns ineinander verkeilten wie zwei Terrier. Wenn ich zwischendurch zur Ruhe kam, versuchte ich, so genau wie möglich wahrzunehmen, was da von tief unten an die Oberfläche wollte, was da gerade der nächste alte Schmerz war, der von uns geheilt werden wollte. Dann fiel mir endlich auf, wo einige Tage vorher der Riss zwischen uns entstanden war:

Wir waren besonders guter Laune gewesen, wollten nach längerer Pause mal wieder miteinander tanzen gehen. Dann standen wir auf der Tanzfläche, aber irgendwie fühlte es sich nicht richtig an. Wir tanzten zwar, aber unsere Körper bewegten sich mechanisch, routiniert, aus Gewohnheit – ohne miteinander in Verbindung zu treten. Während mein Mann schließlich anfing, abwesend in der Gegend rumzugucken, suchte ich seinen Blick und wurde angespannt. Es folgten weitere Tänze, aber es war, als wären wir imprägniert. Wir berührten uns und berührten uns doch nicht. Erschwerend hinzu kam, dass wir diesen Zustand nicht ansprachen, sondern versuchten, ihn einfach zu ignorieren.

Von diesem Abend an ging plötzlich das Nörgeln und Flüchten zwischen uns beiden los. Nach dem dritten zänkisch unleidlichen Tag gelang es uns endlich, das, was da los war, in Worte zu fassen. Langsam, Stück um Stück, begannen wir auszudrücken, was jeder wirklich fühlte, was ihm wirklich im Moment fehlte. Ganz unten unter unserem Gezeter kam heraus, dass wir beide unsicher waren und uns seit diesem misslungenen Tanzabend abgewiesen und unzulänglich fühlten – das alles war uns aber nicht im Geringsten bewusst gewesen.

Das Gespräch hatte etwas von einem Wattetupfer mit Jod in einer frischen Wunde. Es war zur Klärung und Seelenreinigung zwar dringend nötig, aber immer wieder war da dieser stechende Schmerz. Ein falsches Wort von mir, und schon versteinerte mein Mann. Ein gepanzerter Rückzug von ihm, und schon ging mein nagendes Gezeter los. Wir befanden uns mitten in unseren alten Geschichten, quälten uns durch unsere familiäre, emotionale Mitgift. Aber geübt, wie wir schon waren, suchten wir zwischendurch nach unserer Liebe. So gingen wir abends zu Bett mit dem festen Vorsatz, vor Ende des Tages unsere Offenheit, unseren Frieden und unsere Verbindung wiederzufinden. Alles, was an Schmerz und Wut anwesend war, wollten wir nicht mit in die Nacht nehmen. Es blieb uns nichts anderes übrig, als das, was da zwischen uns stand, zu fühlen und auszudrücken. Nur so würden wir darunter unsere Liebe wiederfinden.

Der Fluss der Liebe

Wir gingen zu Bett, lagen uns gegenüber und schauten uns nicht ganz ohne inneren Widerstand still in die Augen, wohl wissend, dass das ein guter Weg war, ehrlich zu sein. Ruhe stellte sich ein, von der aus wir uns nun bemühten, wieder von Herzen miteinander zu reden, uns langsam mit aller Liebe zu berühren, bis sich in unseren Körpern wieder friedliche Lebendigkeit einstellte. Die erste Zeit unserer Berührung hatte etwas von einem höchst wachsamen Gang durch ein Tretminenfeld. Aber dann geschah das, was man nicht machen kann – das, was man vertrauensvoll zulassen muss: In uns fing sich etwas an zu entspannen, unsere Körper fanden wieder zurück zu ihrem eigenen fried- und kraftvollen selbstverständlichen Fluss. Noch nie zuvor hatte ich so klar und bewusst fühlen können, wie sich alles in mir Stück um Stück mit Leben füllte, je klarer ich mich wahrnahm und meinen Schmerz mit jemandem teilte. Es war, als wäre mein ganzer Körper verstopft gewesen. Und ich spürte langsam wieder Liebe in mir. Meine Liebe, die mehr und mehr durch mich hindurchfließen konnte mit nur einem Ziel – sich mit meinem Mann zu verbinden.

Jedes einzelne Wort der letzten Zeilen schreibe ich auf als leidenschaftliches Plädoyer eines Verteidigers, schreibe ich auf, um die eigentliche tiefe Unschuld zu zeigen, die in unseren Körpern und unserer Sexualität auf ihre Annahme, die Befreiung von Scham und einen Freispruch wartet. Es gibt nichts, was mehr vergewaltigt wurde als unsere körperliche Liebe. Sie wurde entstellt zur Pornografie, sie wurde gejagt und in Exzesse getrieben, sie wurde verurteilt und von der Kirche mit Scham belegt, und sie musste in unzähligen Schlafzimmern verkümmern und verdörren.

Wir alle sehnen uns mehr oder minder bewusst danach, dass unser Leben wieder von der körperlichen Liebe belebt und genährt wird, aber kaum jemand kennt die uralten Geheimnisse der sexuellen Energie, die einem Lebendigkeit, Verbundenheit und Frieden in Körper und Seele zugleich bescheren. Fast alle von uns irrten einst durch Pubertät und Heranwachsen auf der Suche nach befriedigender, verbindender Körperlichkeit. Die meisten fanden sich häufig mit einem gebrochenen Herzen oder in sexuellen Sackgassen wieder. Wenige fanden einen Schlüssel, der ihnen auf Dauer das Tor zu einer erfüllenden Sexualität geöffnet hätte.

Ich weiß noch, was für ein Gefühl mich beschlich, als ich zum ersten Mal mit einem Jungen geschlafen hatte. Eigentlich hatte ich großes Glück. Mein erster Freund war ein wunderbarer, einfühlsamer Mensch, dem ich vertraute. Trotzdem – nach unserem ersten Mal überkam mich ein eigenartiges Gefühl von Enttäuschung und Leere: Das soll es also gewesen sein? Das, wovon alle so unablässig träumen und in der Pause auf dem Schulhof und nachmittags hinter den verschlossenen Türen ihrer Zimmer reden?

Die Suche nach dem Geheimnis körperlicher Liebe

Von da an war ich auf der Suche nach etwas, wovon ich nicht wusste, was es war. Ich war neugierig, ungehemmt und offen und hatte alle möglichen Erlebnisse mit Sex. Manchmal war es neu, als ob ich hinter etwas gekommen war. Oft machte es Spaß, oder es war aufregend, manchmal sogar unersättlich, wild oder geheimnisvoll. Aber mit der Zeit fehlte immer etwas, nur selten und nie auf Dauer fühlte ich mich in der Tiefe wirklich berührt. Vor allem mein Herz behielt eine Sehnsucht und immer öfter eine still nachklingende Traurigkeit. Während ich mich vom einen trennte, um irgendwann früher oder später in den Armen eines anderen zu landen, war es doch, als sollte mir das größte Geheimnis des Lebens verwehrt bleiben. Das Verrückte war – ich hatte es nie wirklich kennen gelernt, aber etwas in mir wusste, dass es dieses Geheimnis gab. So blieb ich rastlos und auf der Suche, zur Geduld verdammt.

Dann tauchten Situationen und Erlebnisse in meinem Leben auf, die auf den ersten, selbst auf den zweiten Blick nichts mit Sex zu tun hatten, die sich aber von allem unterschieden, was ich je erlebt hatte. Meist für einen völlig überraschenden, kurzen Augenblick fühlte ich mich erfüllt, schien es keine Zeit und keinen Raum mehr zu geben, war ich von allem frei, voller Liebe und gänzlich verbunden. Es war, als ob alle Last von mir fallen würde, als ob ich tief in meinem Körper durchdrungen und von einer magischen Kraft geführt würde. Damals fehlten mir jegliche Worte, dieses unendliche und unwirkliche Glück zu beschreiben. Ich hatte die Sorge, jeder Versuch dieser Beschreibung könne verrückt klingen, deshalb wagte ich nicht, mein Empfinden mit jemandem zu teilen. So kam ich weder auf die Idee, dass Sex etwas mit diesem Gefühl zu tun haben könnte, noch kam ich in die Situation, dieses Gefühl mit Sex zu verbinden.

Später entdeckte ich, dass dieses Gefühl stets nur dann auftrat, wenn ich in eine ungewöhnlich tiefe Entspannung geriet. Überrascht stellte ich fest, dass es einige Male gerade dann auftauchte, wenn ich nichts mehr kontrollieren konnte, wenn ich mich bis weit über meine Grenzen hinaus gefordert hatte und mir das, was ich unbedingt bestimmen wollte, zu entgleiten schien. Aber erst Jahre später las ich etwas Entscheidendes über Sex, das die Brücke baute und dessen Botschaft mich nie mehr losließ. Ich war schon mit meinem Mann verheiratet und hatte mittlerweile auch mit ihm das Gefühl, dass Sex irgendwie nicht das in mein Leben brachte, wonach sich mein innerster Kern so sehr sehnte. Damals fiel mir ein Buch des australischen Lehrers Barry Long in die Hände, das den Titel *Sexuelle Liebe auf göttliche Weise* trug. Seine zentrale These lautete: »Wo immer ihr Frauen spürt, dass von einem Mann begehrlicher Sex ausgeht und keine euch nährende Liebe, verweigert euch!«

Der Schoß gebiert alle Dinge

Ein Buch über Sex, das den Sex radikal aus unseren Betten verbannen wollte …? Ein Buch, von einem Mann geschrieben, das mit folgendem Wortlaut beginnt:

*Das grundlegende Leiden der Frau, ihre beständige Unzufriedenheit entsteht, weil der Mann sie nicht mehr körperlich erreichen kann. Ihre emotionale Maßlosigkeit, ihre Depression, ihre Frustration […] sind auf das sexuelle Versagen des Mannes zurückzuführen, der während des Liebesaktes ihre feinsten und tiefsten weiblichen Energien nicht zu sammeln oder freizusetzen vermag. Diese unglaublich schönen göttlichen Energien sind intensiv und exquisit, und wenn sie in der Frau unerschlossen bleiben, wie es jetzt der Fall ist, entarten sie zu psychischen oder emotionalen Störungen und verfestigen sich schließlich zu physischen Anomalien. Der Schoß gebiert alle Dinge.**

Das klang damals in meinen Ohren wie die Kampfschrift einer Hardcore-Feministin, aber es war von einem siebzigjährigen Mann, der den Sex und die Frauen liebte, geschrieben worden. Es war eine radikale Aufforderung an den Mann, sich der Liebe zu- und von seinem Sextrieb abzuwenden:

Die Fähigkeit, die Frau in dieser Weise zu lieben, ist die Autorität, die der Mann verloren hat, seine einzig wahre Autorität über die Frau. Dies erfordert reine Liebe. Es hängt von keiner Technik ab. Ein Mann mag seine sexuelle Technik verbessern, aber um wirklich zu lieben, nützt ihm kein Fachwissen.

* Barry Long: *Sexuelle Liebe auf göttliche Weise*, Saarbrücken: Verlag Neue Erde 2001, S. 17

*Aufregende Empfindungen und Orgasmen sind angenehm und geben ihm eine Art von Autorität. Aber dies ist nicht die Liebe, die die Frau ersehnt. Er wird sie vielleicht befriedigen, wie ein gutes Essen es tut. Aber bald hat sie wieder Hunger und wird schließlich ihren Appetit oder sich selbst verachten, weil sie weiß, dass sie nicht geliebt wird.**

Ich hatte meine innere Unruhe, meine ewige Suche nie so klar in Verbindung mit Sex gebracht. Für meinen Verstand klangen die Thesen von Barry Long überaus radikal. Aber in meinem Herzen regte sich was: Da war so ein leises »Ja, ja, ja! Ja, genau!« zu hören. Aber ich war keine Feministin. Ich liebte die Männer und achtete sie. Ganz im Gegenteil – oft hatten Frauen mir zu großes Verständnis für die Männer vorgeworfen. Und jetzt sollte der Sex der Männer uns Frauen verseucht haben? Barry Long behauptete, er habe uns sogar zu Furien, zu Zicken, zu weiblichen Dämonen der Emotion gemacht:

*Solange die Welt weiter besteht wie bisher, wird die Furie den Mann nie sein Versagen, die Frau richtig zu lieben, vergessen lassen. Die Frau muss geliebt werden. Die Zukunft der Menschheit hängt davon ab, dass die Frau geliebt wird.***

Trotz aller scheinbar männerfeindlichen Radikalität wollte ich damals wissen: Was ist diese göttliche körperliche Liebe, wie geht sexuelle Liebe auf göttliche Weise? Also las ich das

* Barry Long: *Sexuelle Liebe auf göttliche Weise*, Saarbrücken: Verlag Neue Erde 2001, S. 19–20

** ebenda, S. 21

kleine Buch zu Ende. Seine Thesen blieben bis zum letzten Satz radikal, aber sie waren das Schlüssigste, was ich je über Sex gelesen hatte. Und je länger ich weiterlas, entdeckte ich: Diese Thesen waren gerade wegen ihrer Radikalität das Versöhnlichste und Liebevollste, was ich je über Sex gelesen hatte, und zwar – wie sich Gott sei Dank herausstellte – für Männer und Frauen gleichermaßen.

Seitdem habe ich den enttäuschten Schilderungen vieler Männer und Frauen über ihr Sexualleben in meiner Praxis zugehört. Vor kurzem las ich ein Zeitungsinterview mit einem führenden Pornovideo-Produzenten über Wachstum und Trends in seiner Branche. Besonders erfolgreich seien bei den männlichen Kunden vor allem die Filme, die sich besonders nah am Zeitgeist orientierten. »Und da ist es derzeit in Mode, nicht die Lust der Frau, sondern ihren Widerwillen zu inszenieren«, erläuterte der Produzent im Interview nüchtern.

Heute weiß ich, dass die wahre körperliche Liebe, von der Barry Long spricht, einen für Männer wie Frauen gleichermaßen rettenden Ausweg aus Widerwillen, triebhafter Sex-Sucht, Langeweile und Beziehungselend bieten könnte. Ich weiß, dass diese Liebe Ihre Partnerschaft grundlegend ändern kann. Sie müssen sich allerdings entscheiden. Sie müssen sich entscheiden für eine neue Form von körperlicher Liebe mit Ihrem alten, vielleicht wenig Verheißung versprechenden Partner. Dazu reicht am Anfang, sich einzugestehen, dass Sie nicht die sexuelle Erfüllung finden, nach der Sie sich eigentlich sehnen, dass Sie nicht wissen, wie das alles geht. Es reicht, wenn Sie einfach nur eine Sehnsucht verspüren, einen besseren Weg zu finden. Es reicht, dass Sie erst einmal bereit sind, sich Ihrem Partner bewusst so – vielleicht hilflos, verletzlich, wütend, abweisend, ausgehungert, verbittert oder gefühlstaub – zu zeigen, wie Sie gerade sind, auch wenn dies keinem einzigen der Idealbilder von Sex, Liebe oder Partnerschaft entspricht, das Sie je gesehen, gelesen, gehört oder gedacht haben.

Erfüllung jenseits von Orgasmus

Damit Ihre Sexualität und damit Ihre Partnerschaft und Ihr eigenes Sein wirklich heilen können, bedarf es dieser radikalen Umkehr. Statt ständig auf einen Orgasmus hinzuarbeiten, ihn zu ersehnen, sich auf ihn zu konzentrieren und zu fixieren, geht es darum, sich in Ihre natürliche, häufig verschüttete, aber doch immer vorhandene sexuelle Energie hineinzuentspannen. Statt Druck auszuüben, irgendetwas machen oder sein zu wollen, sollten Sie vielmehr bereit sein für eine Art geistigen Entzug von Ihren Fantasien, Vorstellungen und Idealen vom tollen Sex. Männer wie Frauen werden üben müssen, sich ohne Gedanken, Ziele, Emotionen und Fantasien zu lieben. Das fühlt sich anfänglich wahrscheinlich befremdlich an, aber es führt dazu, die Kontrolle aufzugeben und die Begegnung wirklich den Körpern und ihren natürlichen Impulsen zu überlassen.

Vielleicht ist es Ihnen nicht bewusst, aber in der Sexualität geht es ganz oft um Kontrolle – vor allem um Kontrolle über sich selbst. Wir kontrollieren uns – meistens unbewusst, aber unablässig –, um unseren Ansprüchen und Anforderungen an uns zu entsprechen. Wir kontrollieren unsere Sexualität, wir spielen Spiele, törnen uns an und machen uns Lust, nur weil wir unserem natürlichen inneren Fluss und unserem eigentlichen Sein nicht vertrauen. Frauen brauchen hier vor allem den Mut, bei ihrer körperlichen Verhärtung und ihrem emotionalen Ausgehungertsein anzukommen. Konkret brauchen sie den Mut, keinen weiteren Orgasmus mehr vorzugaukeln oder es »ihm zuliebe« geschehen zu lassen. Trauen Sie sich, bei all Ihren Versagensängsten, bei Ihren Gefühlen von Mangelhaftigkeit und Ihrer latenten Wut auf Ihren Partner anzukommen und dies auch auszudrücken. Männer brauchen Mut zu erkennen, dass sie oft ejakulieren, aber selten wahrhaft einen Orgasmus erleben und sich ganz in ihren Körper hinein öffnen. So selten in Kontakt mit Ihrer körperlichen Ganzheit, sollten Sie sich und Ihren Frauen eingestehen, wie wenig Sie vielleicht von deren körperlichen und emotionalen Bedürfnissen wissen oder bisher wissen wollten und wie viel Hemmung und Unsicherheit es auch in Ihnen gibt.

Wenn Sie sich so nackt machen, werden Sie sich vielleicht zuerst einmal fühlen, als ob Sie freiwillig die letzten kleinen Pflänzchen aus Ihrem dürren Acker gerupft und mutwillig zertrampelt hätten. Vielleicht scheint jetzt, im Licht Ihres Bewusstseins und in der Offenheit Ihrer Gespräche, alles noch viel hoffnungs- und trostloser als vorher zu sein. Vielleicht haben Sie das Gefühl, gehemmt und zutiefst verunsichert zu sein, wenn Sie Ihrer engen Routine oder dem körperlichen Stillschweigen der Vergangenheit entrissen werden. Vielleicht denken Sie voller Scham: Das kann ich nicht! Lieber trenne ich mich, als dass ich mich mit meinem Partner auf so etwas einlasse. Oder Sie denken: Das geht mit meinem Mann/meiner Frau/nach all den Jahren niemals! Vielleicht sind Ihnen solche Gedanken und Ängste auch nicht bewusst, und Sie spüren einfach nur Abwehr.

Das Phantom der Leidenschaft

Wenn Sie trotzdem bleiben und all Ihren Mut aufbringen, dann kann es viele Monate, vielleicht sogar Jahre dauern, während derer Sie mit sich und Ihrem Partner durch einen Sumpf von Missverständnissen, Verhärtung, Wut und in die Irre führenden Fantasien waten müssen. Vielleicht werden Sie erkennen müssen, dass Ihre ursprüngliche Leidenschaft in der Zeit der Verliebtheit einem Phantombild Ihrer Idealvorstellung, aber nicht Ihrem Partner galt. Immer klarer werden Sie sehen, dass Ihr Partner ein genauso verletztes, unvollkommenes Wesen ist, wie Sie selbst es sind. Dass er sich nur verweigert oder immer wieder aufs Neue so einfallslos mit Ihrem Körper umgeht, weil er es selbst nicht besser weiß.

Wahrscheinlich werden Sie aber bei all Ihrer Sehnsucht nach einer großartigen Sexualität feststellen, dass Sie selbst die meiste Zeit von Ihrem Körper abgeschnitten sind. Dass Sie den ganzen lieben Tag lang wahrscheinlich kaum etwas von seinen feinen Impulsen wahrnehmen; dass es vielleicht wenig Sinnlichkeit in Ihrem eigenen Umgang mit Ihrem Körper gibt; dass Ihr normales Leben oft gehetzt und alles andere als orgastisch ist; dass Sie meistens Sex denken, aber selten körperliches Wohlbehagen fühlen. Dass Sie eigentlich auf der Suche nach jemandem sind, der Ihren Körper und Ihre Seele weniger vernachlässigt als Sie selbst.

Gerade wenn Sie sich all das eingestehen, sollten Sie nicht wegrennen, sondern erst recht dabei bleiben, all dies zu fühlen – und es vor allem immer wieder, so offen Sie können, im Gespräch mit Ihrem Partner auszudrücken. Dann werden Sie sich gegenseitig die besten Lehrer sein, Ihnen beiden eine ideale Sexualität zu verschaffen. Dann wird mit der Zeit etwas zwischen Ihnen zu wachsen beginnen – eine neue Art von Liebe und Vertrautheit, die Sie vielleicht noch nie in Ihrem Leben verspürt haben. Im Gegensatz zur anfänglichen »blinden« verliebten Leidenschaft kann sich jetzt endlich eine tragende Verbindung in Ihrem Leben entwickeln, in der echte, tiefe, körperliche Liebe fließen kann.

Verlernen Sie den Sex

All dies kann man jedoch nicht willentlich herbeiführen oder forcieren. Sie können sich nur einlassen und für die Liebe öffnen. Je mehr Sie lernen, auf Ihre eigene Liebe zu vertrauen, desto mehr wird sie sich in Ihnen ausbreiten. Das braucht Zeit und Geduld, und es gilt, eine Menge alter Gewohnheiten abzulegen. Ich kann es gar nicht oft genug betonen – vor allem müssen wir unser Machenwollen und unsere Orgasmusfixierung verlernen. Um sich allerdings in diesem natürlichen, erfüllenden Strom mehr und mehr wiederzufinden, bedarf es wieder und wieder des Willens zur bewussten körperlichen Vereinigung, zur bewussten Berührung und Erkundung der Körper – auch wenn es sich vielleicht erst einmal kalt, kraft- und lustlos anfühlen sollte.

Warten Sie nicht weiter, dass sich irgendein außerirdischer Liebhaber, eine einzigartige Geliebte, ein großartiges Begehren, eine geheimnisvolle Passion in Ihrem Leben einstellen! Tun Sie es mit Ihrem Partner – auch wenn es zäh ist oder Sie am liebsten flüchten würden. Resignieren Sie nicht, wenn Sie sich vorkommen wie ein sexloses Neutrum oder ein triebhafter Sex-Süchtiger. Wenn Sie unter Minderwertigkeitsgefühlen leiden, weil sie schon lange keine spontanen Lustgefühle mehr auf Ihren Partner hatten, oder wenn Ihnen das alles zu lästig erscheint; wenn Sie sich ständig wie ein Rennpferd in der Box fühlen, das nicht loslaufen darf; wenn Sie, kaum, dass Sie Ihren Körper wahrnehmen, schon wieder vom Trieb und dem schnellen Mal-eben-Kommen oder von Fantasien übermannt werden; wenn Sie stets in latenter Begierde leben und voller Erwartungsdruck glauben, niemals Ihre heimlichen Fantasien um vielleicht abwegige Praktiken mit Ihrem Partner teilen zu können, sollten Sie all Ihre Vorstellungen, Ansprüche und Träume vom idealen Sex über Bord werfen – vergessen Sie Videos, Dessous und Praktiken. Verpflichten Sie sich lieber Ihrem realen, leibhaftigen Partner und Ihrem ebenso realen und leibhaftigen Körper gegenüber, die Liebe in Ihnen zu erwecken. Entscheiden Sie sich jetzt, sich vollkommen auf Ihren Partner und vor allem auf sich selbst einzulassen. Seien Sie endlich wieder bereit zu einer intimen Begegnung – vor allem mit Ihrem eigenen Körper.

Sie werden sich wundern, wie wenig Sie mit Ihrem Körper in Kontakt sind. Wahrscheinlich ist es eine Ewigkeit her, dass Sie ihm das letzte Mal bewusst zugehört, ihn erfühlt und geliebt haben. Bitten Sie Ihren Partner, Ihnen still in die Augen zu schauen. Das wird Sie anfangs wahrscheinlich große Überwindung kosten. Vielleicht ist es Ihnen peinlich, vielleicht erleben Sie Schamgefühle, oder Sie müssen lachen. Bleiben Sie trotzdem dabei und lassen Sie einfach zu, was geschieht. Vor allem: Reden Sie über das, was in Ihnen vor sich geht. Teilen Sie sich mit, welche körperlichen Empfindungen Sie gerade haben – auch die schlechten. Aber reden Sie nicht über das, was Sie denken, sondern sprechen Sie wirklich aus, was Sie fühlen. Nehmen Sie Empfindung um Empfindung wahr, die in Ihrem Körper auftaucht. Wenn es schön ist, bekräftigen Sie diesen Weg, um Ihrem Partner die Richtung zu weisen und ihm auf seinem neuen Weg Sicherheit zu geben. Und wenn es sich nicht gut anfühlt, dann trauen Sie sich trotzdem. Gehen Sie nach innen und öffnen Sie sich in Ihren Körper hinein, ohne den Kontakt zu Ihrem Partner zu unterbrechen. Fühlen Sie Ihren Körper und gehen Sie dem nach, was er ausdrückt. Erlauben Sie Ihrem Atem, sich zu vertiefen – das entspannt.

Seien Sie wach für jede Regung in Ihrem Inneren: hier eine Anspannung, da ein Kribbeln, dort vielleicht gar nichts. Bleiben Sie aufmerksam! Erkennen Sie, wann Sie von dieser einfachen Wahrnehmung in Urteile und Bewertungen hineingezogen werden: »Hier fühle ich dieses, eigentlich müsste ich aber jenes fühlen … Hier macht mein Partner dieses, eigentlich sollte er aber jenes machen …« Ohnmacht, Traurigkeit oder Wut tauchen auf und reißen Sie weg von diesem

Moment. Oder kaum, dass Sie sich entspannen, tauchen die Erregung, die Begierde, auf und ziehen Sie ganz hinein in ein Gefühl von Weiterwollen und Habenwollen. Lassen Sie sich von der Erwartung nicht vorantreiben – nehmen Sie Ihre Erregung wahr, bleiben Sie im Moment und öffnen Sie sich aus Ihrem Unterleib heraus in die entlegeneren Teile Ihres Körpers. Fühlen Sie Ihre Hände und Füße und vor allem Ihre Brust. In Ihrer Brust sitzt Ihr Herz, und wahre körperliche Liebe geht nur durch das Herz.

Wahre körperliche Liebe geht nur durch das Herz

Nur wenn eine Frau ihren Mann aus ihrem Herzen in seinem Herzen erreichen kann, kann sich ihr Körper wirklich öffnen. Wenn sie zu seiner Weichheit vordringen kann, in den Raum seiner Unwissenheit, seines Seins, dann fühlt sie sich selbst in ihm, dann entsteht wirkliche Verbindung. Das ist der Punkt, um den es Barry Long in seinen scheinbar sex- und männerfeindlichen Ausführungen geht: Die wahre körperliche Liebe geht nur durch das Herz – deshalb hat er sich so radikal gegen die auf Genitalien und Orgasmus fixierte männliche Erwartungshaltung, gegen Pornografie und sexuelle Fantasien ausgesprochen.

Ein Mann findet erst dann seine Ruhe, wenn er seine liebende Kraft durch seinen Unterleib in die Frau hineingeben konnte. Die Frau, die ihn wahrhaft empfangen kann, öffnet ihr Herz und gibt Energie durch ihre Brust in sein Herz, die von dort wieder hinab in seine Genitalien fließt. Nur wenn

Mann und Frau auch im Herzen verbunden und im ganzen Körper offen und präsent füreinander sind, kann ein solcher Kreislauf der Liebe entstehen. Viele, die diesen Weg gegangen sind, beschreiben dieses Zirkulieren als eine Art Ganzkörper-Orgasmus, als ein Gefühl von Grenzenlosigkeit und völliger Einheit. Aber um diese spirituelle Dimension des Sex zu erfahren, bedarf es keiner besonderen Liebhaber. Alles dreht sich einzig um die Frage: Sind wir bereit, uns unserem Partner und unserem alten Schmerz gegenüber zu öffnen? Sind wir bereit, all unsere Blockaden zu durchschreiten, sie zu fühlen, anzunehmen, zu teilen und zu heilen?

Als wir uns auf diesen Weg begaben, hatten wir einmal ein ganz besonderes Erlebnis, bei dem ich begriff, was körperliche Liebe wirklich bedeutet: Mein Mann und ich hatten uns einander sehr weit geöffnet und eine besonders tiefe Verbindung eingehen können. Voller Liebe war mein Mann in mich eingedrungen, und auf einmal war da ein stechender Schmerz in meinem Herzen. Jedes Mal, wenn mein Mann sich in mich hineinbewegte, schmerzte mein Herz heftiger. Ich war deprimiert und überrascht – es gab eine so offensichtliche Verbindung zwischen Herz und Unterleib. Allerdings schien es, als stünde in ihrer Mitte eine Mauer, die mein Mann nicht durchdringen konnte. Wir redeten miteinander und blieben beieinander. Ich teilte meine Tränen mit ihm, er seine Liebe mit mir. Später waren wir beide uns einig, dass dies eine ganz besondere Begegnung gewesen war, die uns nur noch näher zusammengeführt hatte.

Viele Frauen haben mir von Schmerzen, Ängsten, Taubheitsgefühlen und unerklärlichen aggressiven Spannungen in ihren Körpern erzählt. »Ich stand in der Küche und bereite das Essen vor. Mein Mann kam herein und fasste mich um die Taille. Binnen Sekunden war mein ganzer Körper angespannt und voller Abwehr.« Diese Frau hat keinen Schinderhannes zum Mann. Als sie zu mir kam, schämte sie sich deshalb auch für ihre abweisenden Gefühle. Häufig werden Frauen geradezu rasend, wenn es um ihren Busen geht: »Ich kann es nicht mehr ertragen, wie er meinen Busen begrabscht und knetet.«

Für die Heilung der weiblichen Sexualität ist es geradezu lebenswichtig, dass Frauen wieder ihrer Wahrnehmung von Berührungen vertrauen und diese mutig aussprechen. Meist reicht der Bruchteil einer Sekunde, und Frauen erkennen das »wie« einer Berührung: Waren da »Habenwollen« und sexuelle Begehrlichkeit, oder waren da Zärtlichkeit und Liebe? Frauen wissen das sofort. Aber noch immer viel zu selten erlauben Frauen sich, ihren Partnern ihre Wut und ihre Ohnmacht über das lieblose und gierige Begrabschen mitzuteilen. Noch immer viel zu häufig sind sie eher befremdet von ihren eigenen Körpern, halten sie für krank oder frigide, wenn diese sich mit der Zeit immer mehr aus Angst verschließen. Die meisten Männer sind so ausgehungert nach weiblicher Empfänglichkeit und Hingabe, dass ihr ganzer emotional unterernährter Körper nur noch gierig reagieren kann. So ist es heute bei Frauen wie Männern an der Tagesordnung, dass sich unsere Genitalien bei der bewussten sexuellen Vereinigung verhärtet, taub, manchmal sogar schmerzhaft – vielleicht sogar wie tot anfühlen. Schmerz und Gefühllosigkeit zeigen eine extreme Anspannung im Gewebe an.

Unser Körper ist unser Gedächtnis

Unser Körper ist unser Gedächtnis. Sein Gewebe hat eine zelluläre Erinnerung. In ihm sind all unsere vergangenen Erfahrungen abgespeichert. So hat auch jeder Mensch eine sexuelle Geschichte, deren Freuden und Leiden im Körper festgehalten sind. Wenn wir wieder bewusst mit unserem Körper in Kontakt treten, wenn wir uns bewusst körperlich lieben, dann wird diese sexuelle Vergangenheit wieder nach oben gespült, damit wir sie endlich heilen können, endlich unseren Körper von ihr befreien können. Vor allem Brüste und Vagina der Frau haben meist viele Schmerzen, Emotionen und Spannungen aus der Vergangenheit gespeichert.

Wenn wir beginnen, wahrhafte, körperliche Liebe zu praktizieren, wenn wir in all unseren Berührungen langsamer und bewusster werden, dann beginnen unsere Genitalien zu heilen, kommen nicht nur körperliche, sondern auch emotionale, in der Vergangenheit begrabene Schmerzen ans Tageslicht. Gehen Sie nicht weg von diesem Schmerz, nehmen Sie ihn so liebevoll und genau wahr, wie Sie nur können, und teilen Sie ihn mit Ihrem Partner. Manchmal ist es vor allem gerade für Männer wichtig, ihrem Schmerz einen Ton zu geben, ihn in Worte, in ein Stöhnen oder von innen kommende Laute zu fassen und nach außen freizusetzen. Wann immer Sie Schmerz, Taubheit und Anspannung in Ihrem Körper wahrnehmen, betrachten Sie es aus einer völlig neuen Perspektive: Danken Sie diesem Gefühl dafür, dass es Ihnen so genau zeigt, wo in Ihrem Körper heilende Berührung gebraucht wird.

Wenn Sie sich dann ganz bewusst zusammen mit Ihrem Partner in diese Anspannung, Taubheit oder den konkreten Schmerz mit aller Behutsamkeit und begleitenden Worten hineinbegeben, beginnt sich meist überraschend schnell etwas in Ihrem Körper oder in Ihren Gefühlen zu entspannen. Manchmal kommen Ihnen plötzlich die Tränen, vielleicht werden Sie rasend wütend, vielleicht möchten Sie nur noch wegrennen, oder Sie merken, wie auf einmal in eine taube Stelle intensivere Lust und Sensibilität einfließen. Manchmal füllt sich Ihr Körper mit Leben und Liebe, und Sie verbinden sich wie von selbst mit Ihren eigenen fließenden Bewegungen und Ihrem Partner. Manchmal beginnen Sie aber auch, aus heiterem Himmel zu lachen. Erlauben Sie sich dieses Lachen, vielleicht werden Sie sogar von Ihrem Partner angesteckt. Auch in der Sexualität gilt, was für Ihre gesamte Partnerschaft gilt: Humor ist eine der größten Heilkräfte – und zwar gerade, wenn eine Behinderung besonders ernst erscheint. Bei vielen Menschen sind die alten sexuellen Verletzungen überaus groß. Humor kann da die heilende und rettende Brücke über den tiefen Schmerz sein.

Lachen Sie, weinen Sie – aber tun Sie »es«! Begegnen Sie sich körperlich, auch wenn Ihr Liebesleben lange eingeschlafen oder völlig routiniert war. Scheren Sie aus allen Gewohnheiten aus und lieben Sie sich. Legen Sie sich gemeinsam hin, machen Sie nichts, warten Sie ab, fühlen Sie sich selbst, nehmen Sie wahr und folgen Sie Ihrem Körper. Tun Sie das, so oft Sie können. Je mehr Sie sich um die Liebe bemühen, sich ihr öffnen, desto mehr Liebe wird zwischen Ihnen beiden entstehen. Je weniger Sie die körperliche Liebe praktizieren –

egal, wie viel Sex Sie haben – desto mehr leben Sie sich auseinander. Je öfter Sie sich körperlich in Liebe verbinden, desto heilsamer wirkt sich dies auf Ihre Partnerschaft aus. Sie werden feststellen, dass sexuelle Harmonie ganz maßgeblich verantwortlich ist für die Zufriedenheit in der Liebe. Häufige körperliche Verbindung in Liebe vertieft die emotionale Bindung, schafft Vertrauen und sorgt für mehr Ruhe und Ausgeglichenheit in unserem Körper.

Wir werden auf diesem Weg immer heiterer, manchmal surfen wir regelrecht emporgehoben und glückselig durch den Tag, so wie ich es ganz zu Anfang dieses Kapitels beschrieben habe. Wir sind einfach in allen Bereichen des Lebens liebender und lassen die Dinge und die Menschen mehr »sein«, wenn wir uns häufiger körperlich in Liebe verbinden. Vor allem aber bekommt der Sex einen völlig anderen Stellenwert. Er verliert jeglichen Mythos, wird vielmehr zum Tor der Liebe und Verbundenheit. So reduzieren wir den einstigen Erwartungsdruck, mit dem wir den Sex umgeben haben, radikal.

Tun Sie es, so oft Sie können

Bitte verstehen Sie mich nicht falsch, lassen Sie sich durch die letzten Zeilen nicht erneut unter Druck setzen. »Jetzt sagt die auch noch, wir müssen oft Sex miteinander haben!« Das ist nicht der Punkt, den ich hier machen will. Sie müssen hier gar nichts: keine Stellungen, keine Orgasmen, keine aufregenden Abenteuer, geheimen Praktiken oder besonderen

Lustgefühle und Leidenschaft. Mein Plädoyer lautet: Seien Sie, so oft Sie können, Sie selbst. Und verbinden Sie sich, so oft Sie können, mit Ihrem Partner. Nehmen Sie sich Zeit für eine wahrhaft intime Begegnung. Dafür müssen wir raus aus unserem Kopf und hinein in das Jetzt unseres Körpers gehen. Vielleicht treffen Sie dort erst mal nicht auf orgastischen Gefühle, vielleicht begegnen Ihnen dort Lustlosigkeit, Zähigkeit oder Scham wie breitschultrige Türsteher vor einem verheißungsvollen Nachtclub. Auch gut.

Bleiben Sie einfach nur beieinander auf dem Weg, das zu lieben, was der andere ist. Und seien Sie dabei beharrlich, auch wenn es Rückschläge gibt. Sie wissen jetzt, dass auf diesem Weg manche unterdrückte Emotion freigesetzt wird. Da kann es zwischen Ihnen explodieren, können die Gefühle schwanken wie auf hoher See. Reiten Sie die Wellen, statt sich von Ihnen mitreißen zu lassen. Beobachten Sie sich selbst und suchen Sie immer wieder nach der Liebe. So wird sie sich ausbreiten und Sie beide immer stabiler miteinander verbinden. Wenn Sie sich wieder und wieder überwinden, werden Sie immer deutlicher spüren, wie gänzlich anders sich der Fluss der körperlichen Liebe im Vergleich zu Sex anfühlt. Wenn Sie dabei bleiben, können Sie mit der Zeit das entdecken, wonach Sie sich all die Jahre gesehnt haben. Auf diesem Weg werden Sie wieder fähig, wahre Intimität zu empfinden und Ihre Liebe wachsen zu lassen. Sie können Ihre sexuelle Energie, Ihre Lebenskraft und Ihren inneren Frieden wiederfinden. Ihr Körper kann sich Ihnen wieder anvertrauen, können sich alte Verletzungen lösen, kann sich die Entspannung einstellen, in der sich Ihr ganzer Körper hingibt.

Ich bin davon überzeugt, dass die körperliche Liebe unserer tiefsten menschlichen Natur entspringt. Dass sie ganz selbstverständlich aus uns heraus – und zu einem anderen Menschen, dem wir unser Herz öffnen, hinfließt. Wir müssen es uns nur wieder erlauben. Dafür brauchen wir unsere Unschuld zurück – das Gefühl: Alles ist in Ordnung mit uns, egal, was wir fühlen oder nicht fühlen. Bei der Rückkehr zu unserer Sexualität gibt es nichts zu tun. Es geht nicht um Stellungen, Können, Machen oder Häufigkeit. Es geht auch nicht um Lust oder Begehrlichkeit – es geht um den körperlichen Ausdruck von Liebe.

Immer wieder hört man von wunderbaren Heilungsprozessen, wenn Menschen, deren Bewusstsein getrübt ist, körperliche Zuwendung zuteil wird. Egal, ob Koma- oder Alzheimer-Patienten, sie alle reagieren erwiesenermaßen positiv auf liebevolle Berührungen und Zärtlichkeit, auch wenn sie sich in unserem Wertesystem kaum oder gar nicht mehr orientieren können. Kürzlich las ich von einem Pflegeheim für Alzheimer-Kranke, in dem mehrere Dutzend – meist ältere – Menschen bis zu ihrem Tode wohnen. Fast alle sind verwirrt, können ihre nächsten Angehörigen kaum erkennen, sich nur noch bruchstückhaft an ihr vergangenes Leben erinnern. Die Leiterin des Heims ist überzeugt, dass unter einer derartigen Befreiung von Eigenanspruch, gesellschaftlichen Normen und Pflichten die menschliche Natur wieder in Fluss kommt: »Bei uns ist jeder Zweite sexuell aktiv. Menschen, die beim Essen auf fremde Hilfe angewiesen sind und denen das Denken Schwierigkeiten bereitet, beginnen hier, sich ineinander zu verlieben und zu begehren – mit allen

Konsequenzen. Wenn es ein Fest im Haus gibt, dann blitzen die Augen der Frauen wieder wie mit achtzehn. Und die Männer sind zärtlich und wieder voller Energie.«

In seinem jüngsten Buch *Elf Minuten* versucht der berühmte lateinamerikanische Weltbestseller-Autor Paulo Coelho dem Geheimnis der Sexualität auf den Grund zu gehen. Dabei stellt er sich allerdings bemerkenswerterweise die Frage: »Wie berührt man die Seele? Durch Liebe oder durch Lust?« Seine Protagonistin, die Prostituierte Maria, gibt die Antwort in ihrem Tagebuch:

Was will dieser Maler von mir? Wir sind so unterschiedlich von unserer Herkunft und unserer Bildung her. Glaubt er, dass ich ihm in puncto Sex etwas beibringen kann? [...]

Er ist ein Künstler: Er sollte wissen, dass der Mensch die Liebe in ihrer Ganzheit begreifen muss. Die Liebe ist nicht im anderen, sie ist in uns selbst; wir erwecken sie. Aber für dieses Erwecken brauchen wir den anderen. Das Universum ergibt nur einen Sinn, wenn wir jemanden haben, mit dem wir unsere Gefühle teilen können.

*Er hat genug vom Sex? Gut, ich auch – und dennoch, weder er noch ich weiß, was das ist.**

* Paulo Coelho: *Elf Minuten*, Zürich: Diogenes 2003, S. 128

6. Kapitel

Kinder der Liebe

Beziehungen zerbrechen, wenn sie kinderlos bleiben. Paare sind nur noch zusammen wegen der Kinder. Beziehungen erleben ihren ersten großen Riss bei der Geburt eines Kindes … Kinder haben eine unglaubliche Kraft. Kinder sind Hoffnungsträger und Spiegel der Familie. Kinder brauchen keine Freundlichkeit, sie fordern echte Nähe, und damit bringen sie jedes Defizit ihrer Eltern zu Tage, transformieren jede Beziehung. Kinder fordern die Hingabe ihrer Eltern über alle Grenzen hinaus. Kinder zeigen in ihrem Verhalten seismografisch genau, woran ihre Eltern jenseits ihrer Worte wirklich glauben und wo die Beziehung der Eltern wirklich steht.

Noch ein letztes Mal möchte ich einen kurzen Ausflug ins Reich der Zahlen und Statistiken wagen, um ein Phänomen zu untermauern, für das es in unserer Gesellschaft deutlich an Bewusstsein fehlt: Auf der Rangliste der häufigsten Beweggründe für eine Scheidung stehen auf Platz drei die Veränderungen nach der Geburt des ersten Kindes. »Wann haben die Probleme zwischen Ihnen beiden begonnen? Seit wann haben Sie keine Lust mehr auf Sex? Seit wann ist Ihr Partner fremdgegangen? Seit wann hat Ihre Ehe ihre Kraft verloren? Seit wann ist die Liebe auf der Strecke geblieben?«

Ich weiß nicht, wie viele Male ich auf eine dieser Fragen immer die gleiche Antwort mit dem gleichen schuldbeladenen, traurigen Blick bekommen habe: »Seit unser Kind geboren wurde!«

Ich glaube, für die wahre Dimension der Geburt eines Kindes gibt es in unserer Gesellschaft nur wenig Bewusstsein. Kürzlich rief mich eine Freundin an, die vor einigen Monaten ein Baby bekommen hatte: »Weißt du, nichts von alledem kann einem vorher jemand sagen. Vorher kann man das alles gar nicht glauben und auch nicht verstehen. Eine Frau, die ein Kind zur Welt gebracht hat, ist in nichts mehr zu vergleichen mit der Frau davor.« Meine Freundin hatte gerade die Nacht damit zugebracht, sich um ihr fieberndes, erkältetes Baby zu kümmern, obwohl sie eigentlich selbst eine schwere Blasenentzündung hatte. Völlig übermüdet, fertig und erschöpft am Morgen danach, wunderte sie sich über sich selbst: wie sehr sie doch, wenn es um ihr Kind ging, über sich hinauswachsen und immer wieder geben konnte, obwohl sie doch eigentlich selbst nichts mehr hatte.

Schwangergehen mit uns selbst

Wenn Frauen schwanger werden, ändert sich in ihrem Körper so ziemlich alles, von den Hormonen über Haut und Haare bis zu den Gelüsten – ganz zu schweigen davon, dass ihre Gefühle Achterbahn fahren. Über Nacht finden werdende Mütter sich in einem engen Netz von Regularien wieder: nicht mehr rauchen, nicht mehr trinken, nicht mehr schwer tragen, nicht mehr dieses, nicht mehr jenes. Alles dreht sich nur noch darum, dass sie rücksichtsvoll und verantwortungsbewusst sind – selbstlos geben für das unsichtbare neue Leben in ihnen. Und schließlich: Sie nehmen zu – kontinuierlich und unwillkürlich und in den seltensten Fällen nur am Babybauch. Dabei dreht sich im Leben einer Frau heute so viel um die Schönheit und ihren Körper. Fast jede Frau hat schon mal Diät gemacht, immer mehr Frauen lassen Schönheitsoperationen vornehmen. Krankhafte Essstörungen treten immer noch fast ausschließlich bei Frauen auf. Und dann auf einmal werden sie schwanger, und jeder Anspruch an ihr Schönheitsideal soll wie weggeblasen sein. Genauso soll es ihnen von heute auf morgen leicht fallen, nicht mehr zu rauchen oder zu trinken, sich hier zurückzunehmen und dort kürzer zu treten, Einschnitte in der beruflichen Entwicklung hinzunehmen.

Da sind dann natürlich auch noch die Männer von den schwangeren Frauen. Die wenigsten waren bisher eingehend mit dem Innenleben einer Frau befasst und schon gar nicht mit einem, das Achterbahn fährt. Besonders gut informierte Männer haben den Begriff »Prämenstruelles Syndrom« schon mal im Radio gehört. Ansonsten ist ihnen die Gefühlsanarchie des anderen Geschlechtes eher fremd bis suspekt. Plötzlich sollen diese Männer nun aber Väter sein. Dabei ist bei den Müttern äußerlich monatelang nicht mal was zu sehen. Geschweige denn, dass es für die Männer selbst etwas zu fühlen gäbe. In ihrem Körper ist alles wie immer, in ihrem Hormonhaushalt weitgehend auch. Sie haben nicht plötzlich Wasser in den Beinen, ihnen wird auch nicht schlecht, wenn sie Leberwurst sehen. Die Männer leben wie bisher – aber auf einmal wird ihnen mitgeteilt, dass sie ab jetzt werdende Väter sein sollen.

Den Höhepunkt findet diese ungleiche Verteilung der bewussten, vor allem körperlichen Wahrnehmung bei der Geburt: Frauen erleben die unvorstellbarsten Schmerzen ihres Lebens, ihr ganzer Körper zerbirst unter den Wellen der Wehen. Und Männer schauen von draußen zu wie Reporter am Rande eines Krisengebietes. Die Geburt eines Kindes ist einer der am wenigsten verstandenen Momente im Eheleben. Und dies ist der Moment, an dem sich in vielen Ehen ein tiefer Spalt zwischen den beiden Partnern auftut. Das Fatale allerdings ist: Dieser Moment ist so existenziell, alle befinden sich in einem solchen Ausnahmezustand, dass es später nur wenig Bewusstsein für den in ihm entstandenen emotionalen Riss zwischen den Partnern gibt.

Die Geburt – Anfang der Trennung

Frauen fühlen sich an der Schwelle zwischen Leben und Tod auf einmal allein gelassen. Und Männer fühlen sich in dem Moment, wo es wirklich etwas ins Leben zu bringen gibt, zutiefst hilflos. Hier handelt es sich um Elementarerfahrungen im menschlichen Leben – allerdings erleben die wenigsten Paare das, was sie sich erträumt haben. Vor allem die Frauen tragen häufig tiefe Enttäuschung und Wut mit davon, die meist erst viel später an die Oberfläche kommt. »Mein Mann ist doch immer nur hektisch rumgelaufen«, ist noch eine der harmlosen Darstellungen. Da gibt es Männer, die ohnmächtig geworden sind. Welche, die immer in den entscheidenden Momenten rausgelaufen sind oder sich hinter Videokameras und Fotoapparaten versteckt haben. Da gibt es Männer, die bei längeren Geburten vor Erschöpfung eingeschlafen sind. Welche, die ständig den Arzt oder die Hebamme nach den neuesten Daten und Fakten gefragt haben. Es gibt Männer, die betrunken waren. Welche, die aus dem Kreißsaal direkt zur Geliebten gefahren sind oder die, noch während die Frau im Wochenbett lag, eine Liebschaft begonnen haben.

Mehr oder weniger bewusst verlieren viele Frauen nach der Geburt den Respekt vor ihren Männern. Und selbst wenn der Mann vorbildlich die ganze Zeit über da war und die Hand gehalten hat, so haben Frauen sich trotzdem verloren und abgetrennt gefühlt. Manche waren sogar auf unerklärliche Weise wütend, wollten von ihrem Mann nicht angefasst werden, haben sich sogar gewünscht, dass er den Kreißsaal verlässt. Die Geburt reißt uns Frauen hinab in die Wahrheit unseres Körpers, zwingt uns für den Moment in die vollkommene Wahrnehmung unserer selbst. Da kommt alles nur Erdenkliche aus den tiefsten Tiefen unseres körperlichen, emotionalen und seelischen Seins zu Tage. Da sind wir gezwungen, völlig empfänglich und gleichzeitig völlig präsent zu sein. Auf einem solchen Terrain von ursprünglicher Hingabe fühlen wir westlich-weiblichen Wesen uns schnell verloren, abgeschnitten und wütend über die Wahrheit des weiblichen Seins – das Leben annehmen und empfangen zu müssen, bei jeder Wehe seiner ganzen gewaltigen Kraft ausgesetzt zu sein. Wir können uns nur öffnen für diese Lebenskraft, wir können nichts tun, sie nicht bestimmen, verändern oder verstehen, wir können nur mit ihr gehen.

Meiner Erfahrung nach ist es für einen Mann fast unmöglich, es bei der Geburt wirklich richtig zu machen. Und meiner Erfahrung nach verstehen die meisten Frauen nicht, dass Männer von Natur aus nun mal außen vor sind bei diesem existenziellen Empfangen des Lebens. Der Mann fühlt all das nicht, was die Frau fühlt. Alles in ihm ist eigentlich wie immer. Er kann nur sehen, dass da etwas Unvorstellbares, Schmerzliches, Beängstigendes mit seiner Frau passiert, aber er kann es nicht selber fühlen – vor allem, er kann nichts machen. Er kann nur bei-wohnen und mit-fühlen.

Männer sind es gewohnt zu handeln, die Dinge im Griff zu haben, zu entscheiden. Hier können sie nichts tun, nichts analysieren, nichts beeinflussen, nicht mal wirklich helfen. Nach allen Gesprächen mit Männern über dieses Thema möchte ich den Frauen an dieser Stelle die Quintessenz der männlichen Geburtserfahrung so sehr ans Herz legen, wie ich nur kann: Hilflosigkeit, Ohnmacht und Außenvorsein. Und ich möchte hier bei den Frauen für tieferes Mitgefühl plädieren. Wir Frauen werden über den Schmerz in der Bewusstheit gehalten, quasi in die Anwesenheit in unserem Körper gezwungen – das hat die Natur klug so eingerichtet. Aber ich schwöre Ihnen, liebe Geschlechtsgenossinnen – könnten wir abhauen, ohnmächtig werden, uns hinter Fotoapparaten verstecken, mit ein paar Kumpels betrinken oder einschlafen, um in diesem Moment die urgewaltigen Schmerzen der Wehen nicht zu durchleiden – wir würden es tun!

Die Geburt könnte für viele Paare die Geburt wahrer Liebe werden, denn in diesen Stunden trifft man kaum auf Schönheitsköniginnen oder mutige Helden, hier trifft man auf die Urgewalt des Lebens, und hier erwartet die göttliche Natur von allen Beteiligten vor allem eins: Hingabe an das, was ist. Frauen müssen in ihrer Hingabe und Schmerzfähigkeit über sich selbst hinauswachsen wie noch nie in ihrem Leben. Und Männer müssen die Kleinheit ihres Macherdaseins zutiefst erkennen. Sie müssen sich reduzieren lassen auf die Rolle des Beiwohners, während das Leben sich selbst gebiert. Hier gibt es für niemanden etwas zu bekommen und nichts zu begehren, hier begegnen sich weiblicher Schmerz und männliche Ohnmacht, hier bedarf es tiefen Mitgefühls für die jeweilige Ausnahmesituation des anderen. Wenn zwei Menschen sich so ganz und gar im verdrängtesten Winkel ihres Seins erfahren haben, folgt die unvorstellbare Belohnung auf dem Fuße – da ist ein Mensch, wo vorher keiner war.

Das Neugeborene bringt unsere Defizite zur Welt

Das Erste, was dieser kleine Mensch tut, nachdem er seinen Eltern allein durch seine Existenz größtes Glück beschert hat – er schreit. Anschließend hat er meist Hunger. Vom ersten Moment an ist dieser Mensch bedürftig, fordert er bedingungslose körperliche, emotionale und seelische Präsenz. Kaum jemand hat uns gesagt, dass die lebendige, glückselige, reine, wahrhaftige Kraft eines Kindes eine der stärksten Herausforderungen für jede Beziehung ist. Ein kleines Kind denkt nicht darüber nach, was es tut. Ein Kind ist einfach das, was es gerade tut. Wenn ein Baby schreit, dann schreit das ganze Baby bis in die winzigen Zehen und Fingerspitzen hinein. Und wenn ein Baby lacht, dann gluckst der ganze Körper. Kinder verstellen sich nicht. Kinder fragen auch nicht, ob ein Verhalten gerade adäquat ist. Sie sind, was sie sind. Sie fordern wieder und wieder, was sie gerade brauchen. Je weniger wir ihnen davon geben können, desto mehr werden sie danach verlangen.

Wenn Kinder kommen, erscheinen sofort all unsere Defizite: Wir wollen ihnen alles geben und müssen feststellen, dass wir in manchen Bereichen nichts haben. Vom ersten Tag an wollen sie unmittelbaren Kontakt, Körperlichkeit, Zuwendung und die absolute Aufmerksamkeit im Moment. Da sie uns immer ganzheitlich fordern, treten durch sie all unsere eigenen Löcher im Herzen zu Tage. So wie Blumen zur Sonne wachsen, sind Kinder die stetige Hinwendung zur Liebe. Da, wo wir in unserem Leben keine echte Liebe erfahren haben, können wir ihnen auch keine weitergeben. Der Strom ist unterbrochen. Egal, wie sehr wir versuchen, zu geben oder zu kompensieren – von Kind zu Kind wird unser eigener Mangel für uns nur deutlicher spürbar. Tief im Inneren fühlen wir uns dann schuldig und ziehen uns hinter Arbeit und Pflichten zurück oder werden zu erstklassigen Freizeitorganisatoren. Dabei ist Kindern selbst die unvollkommenste gelebte Wahrheit lieber als ein Rückzug oder eine von uns für sie inszenierte heile Welt.

Natürlich wollen wir alle für unsere Kinder nur das Beste. Und wenn im Leben und in der Beziehung gerade nicht alles zum Besten läuft, dann versuchen wir meist, es besonders gut zu machen. Gestern noch Ehekrach, Anschreien, Auseinandersetzung – dafür soll der Kindergeburtstag heute umso schöner und harmonischer werden. Tagelang keine wirkliche Zeit für die Kinder gehabt – heute müssen wir aber wirklich mal den Nachmittag im Schwimmbad verbringen. Und dann erwischen wir uns dabei, dass wir von dem Geschrei beim Kindergeburtstag völlig entnervt sind, dass wir keine Lust auf die vierte Runde Waffeln backen haben. Im Schwimmbad sind wir in Gedanken beim Einkauf, bei der Wasserschlacht kriegen wir regelrechte Beklemmungen.

Wir merken sofort, ob wir gerade wirklich mit unseren Kindern verbunden sind. Wir merken es daran, dass es leicht geht. Wir kichern selbst mit, wir finden die Geschichte selbst spannend, wollen selbst noch mal mit auf die Wasserrutsche. In solchen Momenten haben wir unseren Kindern etwas zu geben. An all den anderen zähen Gesellschaftsspiele-Abenden opfern wir uns auf. Wir fühlen uns schuldig oder verpflichtet. Im Inneren spüren unsere Kinder das ganz genau. Kinder haben feinste Antennen für die Unwahrheit in einer Situation. Sie beginnen zu nerven, um Aufmerksamkeit zu erlangen. Sie fühlen die Leere, die von ihren Eltern ausgeht, was in ihrem Inneren zu Gefühlen von Wertlosigkeit führt.

Aus solch toten oder zähen Begegnungen gibt es zwei Auswege: Entweder sind Sie ehrlich zu Ihren Kindern und sagen: »Ich habe überhaupt keine Lust auf dieses Spiel. Ich will mich einfach nur aufs Ohr legen, dieses Buch lesen, meine Ruhe haben …« Oder: »Ich bin wirklich müde, ich kann die Waffeln heute nicht alleine backen – ihr müsst mir helfen.«

Oder Sie gehen bei vollem Bewusstsein hinein in die Begegnung mit Ihren Kindern und sind ehrlich zu sich selbst, fühlen mutig, dass Sie abwesend, entnervt, müde oder erstarrt sind. Wenn Sie aufhören, aus letzten Kräften den vorbildlichen Vater oder die mitfühlende Mutter zu spielen, wenn Sie sich offen Ihrem eigenen Mangel stellen, dann entsteht vielleicht keine Kissenschlacht oder Kitzelorgie, aber vielleicht eine berührende Nähe zwischen Ihnen und Ihren Kindern. Wenn Sie sich im vollen Bewusstsein Ihren inneren, wenig angenehmen Gefühlen oder Ihrem Gefühlsloch stellen, beginnt erstaunlicherweise etwas zu fließen. Auch das spüren die Kinder. Wenn Sie sich mit all der inneren Zähigkeit trotzdem einlassen, Ihre Schwäche zeigen und sagen: »Ich will es wenigstens versuchen«, dann passieren oft ungeahnte Dinge.

Das Gegenteil von gut ist gut gemeint

Ein weiser Mann pflegte zu sagen: »Das Gegenteil von gut ist gut gemeint.« Besonders schmerzlich wird Ihre leere Aufopferung für die Kinder, wenn Sie eines Tages etwas von Ihren Kindern erwarten. Da hat keins der lieben Kleinen auch nur den Teller freiwillig in die Spülmaschine geräumt, aber Sie haben ihnen jahrelang ein perfektes Geburtstagsfest organisiert. Da hat der Nachwuchs tagelang nicht gehört, war renitent oder jähzornig, und Sie haben trotzdem wieder Kakao gekocht und hinter ihm hergeräumt, obwohl Sie ihn am liebsten zum Mond geschossen hätten.

Sie haben stets verzichtet: sind nicht zur Party gegangen,

haben die Karriere schweren Herzens an den Nagel gehängt und sind jeden Abend mit ins Bett gegangen, weil die Kleinen sonst nicht schlafen konnten. Und dann geht es Ihnen schlecht, und keines Ihrer Kinder fragt ohne ausdrückliche Aufforderung auch nur nach Ihrem Befinden. Sie haben Geburtstag, und es gibt kein Kerzchen, keine auch noch so kleine Überraschung. Sie gehen mit Ihren Kindern zu einem für Sie wichtigen Anlass, und die lieben Kleinen benehmen sich wie schwer erziehbare Halbgescheite.

Ich weiß, die Wahrheit ist bitter: Aber das alles ist die Ernte von leeren Samen. Das alles geschieht, wenn Sie sich aufgeopfert, eine Rolle gespielt, leere Benimmregeln verordnet haben. Wann immer Sie gegeben haben, weil Sie glaubten, geben zu müssen, ist bei Ihren Kindern nichts Substanzielles angekommen. Es gibt nur einen Weg, erfüllte, wahrhaftige Menschen ins Leben zu bringen: Wahrhaftigkeit sich selbst gegenüber. Wenn Sie anfangen, sich Ihren Kindern mit all den Lücken und Bedürftigkeiten zu zeigen, wissen Ihre Kinder, wer Sie/sie wirklich sind. Langsam, aber sicher werden Sie ihnen auf diesem Weg immer mehr Kraft und echten Spaß geben können statt gut gemeinter Elternrollen-Spiele.

In einer Filmszene sagt eine kaltherzige, verhärtete Mutter zu ihrem Sohn: »Wenn ich für dich etwas fühle, dann ist es, als ob ich in eine Schüssel voller Angelhaken greife. Ich kann nie nur einen herausziehen. Es hängen immer alle möglichen aneinander. Also lasse ich es lieber.« Ich glaube, dass wir unseren nach Lebendigkeit hungernden Kindern und unserem eingesperrten Herzen keinen größeren Gefallen tun können, als mutig in unsere Schüssel voller Angelhaken zu greifen.

Unsere Kinder brauchen das, was uns am meisten schmerzt

Noch ein kurzer Ausflug ins Reich des Schattens: Jeder Mensch hat Stapel von Eigenschaften, die ihm nicht bewusst sind. Jeder trägt Kräfte in sich, die während seines Heranwachsens so stark mit einer Wertung oder Verurteilung belegt wurden, dass er sie sich nicht mehr erlaubt. Wir alle haben sehr tief greifende Mechanismen, um solche Kräfte komplett aus unserem Denken, Fühlen und Handeln auszuklammern. Unsere Partner sind die, die uns an all dies wieder erinnern. Sie agieren, meist mit unglaublicher Hartnäckigkeit und Präzision, all diese verdrängten Eigenschaften aus. Sie sind dann schlampig, unzuverlässig, zwanghaft ordentlich – all das, was wir eben unerträglich finden.

Auch wenn das Hervortreten unserer ungeliebten Schatten meist sehr schmerzhaft ist, können wir doch dankbar sein, wenn sie in unserem Leben wieder ihren Raum fordern. Wir haben einst diese Teile von uns nur deshalb mit so schweren Ketten belegt und so weit weg in die Verbannung geschickt, weil sie eine so große und bedeutungsvolle Kraft in unserem Leben darstellen. Wenn wir heute ein wahrhaft ausgeglichenes und authentisches Leben führen wollen, dann brauchen wir unseren Schatten unbedingt zurück – auch wenn wir ihn längst auf einen anderen projiziert haben und ihn scheinbar verabscheuen. In ihm verbergen sich entscheidende Gaben und Fähigkeiten, die wir für unser Fortkommen oder unser Lebensglück – und häufig auch für das unserer Kinder – brauchen.

Wenn Eltern in Zeiten von Streit, Krise, Trennung oder Scheidung nicht so stark in die Polarisierung mit ihrem Partner verstrickt wären, könnten sie meistens erkennen, dass die Kinder dringend, manchmal lebenswichtig, das für ihre Entwicklung brauchen, was sie selbst am Partner nicht mehr ertragen können. Das Tragische gerade an diesem Punkt einer Beziehung ist, dass wir – erkennen wir den Schatten schon nicht am Partner als einen Teil von uns, sondern verurteilen oder hassen ihn gar zutiefst – auch nicht erkennen können, wie dringend unsere Kinder diese Kraft benötigen, um in ihre Mitte zu kommen. Wenn wir stets pflichtbewusst und pünktlich sind, brauchen unsere Kinder dringend ein bisschen Chaos, damit überhaupt Platz für ihre spielerische Kreativität ist.

Nachdem wir meist schon geraume Zeit mit unserem Partner in einen Entweder-oder-Machtkampf verstrickt waren, können wir nach einer Trennung unseren Kindern keinen größeren Gefallen tun, als den Abstand zum Partner wirklich zu nutzen. Jetzt, da wir wieder ein bisschen sicheren Raum haben, sollten wir uns so bewusst und liebevoll wie möglich mit dessen verhasster Eigenart und ihrer Integration in unser Leben beschäftigen. Wenn Sie das Chaos Ihres Partners unerträglich fanden, dann erlauben Sie sich endlich selbst ein bisschen Chaos – Sie müssen es ihm ja nicht erzählen. Nur so können die Kinder zur Ruhe kommen und müssen nicht erneut all das abspalten, was Sie schon als Kind abgespalten haben.

Vor den Kindern nicht über den ehemaligen Partner zu sprechen, nützt dabei gar nichts – auch hier gilt das, was schon für uns als Kinder galt: Es geht ums Klima – und das, was Sie nicht sagen, hören die Kinder am deutlichsten. Wenn Sie hadern und innerlich um den Frieden mit dem Ex-Partner kämpfen, dann ist es besser, den Kindern dies ehrlich zu zeigen. Nur so können die Kinder selbst innerlich nach Frieden suchen, statt ihre Liebe zu Ihnen beiden gezwungenermaßen in die Abspaltung schicken zu müssen.

Ich will nicht Papa – ich will die Liebe

Besonders deutlich hat mir Nora gezeigt, was im Inneren von Kindern geschieht, wenn Eltern sich bekriegen. Nora ist eine junge Frau Anfang zwanzig. Sie kam zu mir mit einer Essstörung, die ihr Leben bestimmte, seit sich ihre Eltern getrennt hatten. Nora lebte in ihrer eigenen Wohnung, fuhr aber oft zu ihrer Mutter in ihr ehemaliges Elternhaus. Kaum war sie dort, aß sie, wenn es keiner mitbekam, alles, was sie kriegen konnte. Oft nahm sie ihrer Mutter heimlich Geld aus dem Portemonnaie. Egal, ob sie ihr Elternhaus oder die Wohnung ihres Vaters verließ, unmittelbar danach musste sie wie unter Zwang riesige Mengen von Lebensmitteln einkaufen und damit in ihrer eigenen Wohnung eine Fressorgie veranstalten, um anschließend alles wieder zu erbrechen.

Sie nannte ihren Zustand »zwischen ihren Eltern am Gummi hängen«: Wenn sie mit dem einen sei, dürfe sie nicht mehr mit dem anderen sein. Plötzlich sei da so ein »Stopp« in ihr, dann dürfe sie nicht mehr näher. Einmal sagte sie: »Mit meiner Mutter kann ich angeblich reden, seit mein Vater ausgezogen ist. Aber das sind nur Worte. Sie sagt ungefragt, dass sie ihn akzeptiert. Aber eigentlich ist sie immer irgendwie wütend, egal, was er macht. Am schlimmsten ist es, wenn sie mich umarmen will. Wenn ich sie spüre, ist das irgendwie so, als ob man auf die heiße Herdplatte fasst. Das fühlt sich schrecklich angespannt und leer an. Das ist wie verhungern. Bei meinem Vater ist es eher, wie an Erbrochenem zu ersticken. Der ist zwar lockerer als meine Mutter, aber immer, wenn ich mich richtig freue, bei ihm zu sein, hängt er nur rum und redet von damals, oder er ist mit irgendwas scheinbar Wichtigem beschäftigt und gar nicht richtig da.«

Einmal hat Nora im Verlauf unserer Arbeit einen Brief an ihre Mutter geschrieben, den sie leider nie abgeschickt hat: »Du glaubst mir nicht, aber eigentlich ist es mir egal, ob du mit Papa oder dem Neuen zusammenlebst. Wirklich! Du glaubst, ich will immer nur, dass ihr wieder zusammen seid. Aber das ist es nicht. Was mich so krank macht, ist deine Heuchelei. Du sagst nie wirklich was über Papa. Aber trotzdem kommt doch jedes Mal raus, dass er wieder was nicht richtig gemacht hat. Wenn du über Papa meckerst, ohne dass du so richtig offen über ihn sprichst, dann möchte ich nur weg, dann ist kein Platz für mich. Es ist mir langsam echt egal, ob du Papa oder den Neuen nimmst oder einen anderen oder gar keinen. Aber ich will deine Wut, deine Angst und deine leeren Umarmungen nicht mehr. Ich platze. Ich könnte kotzen. Ich will dich nicht zwingen, zu Papa zurückzugehen. Darum geht es überhaupt nicht. Ich will nur diesen Scheißhunger und dieses Zum-Kotzen-Gefühl nicht mehr haben.«

Nora hat in ihren Schilderungen auf eine eindringliche Weise die fatale Dynamik von Trennung für Kinder deutlich gemacht: Immer muss etwas geopfert werden, um etwas anderes zu behalten. Immer gibt es nur das eine ohne das andere. Häufig ist eins gut, weil das andere schlecht sein soll. Die Wahrheit ist: Es gibt kein Hell ohne Dunkel, kein Schwarz ohne Weiß – vielmehr bedingt das eine das andere. Das eine ist so wenig richtig, wie das andere falsch ist. Das eine gäbe es nicht ohne das andere. Nora und die anderen Kinder tragen in sich noch die Erinnerung an die eigentliche Kraft der Liebe: Die Liebe opfert nicht, sie umfasst alles, vermehrt es, verteilt es und lässt es überfließen. Aber sie grenzt nie etwas aus.

Nora hat mich tief im Herzen bewegt. Mit ihrer Art zu fühlen und die Dinge zu beschreiben, hat sie mich an diese elementarsten Wahrheiten erinnert: Kinder umfassen alles, ohne es zu wissen. Wenn sie gezwungen sind, etwas auszugrenzen, dann ist in ihrem Innersten ein Teil von ihnen gezwungen, zu erstarren oder ums Überleben zu kämpfen. Nora hat manchmal gesagt: »Ich liebe sie beide – mir ist es egal, ob sie im gleichen Haus leben. Für mich sind wir eins.«

Sie hat Recht damit. In einer tiefen spirituellen Dimension sind wir alle eins; sind wir alle miteinander verwoben – ganz egal, ob wir uns räumlich trennen oder nicht. Unsere Kinder sind der Ausdruck unserer Verwobenheit. In ihnen fließen zwei von uns zusammen. In ihnen können zwei Kräfte eine neue Einheit bilden. Und wenn wir das vermeintliche Dunkel im anderen nicht akzeptieren, dann erstarren nicht nur wir, sperren nicht nur wir die Liebe aus – dann geschieht dies alles auch in unseren Kindern.

Machtkampf ist Kinderlähmung

Meistens beruhigen Sie nur sich selbst, wenn Sie während einer Krise oder nach einer Trennung behaupten: »Ich rede nie schlecht vor den Kindern über meinen Mann. Ich streite nicht vor den Kindern mit meiner Frau.« Sie tun das auch vielleicht nicht offensichtlich. Sie sagen vielleicht auch nicht: »Dein Vater ist ein Idiot. Die Zicken deiner Mutter kann ich nicht mehr länger ertragen ...« Das, worunter die Kinder leiden, findet auf subtileren Ebenen statt. Es sind Sätze wie »Habt ihr bei Papa wieder nur Fernsehen geguckt?« oder: »Tja, eure Mutter will das eben so«. Der Tenor solcher Sätze ist immer der gleiche: Der andere ist falsch.

Es ist der mehr oder minder unausgesprochene Machtkampf um Lebenshaltungen und Freizeitkonzepte, der die Kinder zermürbt. Fast in allen Trennungen kenne ich das Phänomen: McDonald's-Video-Dauerprogramm kontra: »Du musst noch Klavier üben!« und: »Der Salat wird gegessen.« Einer der Partner ist in einem Bereich besonders streng, moralisch oder engagiert. Dafür ist der andere besonders spielerisch, nachgiebig und nachlässig. Je angespannter die Trennungssituation wird, desto extremer geht der Hamburger-kontra-vollwertige-Möhre-Streit durch die Familie.

Eine gerade getrennt lebende Frau glaubt, den Beweis für die Unzulänglichkeit ihres Ex-Partners und die Richtigkeit der Trennung gefunden zu haben: »Es geht meinen Kindern jetzt immer sofort gut, sobald er weg ist.« Allerdings erlebt ihr Partner genau das gleiche Phänomen, wenn er mit den Kindern alleine ist.

Ehe ist nicht die Lösung. Trennung an sich ist nicht das Problem. Das, was wir über die Ehe denken, das, was wir von der Trennung und unserem ehemaligen Partner glauben, ist das Entscheidende. Wenn wir glauben, Trennung traumatisiert unsere Kinder, dann werden unsere Kinder traumatisiert. Wenn wir unsere Partner verurteilen oder verachten, während wir noch mit ihnen zusammenleben, dann zerreißt das unsere Kinder in ihrem allumfassenden Bedürfnis zu lieben. Wenn wir uns entspannen, sobald wir Abstand zu unserem Partner haben, dann entspannen sich erst auch einmal unsere Kinder. Nicht eine Situation an sich ist für das Kind ein Problem, sondern die Art, wie die Eltern damit umgehen. Die tiefste Wahrheit, die unter allen anderen Wahrheiten liegt, ist allerdings die, dass es keine Trennung gibt. Wir können uns nur von etwas wirklich befreien, indem wir es annehmen.

Deshalb trennen Sie sich doch lieber in Liebe, wenn Sie sich trennen. Der größte Gefallen, den Sie Ihren Kindern bei einer Scheidung tun können, ist, wieder und wieder nach Vergebung und ehrlichem Verständnis für das Anderssein Ihres Partners zu suchen. Ihr Leben und das Leben Ihrer Kinder wird so nach der Trennung schneller zur Ruhe kommen. Ihre Persönlichkeit wird daran wachsen, und Ihre Kinder werden mehr Halt in sich selbst erfahren.

Ich bin davon überzeugt, dass wir alle heilende Glieder in der Kette der Evolution sind. Wir sind dazu auf der Welt, um die Geschichte unserer Eltern zu heilen. Und unsere Kinder sind dazu da, um unsere Geschichte zu heilen. Das ist seelische Evolution. Von Jahr zu Jahr erkenne ich in meiner eigenen Familie immer klarer, wie wunderbar dies alles funktioniert. Mein Mann und ich haben jeder eine Menge feste und dazu noch ziemlich unterschiedliche Lebensanschauungen, Gewohnheiten und Muster aus unseren Familien mitbekommen. Vieles davon hat jeder von uns beiden schon früh eher gezwungenermaßen über den Haufen geworfen. Mein Mann passte in vielerlei Hinsicht mit seiner Persönlichkeit nicht ins Familiensystem und ich auch nicht. Wir waren anders, und überall dort, wo wir mutig für unser Anderssein einstanden, gegen jeden familiären Anspruch auf unser Herz vertrauten und erfolgreich unseren Weg gingen, wurde etwas in unseren Familien geheilt.

Kinder müssen immer nur dort revoltieren, wo es in einer Familie einen Engpass, eine schmerzende dunkle Stelle gibt. Ich vermute, dass meine von zahlreichen Ängsten geplagte Mutter unzählige Male einen Herzstillstand erlitten haben muss bei all den abenteuerlichen Manövern, die ich während meiner Jugend unternommen habe. Ich weiß, dass sie mich unzählige Male mit allen Kräften, Drohungen und Maßregelungen zurückhalten wollte, aber heute sehe ich, dass sie Ruhe finden kann, gerade weil ich über viele ihrer Ängste und Begrenzungen hinweggegangen bin. Sie sieht, wie viele dieser

Ängste unbegründet waren. Sie merkt, dass Dinge möglich sind, die sie für unmöglich hielt. Bei aller Angst, die sie hatte – heute ist sie stolz auf ihre Tochter und selbst von alten Zwängen allein deshalb ein Stück weit befreit, weil ich über sie hinausgewachsen bin, ohne Schaden zu nehmen.

Aber es gibt auch eine Reihe von Familienzwängen, -ängsten und -schmerzen, die so elementar und tief greifend subtil sind, dass sie uns nicht einmal bewusst sind. Wir glaubten als Kinder einfach, so sei das Leben. So gab es bei uns zu Hause zum Beispiel immer eine latente Angst vor der Armut: Sparen, Haushalten, Absichern gegen die Gefahren der Zukunft waren allgegenwärtige Lebensprinzipien, deren Wurzeln daher rührten, dass meine beiden Eltern in ihrer Kindheit Hunger und Armut erlebt hatten. Mein Mann wiederum hat während seiner Kindheit ein ganz anderes vorherrschendes Glaubenssystem kennen gelernt. Es lautete: Die Familie darf nie in Frage gestellt werden, sie muss immer und um jeden Preis zusammenhalten und dies auch nach außen dokumentieren. In den ersten Jahren unserer Ehe herrschte so etwas wie ein Glaubenskrieg. Für meinen Mann war es undenkbar, mit irgendjemandem über unsere Probleme zu sprechen. Wenn ich es tat, war dies schwerster Verrat an der heiligen Familie. Demgegenüber stand für mich außer Frage, dass uns sein leichtfüßig sorgloses, auf den Moment ausgerichtetes Leben in den Ruin stürzen würde.

Sie kennen mittlerweile meinen Ansatz: Jeder braucht das vom anderen am dringendsten, was für ihn so ablehnenswert und unvorstellbar ist. Ein zweites Mal möchte ich die Existenz dieses Buches als Beispiel anführen: Heute sorgt mein

Mann mit allen Kräften und aller Unterstützung dafür, dass ich seitenweise Geschichten über unser Eheleben und unsere Familie aufschreibe, um sie für alle Welt lesbar zu veröffentlichen. Und ich arbeite wegen dieses Buches viel weniger in meiner Praxis und vertraue darauf, dass wir in Zukunft schon nicht verhungern werden.

Ihre Heilung ist Ihr wahres Vermächtnis

Da dieses Kapitel von Kindern handelt, schreibe ich es im Hinblick auf unsere Tochter. Alles, was mein Mann und ich zusammen geheilt und verbunden haben, bildet jetzt schon ein sicheres Fundament für unsere Tochter. Es ist, als ob eine kleine Pflanze deshalb immer besser gedeihen kann, weil sich ständig das Klima verbessert. Als ob für sie häufiger die Sonne scheint, der Boden mit Nährstoffen angereichert wird und die Qualität des Wassers sich verbessert. Die kleine Pflanze wird kräftig und erlebt, dass die Welt ein Ort von Fülle und Wachstum ist. So ist es für ein Kind, wenn Vater und Mutter die Andersartigkeit des anderen immer mehr schätzen und integrieren. Es erfährt Vielfalt und Verbundenheit zur gleichen Zeit.

Unsere Tochter kam unter schwierigen Bedingungen auf die Welt. Ihre Geburt, ihr Weg in diese Welt, war mit Hindernissen blockiert. Vom ersten Tag an hatte sie heftige Dreimonatskoliken. Sie fand eigentlich nur zur Ruhe, wenn wir sie wippend auf der Schulter trugen – und zwar rund um die Uhr. Besonders wohlmeinende Freunde kamen manchmal zu Besuch, um uns eine Stunde beim Wippen abzulösen. Als kleines Kind konnte sie sich nie alleine beschäftigen, schlief nie alleine ein, forderte immer unsere Aufmerksamkeit bis zum Unerträglichen. Manchmal wollte ich nur noch flüchten. Ich weiß noch, als mein Mann und ich zum ersten Mal fünf Tage allein in Ferien fuhren und ich die Windeln zählte, die ich in dieser Zeit nicht wechseln musste.

Heute weiß ich, wie sehr unsere Tochter in ihrem Wesen damals die Anspannung in unserer Ehe widerspiegelte. Und heute sehe ich an unserem ausgeglichenen, lebensfrohen und selbstständigen Kind, dass mit den Eltern auch die Kinder heilen. Stehen Eltern im Machtkampf, findet im Inneren des Kindes ein Machtkampf statt. Herrschen Angst und Spannung in der Familie, herrschen Angst und Spannung im Kind. Ganz egal, wie subtil dies ausgedrückt wird – lehnen die Ehepartner etwas am anderen vehement ab, fühlt sich das Kind in einem Teil seines Seins vehement abgelehnt. Unsere Tochter trägt Züge und Fähigkeiten meines Mannes in sich, genauso wie sie Eigenschaften und Talente von mir hat. In dem Maße, in dem mein Mann und ich von Jahr zu Jahr enger zusammenwachsen und die Andersartigkeit des anderen immer mehr annehmen können, in dem Maße verbinden sich auch die unterschiedlichen Ausprägungen und Polaritäten in unserer Tochter. Sie wurde ruhiger, muss sich immer weniger entscheiden, es gibt immer weniger Entweder-oder in ihr. Und sie kann immer gezielter zwischen meinem Mann und mir hin und her surfen und die Quelle anzapfen, die sie gerade braucht. Ganz banal weiß sie: Mathehausaufgaben mit dem Vater, Schreiben mit der Mutter. Aber auch auf tieferen Ebenen weiß sie, dass sie auf eine Vielfalt an Quellen zurückgreifen kann: So erzählte sie kürzlich einer Freundin: »Mein Vater ist fürs Quatschmachen zuständig, und mit meiner Mutter kann ich mit den Engeln sprechen.« Und wenn es um die Hamburger mit Pommes geht, dann ist auch bei uns der Vater die erste Adresse. Wenn sie zum dritten Mal hintereinander irgendwo anders schlafen will, sorgt sie dafür, dass sie besser die Mutter alleine erwischt.

Diese Vielfalt der Möglichkeiten gibt der Persönlichkeitsentwicklung eines Kindes Spielraum und Weite. Aber den wahren Halt bekommt ein Kind meiner Meinung nach nicht durch die Vielfalt, sondern durch die Akzeptanz und Wertschätzung der Andersartigkeit. Deswegen – ich kann es gar nicht oft genug sagen: Ein Kind ist Liebe, und um seinem Sein gerecht zu werden, will es lieben. Auf tiefer unbewusster Ebene darf es allerdings nur das lieben, was auch seine Eltern lieben. Da darf seine eigene Liebe nicht weiter gehen als die der Eltern. Das ist der Preis, den alle Kinder zahlen, um in ihrem Familienverbund zu bleiben.

Unsere Tochter ist nach meinem Verständnis eine eigene Seele, die in unsere Familie hineingeboren wurde. Wir können sie nicht wirklich erziehen, wir können ihr nichts geben, außer dass wir mehr und mehr Dinge am anderen und auf der Welt lieben und akzeptieren lernen. Damit fühlt sie sich am ehesten wertgeschätzt, weil wir ihrem eigentlichen Wesen in der Tiefe ihrer Seele am nächsten kommen.

Aber ich bin mir sicher, dass auch unsere Tochter mit ihrem wunderbar witzigen und kraftvollen Wesen nicht umsonst auf diese Welt gekommen ist: Auch ihre Seele hat sich ein Abenteuer vorgenommen, auch sie wird im Laufe ihres Lebens noch eine Menge Dinge von ihrem Vater und ihrer Mutter heilen – weit über das hinaus, was wir bis heute vom anderen annehmen können, weit über das hinaus, was ich mir heute auch nur vorstellen kann …

Abtreibung – Zeit zur Trauer

Auch wenn das ein schöner Schluss für dieses Kapitel gewesen wäre – ein weniger schönes Thema darf ich einfach nicht auslassen, wenn es um Kinder geht: die Abtreibung. Bis hierhin habe ich beschrieben, dass es eine der gewaltigsten Revolutionen für eine Beziehung ist, wenn Kinder ins Leben kommen. Und ich habe beschrieben, wie viele Beziehungen eine solche Revolution nicht heil überstehen. Aber manchmal fürchten Mütter oder Väter auch die riesige Kraft und Herausforderung, die durch ein Kind in ihr Leben gebracht werden könnte, so sehr, dass sie dieses Kind nicht auf die Welt bringen wollen. Gründe gibt es unzählige, die gegen die Geburt eines Kindes sprechen: mangelnde Tragfähigkeit der Beziehung, eine mögliche Behinderung des Kindes, Angst vor der Verantwortung, die Lebensumstände oder die berufliche Situation … Ich habe viele unterschiedliche Begründungen gehört, aber ich habe in allen Fällen etwas gelernt, das mich doch verblüfft hat: Jedes auch noch so früh abgetriebene Kind ist ein Kind. Was ich damit sagen will ist: Eine Abtreibung ist nicht ein kurzer medizinischer Eingriff, bei dem eine Ansammlung von Zellen entfernt wird. Bei einer

Abtreibung stirbt ein Mensch. Und wenn ein Mensch stirbt, gehört es zum Wesen des Menschen, dass er sich von diesem Menschen verabschieden und ihn ausreichend betrauern darf.

Ich sage dies jenseits von jedem kirchlichen Dogma, jeder religiösen Moral. Ich sage es aus Erfahrung mit meinen Klienten. Für mich war Abtreibung immer eine hilfreiche Möglichkeit der modernen Medizin in Notsituationen. Nie hatte ich auch nur das leiseste Unbehagen, was einen solchen Eingriff in begründbaren Fällen anging. Dann verrutschte meine Spirale, und ich wurde von einem Mann schwanger, den ich nicht wirklich gut kannte. Eines Nachts lag ich alleine im Bett und hatte ein Gefühl von Verbundenheit, das ich so noch nie in meinem Leben erlebt hatte. Ich war aufgewacht und hatte das Gefühl, jemand wohnt in mir. Natürlich dachte ich: Was für ein Quatsch! Aber ich konnte nicht wieder einschlafen, weil dieses Gefühl so stark war. Auf einmal dachte ich: Ich bin schwanger! Und gleichzeitig kam mir wieder: Was für ein Quatsch! Du hast doch eine Spirale, und deine Tage sind noch nicht beunruhigend überfällig. Trotzdem ging ich nach der zweiten Nacht, in der ich von diesen seltsamen Gefühlen übermannt wurde, in die Apotheke. Ich war schwanger! Ich konsultierte die Frauenärztin: Ich war tatsächlich schwanger! Nun kam die Frage, die ich immer bei allen Freundinnen mit einem klaren Ja beantwortet hatte: Soll ich abtreiben? Alles in mir schrie förmlich: Nein! Nach einer halben Stunde innerem Hin und Her war mir von den Haarspitzen bis zu den Zehen klar: Ich würde dieses Kind zur Welt bringen, ganz egal, was kommen würde.

Dieses Erlebnis, diese Eindeutigkeit hielt ich aber nur für meinen persönlichen Ausnahmefall, meine individuelle, mir unerklärliche Gefühlsanwandlung. Ich zog daraus keine Rückschlüsse über das Für und Wider von Abtreibung an sich. Im Laufe der Jahre danach lernte ich dann in meiner Praxis, dass es neben der Geburt eines Kindes einen zweiten wichtigen Beweggrund für die Vergiftung und Spaltung einer Beziehung gibt: die Abtreibung. Die meisten Frauen waren selbst überrascht, wenn sie entdeckten, dass mit diesem Umstand im wahrsten Sinne des Wortes etwas zwischen ihnen und ihrem Partner erstorben war. Ein Paar machte mir schließlich besonders deutlich, worum es ging: Der Mann hatte die Frau dazu gedrängt, das Kind abzutreiben. Im Verlauf unserer Arbeit sprach er immer von »der Abtreibung«, sie sprach immer von »unserer Klara« und weinte in tiefer Trauer, obwohl alles schon sechs Jahre zurücklag und die beiden längst ein zweites Kind hatten. Im Verlauf der Arbeit mit diesem Paar habe ich deutlicher denn je begriffen, dass sich im Moment der Zeugung eine Seele zu uns gesellt. In diesem Fall war es »Klara«. Die beiden hatten nach dem Eingriff nie weiter darüber geredet, allerdings war ihre Sexualität danach systematisch eingeschlafen. Der heilende Prozess, der sich dann während unserer Sitzungen entfaltete, war sehr schmerzlich, aber von verblüffender Klarheit: Es brauchte lediglich Raum für Trauer und die Würdigung dieser Seele. Zwischen beiden stellten sich auf einmal wieder Frieden und Nähe ein, als die Mutter ihrer nie gelebten Trauer Ausdruck verleihen durfte und der Vater endlich in der Lage war, von »unserem Kind« zu reden. Eines Tages sagte er schließlich weinend: »Meine Klara.« Damit versiegten die Tränen seiner Frau, und in der Familie war wieder Ordnung hergestellt.

In ausnahmslos allen Fällen von Abtreibung habe ich erfahren, dass es darum ging, die Seele zu würdigen, zu verabschieden und ausreichend zu betrauern, die gekommen und wieder gegangen war. Für moderne Menschen in Zeiten von Hightech-Medizin ein nicht immer ganz leicht nachvollziehbarer Prozess. In allen Fällen, die ich erlebt habe, in denen Abtreibung im Glauben vollzogen wurde, eine Anhäufung toter Zellen zu entfernen, gab es ein Ersterben in der Frau oder der Beziehung – bis zu dem Punkt, an dem die Seele nachträglich verabschiedet und betrauert wurde. Nicht selten haben mir Frauen unter Scham erzählt, dass sie seit der Abtreibung das Gefühl hätten, das Kind lebe irgendwie weiter. Waren sie immer noch mit dem gleichen Partner zusammen, hatten sie häufig das Gefühl, das Kind stünde zwischen ihnen.

Um es zum Abschluss aber noch einmal deutlich zu machen: Ich bin keine Abtreibungsgegnerin aus irgendwelchen moralischen, ethischen oder dogmatischen Beweggründen. Ich glaube, dass es Situationen im Leben von Müttern und Vätern gibt, die eine Abtreibung mehr als rechtfertigen. Ich habe nur erfahren, dass wir diesen Schritt dann allerdings in vollem Bewusstsein tun müssen: Wir müssen uns vom Leben eines Menschen verabschieden und diesen Menschen würdigen.

Dieses Kapitel heißt »Kinder der Liebe«. Von Natur aus finden Kinder den Weg in diese Welt, weil sich zwei Menschen in einem Moment miteinander körperlich verbinden.

In den meisten Fällen gehen sie aus der ekstatischen Verbindung zweier von Herzen verbundener Menschen hervor. Es gibt unzählige Versuche, diesen großartigen, einzigartigen Prozess des werdenden Lebens zu beschreiben. Khalil Gibrans Worte bewegen mich am tiefsten:

Eure Kinder sind nicht eure Kinder. Sie sind die Söhne und Töchter der Sehnsucht des Lebens nach sich selbst.
Sie kommen durch euch, aber nicht von euch.
Und wenngleich sie bei euch sind, gehören sie euch doch nicht.
Ihr dürft ihnen eure Liebe geben, doch nicht eure Gedanken, denn sie haben ihre eigenen.
Ihr dürft ihrem Körper eine Wohnstatt geben, doch nicht ihren Seelen, denn diese wohnen im Haus von morgen, das ihr nicht aufsuchen könnt, nicht einmal in euren Träumen.
Ihr könnt euch bemühen, wie sie zu sein, aber trachtet nicht danach, sie euch gleich zu machen.
*Denn das Leben geht weder zurück noch verharrt es im Gestern.**

* Khalil Gibran: »Der Prophet«, in K. G.: *Die Prophetenbücher*, München: Goldmann 2002, S. 32

7. Kapitel

Die Liebe – Arbeit, Ausdauer, Disziplin und Ernte

Eine lebendige, erfüllende Beziehung fordert alles von uns. Je intimer, tiefer und kraftvoller sie ist, desto weniger lässt sie Raum für Selbstbetrug. Sie fordert uns heraus zu erkennen, dass wir fast alles, was wir einst im Alleinsein von uns glauben, nicht sind. Sie fordert uns ständig aufs Neue heraus, uns zu entblättern, uns nackt in unserem tiefsten Kern zu zeigen – und dort sind wir Liebe. Diese tiefste aller spirituellen Wahrheiten können wir aber nur erleben, wenn wir in Beziehung zu anderen Menschen treten, wenn wir uns wirklich einlassen. Sonst können wir lesen über unser göttliches Wesen, können wir darüber meditieren und diese Tatsache studieren, aber es wird uns alles nichts nützen. Mittlerweile kenne ich eine Menge Leute mit wahrhaft erleuchtendem theoretischem Wissen und einer umfänglichen spirituellen Bibliothek. Und doch wirken viele von ihnen auf mich wie verheißungsvolle, aber ungeküsste Jungfrauen.

Tatsächlich hängt das Maß an Lebendigkeit und Erfüllung in unserem Leben einzig davon ab, wie sehr wir unsere tatsächliche innere Wahrheit erleben. Wie sehr wir uns selbst als liebende Wesen erfahren können. Wie sehr wir uns trauen, überwinden und herausfordern, diese Wahrheit mit Geduld, Ausdauer, Mut und Disziplin ins Leben zu bringen. Wie sehr wir uns trauen, unserem Herzen zu folgen und uns verletzbar zu machen. Vor allem aber, wie sehr wir anderen – vor allem unseren Partnern – vergeben und unser Urteil über ihr Anderssein überwinden können. Wenn wir uns in unserem Leben oder in unserer Partnerschaft einsam, kalt und leer fühlen, dann gibt es einen ganz einfachen Weg zurück in die Wärme: Wir müssen uns ein Ziel für unsere Liebe suchen – was, ist dabei nicht wichtig – und unsere Liebe, Dankbarkeit, Vergebung oder Zuneigung bewusst dorthin fließen lassen.

Versuchen Sie es einmal: Denken Sie an jemanden, der Ihnen gerade in den Sinn kommt, und öffnen Sie Ihr Herz. Vielleicht wollen Sie ihm danken, sich an eine besonders schöne Zeit mit diesem Menschen erinnern. Vielleicht sind Sie aber auch mutig und entscheiden sich bewusst für die Vergebung einer alten Geschichte, die Sie beide im Groll verbindet. Vielleicht sind Sie ja tollkühn und entfesseln jetzt Ihr ganzes Mitgefühl für Ihren Partner, obwohl Sie gerade mitten in einem festgefahrenen Streit mit ihm stecken. Schließen Sie einfach die Augen und nehmen Sie ein paar tiefe Atemzüge. Nehmen Sie wahr, wie der Atem durch Brust und Bauch bis hinein in das Becken fließt. Folgen Sie Ihrem Atem einfach mit Ihrer Aufmerksamkeit und entspannen Sie sich mit einem Seufzer oder einem Gähnen in Ihren Körper hinein. Suchen Sie nach einem verbindenden Gedanken und konzentrieren Sie sich auf die Mitte Ihrer Brust. Spüren Sie, wie sich dort etwas öffnet. Während Sie sich so Ihrem eigenen Wohlgefühl hingeben, wird es sofort wärmer – und zwar in Ihnen. In Ihnen beginnt etwas zu fließen, in Ihnen wird es weicher. Sie fühlen die Liebe in Ihnen, Sie fühlen Ihren göttlichen Kern.

Superstars aus der Tüte

Hören Sie auf, zu warten und zu sehnen, dass endlich jemand Perfektes vorbeikommt, der Ihrer Liebe wert ist. Hören Sie auf, zu wüten und auf Rache zu sinnen, wenn andere unvollkommen sind oder sich unvollkommen verhalten. Warten Sie nicht länger, bis alles endlich ideal ist, damit Sie Ja sagen, zusammenziehen, heiraten, ein Kind bekommen können. Entscheiden Sie sich stattdessen einfach, so oft Sie nur können und noch viel öfter, nach dem liebenswerten Kern in den Menschen, die Ihnen begegnen, zu suchen und Ihre Liebe dorthin zu geben. Diese Liebe ist ein Geschenk des Himmels – und doch ist sie eine bewusste Entscheidung. Jeden Tag, jede Stunde, jede Minute können Sie sich bewusst entscheiden zu lieben – oder es zu lassen. Wenn Sie sich allerdings entscheiden, die Liebe in Ihrem Leben zu entfalten, sind Ausdauer und Disziplin gefordert.

Das wollen die meisten nicht wahrhaben. Wir alle sind es mittlerweile gewöhnt zu konsumieren. Wir suchen nach einem Drive-in und einer Mikrowelle für unsere Bedürfnisse. Wir sehen Superstars, die scheinbar über Nacht geboren werden. Um zu Siegern zu werden, scheinen sie nur wie Tütensuppen mit heißem Wasser begossen werden zu müssen. Fertig! Wahr ist: Alle großen Sportler, Künstler und Wissenschaftler haben außerordentliche Talente, genauso wie jeder von uns eine unbegrenzte, außerordentliche Liebe in sich trägt. Aber all die Menschen, die wahrhaft Großes geleistet haben, haben sich ihrer Passion verpflichtet, haben zu ihrer Vision gestanden, haben weit über ihre Grenzen hinaus trainiert und probiert, haben unzählige Niederlagen und Rückschläge eingesteckt und fast immer vieles entbehrt, um ihre Ziele zu erreichen.

Die Wahrheit ist: Ohne Ausdauer und Disziplin können wir in unserem Leben nichts Entscheidendes ausrichten. Mit ein bisschen Disziplin können wir Anstöße geben. Mit völliger Ausdauer und Disziplin können wir unser ganzes Leben verwandeln. Völlige Ausdauer und Disziplin bedeuten, in jedem Moment bewusst zu lieben. Das ist die Meisterschaft, die es tatsächlich zu erreichen gilt. Jeden Moment bewusst zu lieben, hört sich schwierig an. Aber die Wahrheit ist – das Leben ist nicht dazu da, leicht zu sein. Das Leben will von uns gelebt werden. Von der Seelenebene betrachtet, kommen wir hierher, um zu heilen, zu lernen und einen Beitrag für die Welt zu leisten. Unserer Seele ist es ziemlich egal, ob wir dabei immer Spaß haben. All ihr Streben ist ausgerichtet auf unsere Heilung, persönliche Entwicklung und die Transformation unserer alten Wunden.

Mache deine Hausaufgaben, sonst machen sie dich

Von Chuck Spezzano habe ich auch den wunderbaren Lebensgrundsatz: »Mache deine Hausaufgaben, sonst machen deine Hausaufgaben dich.« Was er damit meint? Wenn wir wachsam, ausdauernd und diszipliniert sind, immer wieder willens, uns weiterzuentwickeln; wenn wir unseren Geist und unser Herz für anderes und andere öffnen; wenn wir bereit sind, Führung anzunehmen und für alles, was uns geschieht, die Konsequenzen zu tragen; wenn wir bereit sind, zu unserer Wahrheit zu stehen, dann machen wir unsere Hausaufgaben. Wenn nicht, dann sorgen Schicksalsschläge, Engpässe, die scheinbar falschen Partner, Krankheiten und das Leben vermeintlich gegen unseren Willen für Entwicklung.

Unser Leben ist eine ewige Aneinanderreihung von Wachstumschancen, die wir Probleme nennen. Auch das wollen die meisten nicht wahrhaben. Aus Angst vor dem Schmerz, den sie verursachen, versuchen wir fast alle, ihnen auszuweichen, sie zu ignorieren, zu verdrängen. Aber gerade wenn wir versuchen, ihnen auszuweichen, sind wir immer wieder aufs Neue dazu aufgefordert, uns diesen Problemen zu stellen, sie zu lösen – aus diesem Prozess gewinnt das Leben seinen wahren Sinn, dies ist die eigentliche Evolution. Nur durch Widerstände wachsen wir, weil sie all unsere Kraft, unser Potenzial und unseren Glauben herausfordern. Und weil sie Schmerz verursachen – so lange, bis wir bereit sind, mitten in diese Widerstände – unsere so genannten Probleme – hineinzugehen, sie anzuschauen und ihnen mit all unserer Neugierde, Hingabe, unserem Verständnis und unserer Liebe zu begegnen. Erst dann hört der Schmerz auf, gewinnt das Leben an Leichtigkeit – bis zum nächsten Schmerz, zum nächsten Zyklus von Arbeit, Ausdauer, Disziplin – bis zur nächsten Ernte.

Warten Sie nicht auf »Jetzt haben wir es geschafft!«. Das ist der falsche Ansatz für eine Beziehung, genau wie: »Erst muss ich den Richtigen finden ...« Eine langfristige Partnerschaft ist, als ob Sie einen Stein behauen. Erst werden mit Hammer und Meißel grobe Brocken weggeschlagen. Später werden die Werkzeuge immer feiner und die Spuren immer filigraner. Jeden Tag gibt es etwas, das Ihr Partner anders macht, als Sie es machen würden. Damit gibt es jeden Tag etwas, das Sie von Ihrem Partner lernen können. Jeden Tag etwas, das Sie lieben lernen können. Wenn Sie zuerst mit dieser Übung beginnen, müssen Sie unter Umständen ziemlich grobe Brocken wegschlagen. Vielleicht geht Ihr Partner fremd oder rücksichtslos mit Ihnen um. Bei solchen Brocken ist es nicht leicht, sie wegzumeißeln und Wohlgeformtheit darunter hervorzuarbeiten. Aber ich weiß, dass es geht. Wieder und wieder ist Ihr Wille gefordert, die Beziehung zu heilen, sich ganz Ihrem Partner zu verpflichten, die eigene, die ganze Wahrheit anzusprechen, die Lieblosigkeit in Ihnen selbst anzuschauen und Ihren eigenen Mangel an Bindung anzuerkennen.

Die Krise ist die Geburtswehe der Liebe

Am Ende bleibt die Frage: Lohnt sich der ganze Aufwand? Meine Antwort kennen Sie: »Ja, Ja, Ja, Ja, Ja …!!!!« Die Krise ist die Wurzel der Lebendigkeit. Die Krise ist die Geburtswehe der Liebe. In der Krise wartet die Chance. Eine überstandene Krise hinterlässt immer Spuren: Selbstvertrauen, Mut, Nähe, Lebendigkeit. Nach einer überstandenen Krise kennen wir uns besser. Wir müssen nicht mehr zweifeln. Wir wissen, dass wir es schaffen können. Wenn wir durch all die Wellen, Herausforderungen und Stürme einer Ehe schippern, wird unsere Beziehung immer intensiver, wir wachsen beide.

Menschen, die eine solche Reise durch die Ehe hinter sich haben, erkennt man daran, dass es heiterer und stiller um sie wird. Sie wissen, dass das Leben voller Wachstumschancen ist, und gehen geduldig auf sie zu. Vor allem aber schmunzeln sie darüber, dass sie diese Chancen früher für Probleme hielten und vor ihnen wegrennen wollten.

Die große Herausforderung, um die es in Beziehungen geht, ist die Frage: Wie können wir Freiheit und Liebe, Tiefe und Heiterkeit gleichzeitig erfahren? Wie können wir akzeptieren und würdigen, dass der andere anders ist, und dabei trotzdem unsere emotionale Verbindung aufrechterhalten, ja sogar vertiefen? Kürzlich redete ich mit einem Paar, das voll solcher Fragen und auf der Suche nach dem nächsten Schritt für seine Beziehung war. Beide kamen im Laufe des Gesprächs überrascht darauf, dass sie tief in sich den Glauben trugen, man dürfe sich nie ganz auf einen anderen Menschen einlassen, sich nie ganz der Liebe zu ihm hingeben, weil dieser ja sterben könne. Ich war so überrascht von dieser Idee, dass mir spontan der Gedanke in den Kopf schoss: Wie erfüllend müsste es sein, eines Tages, wenn mein Mann einmal stirbt, um so viel Liebe trauern zu können.

Wir alle haben mehr Angst vor der Liebe als vor irgendetwas sonst. Wir sterben lieber lebendig, bevor wir uns trauen, das Risiko einzugehen, wahrhaft zu leben und zu lieben. Ich glaube, damit sind wir dieser Tage an einem Scheideweg angekommen. Die alten Systeme funktionieren nicht mehr. Unser ganzes Leben war ausgerichtet auf höher, schneller, weiter, größer. Die Basis dieses Systems war die Angst. Die Angst, nicht genug zu sein. Die Angst, nicht genug zu haben. Die

Betrachtung unserer Beziehungen ging nur durch einen mehr oder minder unsichtbaren Filter von Konkurrenz. Bekomme ich genug Aufmerksamkeit und Zuwendung? Bekommt der andere mehr als ich? Kann ich hier zu viel verlieren, wenn ich zu viel investiere? Der Antrieb für viele unserer Handlungen war ein tiefes Gefühl von Wertlosigkeit, Mangel und Angst vor Verlust, das uns stets suggeriert hat: So wie wir sind, sind wir nicht genug. Also mussten wir uns anstrengen, etwas erreichen, etwas schaffen, noch mehr erreichen, noch mehr schaffen und uns noch mehr anstrengen.

Wir haben alles Mögliche erreicht. Täglich können wir immer schneller immer mehr erreichen. Aber wir fühlen uns nicht erfüllt. Ganz im Gegenteil, das Leben fühlt sich für mehr und mehr Menschen an, als ob sie mit den Füßen im Moor stecken und mit jedem Versuch der Bewegung tiefer versinken. Die Verwechslung von Sieg mit Erfolg ist die zentrale Dynamik, die unser westliches System in die Sackgasse geführt hat, in der es jetzt steckt: Wir haben von Kind an gelernt, Siege zu sammeln – nur jetzt stehen wir mit unseren Siegessammlungen allerorts ziemlich im Stau. Es gibt immer weniger Menschen, die uns applaudieren können, denn jeder unserer Siege produziert Verlierer. Sobald wir siegen, entsteht automatisch zur gleichen Zeit Verlust. In Zeiten, da wir alle die Welt immer mehr als ein zusammenhängendes System erkennen, treibt uns dieses Gewinner-Verlierer-Spiel systematisch in die Enge. Gesellschaftssysteme, Unternehmen, Familien, Beziehungen, Individuen erstarren oder kollabieren darin.

Ich betrachte deshalb die weltweite Krise dieser Zeit als unsere größte Chance zur Evolution. Wir alle müssen erkennen, dass wir in Beziehung stehen – und zwar zu allen und allem. Es gibt keine losgelösten Siege. Es gibt nur Siege, die andere zu Verlierern machen. Deswegen ist es geradezu lebenswichtig, dass wir alle lernen, Erfolg zu haben. Erfolg zu haben bedeutet, das Beste zu leben, was ich bin. Erfolg zu haben bedeutet, dass das wahrhaft Beste für mich auch gut für die anderen ist. Erfolg zu haben bedeutet, dass wir alle zusammenarbeiten. Dass wir alle eine neue Art von Beziehung lernen. Dass wir alle – Männer wie Frauen – wieder das gebende und nährende Prinzip der Mutter in uns entdecken. Dass wir unser Leben zu einem Erfolgskatalysator für alle machen, die mit uns in Berührung kommen. Wenn sich die Welt und das Leben anderer durch uns zum Besseren verändern, fühlen wir uns automatisch erfolgreich und erfüllt.

Wahrer Erfolg im Leben stellt sich ein, wenn wir unser Leben der persönlichen Heilung und Entwicklung widmen, so wie ich es in diesem Buch beschrieben habe. Dazu müssen wir uns weder in ein stilles Kloster zurückziehen, noch müssen wir uns gesundtherapieren lassen. Wir müssen uns ganz einfach dort, wo wir gerade sind, umschauen – in unseren Familien, an unseren Arbeitsplätzen, bei unseren Freunden. Wenn unser Leben sich bedrohlich, unsicher, leblos, gelähmt oder einsam anfühlt, sollten wir aufhören, Schuldige zu suchen – vielmehr sollten unsere zentralen Fragen lauten: Was habe ich zu geben, was ich noch nicht gegeben habe? Wo gebe ich nur aus falsch verstandenem Pflichtgefühl? Wo gebe ich aus Höflichkeit und Angst vor Ablehnung? Wo gebe ich, um Anerkennung zu bekommen? All dieses Geben wird uns innerlich aushöhlen. Es wird uns immer mehr das Gefühl vermitteln, dass wir nirgendwo genug bekommen. Wahrhaft geben können wir nur, wenn wir bereit sind, das Beste für uns selbst zu empfangen. Um wahrhaft geben zu können, müssen wir uns zuerst selbst wertschätzen.

Ich habe festgestellt, dass die meisten Menschen Angst davor haben, ihre eigene Größe zu leben. Wir schrumpfen uns zusammen auf den kleinsten gemeinsamen Nenner unserer selbst, nur um nicht aus der Norm zu fallen, um dazugehören zu können. So sorgen wir dafür, dass niemand uns kritisieren kann, dass wir niemandem wehtun, dass wir ja nicht anders sind als die anderen, deren Zustimmung und Zuwendung wir haben wollen. Oder wir werden selbstgerecht und behaupten, wir wären bekennende Revolutionäre: Wir führen resolute Streitgespräche über die Tagespolitik, den Irak-Krieg, das Für und Wider von Amalgam, staatlichen Renten oder Rindfleisch. Wir werden erfolgreich und entscheiden über die Schließung von Tochtergesellschaften in fernen Ländern. Wir können den Kleingeist unserer Bekannten einfach nicht mehr ertragen und laden sie zum nächsten Abendessen nicht mehr ein, grüßen sie dafür überfreundlich im Vorbeigehen. Vermeintlich mutige Streitbarkeit da draußen bringt uns auch nicht, wonach wir innerlich suchen.

Ja, ich will!

Echter Erfolg strömt in Ihr Leben, wenn Sie sich zeigen, wenn Sie sich zu dem bekennen, wonach es Sie verlangt, wenn Sie Ihre wahre Lebensaufgabe leben. In Ihnen drängt es schon lange, einmal etwas zu sagen, schon lange träumen Sie von einer anderen Arbeit, einem leidenschaftlichen Projekt? Trotzdem klammern Sie sich an die Sicherheit, halten fest an allen alten Gewohnheiten? Sie trauen sich nicht, längst sinnentleerte Pflichten und freudlose Routinen endlich loszulassen? Sie verstecken sich hinter Zweifeln, Mittelmäßigkeit, Tradition und Bequemlichkeit? Sie sagen: »Ich müsste ja … ich sollte vielleicht … wenn ich doch nur … demnächst …« Dabei ändert sich alles, wenn Sie nur bereit sind, sich ehrlich anzuschauen. Wenn Sie bereit sind, die eigene Wahrheit zu zeigen und auszusprechen. Wenn Sie lernen, die eigenen Schmerzen nicht länger zu verdrängen, sondern anzunehmen. Wenn Sie beginnen, sich selbst und anderen scheinbare Fehler zu verzeihen. Wenn Sie bereit sind, Urteile und Bewertungen aufzugeben. Wenn Sie bereit sind, aus der sicheren, aber toten Routine auszuscheren. Wenn Sie bereit sind, wieder ein Risiko einzugehen. Wenn Sie bereit sind, auf Ihre innere Stimme und auf Führung zu vertrauen. Wenn Sie bereit sind, für jemanden oder etwas einzustehen – dann entdecken Sie endlich Ihre Talente, Ihre ungenutzten Kräfte, Ihre Kreativität, Ihren Lebenssinn. All die Gaben und die Seelenaufgabe, die Sie mit in dieses Leben gebracht haben, entfalten sich auf einmal. Es ist, als ob all die einstigen Widerstände, die Blockaden, der Schmerz, die Ausweglosigkeit und die Behinderungen in Ihrem Leben sich zu einem größeren Ganzen zusammenfügen und einen Sinn ergeben. Auf einmal macht Ihr Leben einen Unterschied auf dieser Welt.

Wir alle müssen Sinn und Aufgaben finden, um unser Leben erfüllt und glücklich zu gestalten. Dann können wir anderen helfen, das Gleiche zu tun. Gemeinsam können wir diese Welt erlösen. Wenn Sie einen Schritt nach vorne machen, wenn Sie Ihr Leben heilen, können auch alle, die mit Ihnen verbunden sind, einen Schritt nach vorne gehen. Je mehr Sie mit Ihrer persönlichen Entwicklung fortschreiten, desto besser geht es den anderen um Sie herum. Wenn Sie glücklicher, erfolgreicher, lebendiger sind, hilft das den anderen. Dann spürt jeder, der mit Ihnen in Berührung kommt, bewusst oder unbewusst diese Kraft, die von Ihnen ausgeht.

Intime Beziehungen sind dabei die Turbolader für unsere persönliche Entwicklung. Nirgendwo können wir uns selbst präziser und schneller erkennen. Alles, was zwischen uns und unserem Ideal von uns steht, wird sich in einer Beziehung zu einem anderen Menschen zeigen. Je näher wir uns kommen, desto tiefer die Möglichkeit zur Selbsterkenntnis. Desto eindrücklicher die Einblicke in all das, was wir sonst vor uns selber versteckt gehalten und nie angeschaut hätten. So unangenehm es sich auch manchmal anfühlt – intime Beziehungen sind der Königsweg, um unser Leben zu transformieren. Jede – vielleicht schmerzliche – Lektion fordert uns heraus, nach vorne zu gehen. Wenn wir sie lernen und durchschreiten, führt uns das unmittelbar zu mehr Nähe und Selbstvertrauen.

Einen der größten Schritte nach vorne können Sie machen, wenn Sie sich selbst einem anderen Menschen wahrhaft verpflichten. Wenn Sie sich sagen: Mit dir teile ich meinen Weg – auch in schlechten Zeiten. Dir vertraue ich mich an – auch wenn es heikel wird. Du bist mein Spiegel: An deiner Heilung, an deinem Glück, an deiner Erfüllung erkenne ich meine eigene Heilung und meine Kraft, andere zu heilen. Aber den allergrößten Schritt nach vorne, das größte Geschenk an diese Welt überhaupt, können Sie machen, wenn Sie sich selbst lieben.

Kürzlich erzählte mir ein ehekrisengeschüttelter Freund, er habe eine sehr bemerkenswerte Frau kennen gelernt. In einer kleinen Runde habe sich ein sehr offenes Gespräch über das Fremdgehen entwickelt. Es habe viele Geständnisse gegeben und eine resignative, traurige Übereinkunft, dass es heute fast zu jeder langfristigen Beziehung gehöre. Schließlich habe die bemerkenswerte Frau dem Gespräch eine abrupte Wendung gegeben: »Fremdgehen ist für mich kein Thema, über das ich etwas sagen kann. Ich bin mittlerweile dreizehn Jahre verheiratet, da habe ich andere Prioritäten.« Die kleine, wahrheitssuchende Runde hielt zweifelnd, aber auch verwirrt inne. Ob die bemerkenswerte Frau sich und den anderen gar nur etwas vormachte? Ob sie sich der modernen Lebenswirklichkeit nur verschloss? Aber die bemerkenswerte Frau erläuterte, dass sie vor ihrer Ehe ein wildes Leben geführt, manchmal sogar mit drei Männern gleichzeitig eine Liaison gehabt habe. Dann habe sie ihren Mann kennen gelernt und sich eines Tages entschieden, mit ihm ihr Leben zu teilen. Irgendwann sei sie mit ihm vor den Traualtar getreten und habe gesagt: »Ja, ich will!« Bis heute betrachte sie diesen Satz als ihre Lebensaufgabe: »Ja! – Ich habe mich für dich entschieden. Ja, ich will! – Ich will lernen, dich zu lieben!« So laute ihre Selbstverpflichtung für ihre Ehe.

Nachwort

Einer reicht – aber zu zweit lesen ist besser

Nur die wenigsten von uns haben diesen Weg von Glauben, Liebe, Vergebung und Heilung je in ihrem Leben gelernt. Ich habe das vorliegende Buch geschrieben, um Wissen und Hoffnung zu vermitteln und anhand meines eigenen Lebens zu zeigen, dass auf diesem Weg wahre Wunder möglich sind. Aber ich weiß, dass das einmalige Lesen Ihnen selten mehr als einen Impuls geben kann. Um eine wirklich echte und erfüllendere Liebe in Ihrem Leben zu entdecken, brauchen Sie Geduld und Beharrlichkeit. Ich bitte Sie daher, meine Worte wieder und wieder zu lesen. Manchmal werden Sie erneut alles für hoffnungslos erachten. Manchmal werden Sie zurückfallen. Manchmal werden Sie hassen und wüten. Manchmal werden Sie absolut sicher sein, dass alles nur an Ihrem Partner liegt. Manchmal glauben Sie nur noch an die Trennung.

Deshalb genügt es nicht, ein solches Buch nur einmal zu lesen. Lesen Sie die für Sie wichtigen Teile, so oft Sie nur können. So werden Sie immer wieder daran erinnert, dass es eine Alternative gibt; dass es auch im anderen Liebe gibt; dass Weitermachen Sinn macht. Mit jedem erneuten Lesen, vor allem mit etwas zeitlichem Abstand, werden Sie neue Einsichten gewinnen. Wenn eine Einsicht Sie stark bewegt, dann sprechen Sie darüber. Sprechen Sie mit Ihrem Partner – vor allem über die Gefühle, die das Gelesene in Ihnen ausgelöst hat. Lesen Sie ihm etwas vor, das Ihnen wichtig ist. Bitten Sie ihn, dieses Buch (oder zumindest die Ihnen wichtigen Passagen) auch zu lesen.

Aber erlauben Sie sich keine Entschuldigung: Um eine Beziehung zu transformieren, reicht es zuerst einmal aus, dass einer sich konsequent dafür entscheidet, nach vorne zu gehen. Er wird so viel Kraft und neue Liebe entwickeln, dass dies auf einer tieferen Ebene auch den anderen erreicht und auch in ihm etwas verwandelt. Deshalb Vorsicht! Ich kenne einige Menschen, die sich auf diesem Weg verirrt haben. Menschen, die sich plötzlich zu erleuchtet für all die unerleuchteten anderen vorkamen. Hinter jeder Läuterung lauert vor allem für Frauen die Gefahr, dass sie ständig wachsende, scheinbar vorbildliche Ansprüche an ihre Ehemänner entwickeln: »Ich bin doch schon so weit, aber mein Mann geht einfach nicht mit. Er versteht nicht, worum es eigentlich geht. Er lästert immer noch, ist unbewusst, ständig bedürftig nach Anerkennung und voller Urteile. Wie soll ich mit so jemandem zusammenbleiben oder gar eine Partnerschaft transformieren …?«

Mit einem solchen Ansatz manövrieren wir uns durch die Hintertür in die Falle, der wir durch die Vordertür entkommen wollten. Immer, wenn wir in unserer persönlichen Entwicklung einen Schritt vorangegangen sind, bringt uns das keine Goldmedaille für eine neue Bestleistung, sondern fordert von uns sofort eine neue Ebene des Mitgefühls und der Vergebung für die anderen Menschen. Wir sind vielleicht jetzt mutiger mit unserer eigenen Wahrheit. Wir sind vielleicht durch einen schmerzlichen Prozess gegangen, der uns näher zu uns selbst gebracht hat. Vielleicht ist unser Partner, sind die Menschen in unserer Umgebung aber noch nicht so weit. Vielleicht versuchen sie alle, sich immer noch hinter ihren Rollen zu verstecken. Vielleicht verheimlichen und verurteilen sie alle noch immer. Das alles sollte uns aber nicht unseren Frieden nehmen und unsere Ruhe rauben. Sie alle brauchen von uns deshalb keine neue Anforderung oder Verurteilung, sondern unser neues Verständnis und unser neues Mitgefühl. Sie brauchen jemanden, mit dessen Hilfe sie sich selbst annehmen können.

Natürlich geht alles leichter, wenn beide sich diesem Weg verpflichten. Natürlich wäre es ideal, wenn Sie beide dieses Buch lesen. Wenn Ihr Partner sich dem jedoch zunächst einmal verschließt, darf das für Sie keine Ausrede sein, nicht weiterzumachen. Vergessen Sie nicht: Er ist für Sie nur ein Spiegel. Irgendetwas für die Heilung elementar Wichtiges ist auch in Ihnen so verbohrt und verschlossen, dass es Ihnen wahrscheinlich so wenig bewusst ist wie Ihrem Partner das, was Sie an ihm so überdeutlich erkennen. Vielleicht lesen Sie ja all dies eifrig, aber Ihnen fehlt die Kraft, konsequent danach zu handeln und Entscheidungen zu treffen? Vielleicht wollen Sie dieses Buch auf einer unbewussten Ebene gar nicht mit Ihrem Partner teilen, sondern ihn nur über seine Fehlerhaftigkeit belehren? Auf einer tieferen Ebene spürt Ihr Partner sofort, ob er wahrhaftig in eine neue Verbindung eingeladen wird oder nicht.

Das Wichtigste ist: Geben Sie nicht auf, egal, wie schwer

die Dinge auch werden oder wie oft Sie zu versagen scheinen. Wenn Sie all die Botschaften dieses Buches in sich hineinlassen, dann kann sich zu Anfang alles noch schlimmer anfühlen als vorher. Wenn die Liebe in uns sich ihren Weg zurück in die Freiheit bahnt, dann scheint es manchmal, als ob wir völlig die Kontrolle über unser Leben verlieren. In solchen Momenten nehmen Sie dieses Buch und lesen Sie nochmals darin, um Ihren Geist zu beruhigen. Die Liebe muss wieder in Ihnen arbeiten können. Damit sie dies tun kann, müssen wir vor allem unseren ständig urteilenden, argwöhnenden Geist zähmen. Wir müssen vieles verlernen, alte Gewohnheiten ablegen und Neues wieder und wieder üben, bis es wohl verdaut auf den Boden unseres Bewusstseins sinken kann, um dort langsam wie frisches Saatgut zu reifen, zu wachsen und zur richtigen Zeit zu erblühen.

All die Liebe, die in uns verschüttet ist, wieder zu entdecken und zu befreien, ist in dieser verwirrten, unwissenden Zeit nicht leicht. Aber wenn Sie wirklich Mut und Ehrlichkeit aufbringen und wenn Sie von ganzem Herzen einen anderen Weg voller Erfüllung und Liebe ersehnen, dann werden Sie vom Leben auf diesem Weg sicher geführt werden. Schauen Sie jedoch wachsam darauf, von wo tatsächlich Antworten auf Ihre innersten Fragen kommen. Vertrauen Sie auf das, was hilft und heilt, und nicht auf das, was von anderen als hilfreich und heilsam anerkannt wird. Wenn er uns begegnet, sieht Gott selten aus wie der weise Mann mit dem grauen Bart. Und wenn die Liebe uns begegnet, trägt sie selten Flügel.

In welcher Form und Gestalt uns auch immer die Hilfe auf

unserem Weg erscheint – wir müssen uns entscheiden, sie anzunehmen. Am Ende sind immer wir selbst gefordert, unseren Frieden zu machen mit der Welt, so wie sie ist. Am Ende geht es eben auch nicht darum, die passenden Partner zu finden – am Ende geht es darum, unser Leben für uns zurückzuerobern. Niemand anders kann das für uns tun. Aber wenn wir darum bitten, können uns alle Kräfte zwischen Himmel und Erde bei dieser größten unserer Aufgaben unterstützen.

Dank

Mein größter Dank gilt dem Buch *Ein Kurs in Wundern.* Vor vielen Jahren, als mein Leben mir besonders düster erschien, fiel mir diese große Schrift in die Hände. Ich blätterte darin und ahnte irgendwie, dass sie mein Leben revolutionieren könnte. Aber beim Lesen fand ich zu oft das Wort »Gott« – ein Wort, das mich damals eher verwirrte. Außerdem schienen die vielen hundert Seiten sehr kompliziert geschrieben zu sein. Überfordert legte ich das schwere Buch beiseite.

In den Jahren danach, ich hatte den Kurs fast vergessen, fielen mir wieder Bücher in die Hände: Bücher von Marianne Williamson und Deepak Chopra, von Chuck Spezzano und von Eckhart Tolle. Nachdem ich diese Bücher mit Begeisterung gelesen hatte, entdeckte ich meist irgendwo am Rande eine Anmerkung, dass die Autoren sich getragen fühlten von den Gedanken in *Ein Kurs in Wundern.*

Ich möchte all diesen Autoren danken, dass sie bereitwillige Übersetzer waren und mir und vielen anderen Menschen den Kurs mit ihrer Leichtigkeit und Leidenschaft verständlich gemacht und von Herzen nahe gebracht haben.

Die Leitlinien des Kurses sind heute Herzstück meines Denkens und Handelns. Jeden Tag fühle ich mich herausgefordert, an seiner Botschaft zu wachsen. Dafür bin ich dankbar und hoffe, dass auch ich mit diesen Zeilen erneut Übersetzerarbeit leisten kann für Menschen, denen sich der Kurs bisher noch nicht erschlossen hat.

Meinem Mann Wolfram danke ich, dass er immer wieder auf diesen Weg zurückgekehrt ist, nie aufgegeben hat und jetzt so sehr an dieses Buch glaubt. Ich möchte ihm danken für seine Leichtigkeit, seine Zuversicht und die wärmende Liebe, mit der er uns genährt hat. Meiner Tochter Annalena danke ich, dass sie mit so viel Kraft in mein zögerliches Leben getreten ist und dass sie uns jeden Tag zeigt, wie viel Schönheit, Witz und Lebendigkeit aus der Liebe zwischen ihrem Vater und mir entstehen konnten. Meinem Vater danke ich, dass er mir seine Suche und seinen Forschergeist hier auf der Erde hinterlassen hat. Meiner Mutter danke ich für ihre unermüdliche Kraft und die Kämpfernatur, die sie mir geschenkt hat.

All meinen Klienten danke ich für all das, was ich von ihnen gelernt habe. Hätten sie mir nicht ihr Leben anvertraut, hätte ich dieses Buch niemals schreiben können.

Simone Kämpfer danke ich für ihre akribische Genauigkeit und feinfühlige Sensibilität bei der Korrektur. Christian Pretzlaw und seinen Mitarbeiterinnen danke ich für ihre gestalterische Kreativität. Werner Vogel danke ich für seinen tiefen Glauben und dafür, dass er mich und mein Buch freigegeben hat. Meinem Verleger, Gerhard Riemann, danke ich, dass er mein Vertrauen in seine ersten überzeugenden Worte nicht enttäuscht hat. Rainer M. Schröder danke ich, dass er mir immer »zufällig« begegnet, wenn meine Bücher ihn brauchen. Schließlich danke ich Johannes Rau, der mein Schreiben schon lange vor diesem Buch gefördert hat. Durch ihn fühlte ich mich ermutigt, wieder zu beginnen und weiterzumachen.

Eva-Maria Zurhorst
www.liebedichselbst.de
e-mail: info@liebedichselbst.de

Literaturnachweis und Empfehlungen

Manche der folgenden Bücher waren mir wie Lehrer, einige haben mein Leben verändert. Alle sind tragende Stützen für die Gedanken, Texte und Zitate in diesem Buch. Aber so hoch mich all diese Literatur auch hinaufgeführt hat in die unerschöpflichen Möglichkeiten unseres Universums – ich suche doch immer nach der Mitte im Leben. Deshalb gilt auch den am Ende aufgeführten Gesellschaftsmagazinen mein Dank, dass sie wohl nie erschöpfender Quell für Menschelndes und Menschliches und allzu Irdisches sind.

Bücher, die mir besonders am Herzen liegen

Byron Katie: *Lieben was ist*, München: Goldmann ARKANA 2002

Liebe, Freude, Mitgefühl und das kompromisslose Leben ihrer inneren Wahrheit – Byron Katies Arbeit ist so schlicht, still und gleichermaßen kraftvoll, dass man sich nicht im geringsten vorstellen kann, in welcher Hölle diese Frau einstmals gelebt hat. Aber genau das ist es, was mir an der Arbeit von Byron Katie immer wieder Mut und Kraft gegeben hat, auf meinem eigenen Weg weiterzugehen: Diese Frau war Gefangene von Sucht, Abhängigkeit, Hass, Gier und Verzweiflung – bis sie erwacht ist in ihr wahres Wesen voller bedingungsloser Liebe. *Lieben was ist* zeigt: Es geht! Es gibt eine Alternative!

Gary Renard: *Die Illusion des Universums. Gespräche mit Meistern über Religion, Reinkarnation und das Wunder der Vergebung*, München: Goldmann ARKANA 2006

Der *Kurs im Wundern* ist für mich *die* Schrift der Vergebung. Kein anderer Ansatz hat mein gesamtes Denksystem mehr in Frage gestellt, mein vertrautes Weltbild mehr ins Wanken gebracht und mir gleichzeitig mehr Heilung verschafft als der Kurs. Aber durch kein anderes Buch musste ich mich beim Lesen mühseliger hindurchquälen. So habe ich ihn – ehrlich gesagt – oft angefangen und immer wieder in die Ecke gelegt. Derweil habe ich gehofft, dass irgendwann einmal ein Buch erscheint, das mich beim Lesen einer ebenso tief greifenden Transformation unterzieht wie der Ursprungstext – aber dabei komprimierter und leichter zu lesen ist.

Endlich gibt es dieses Buch! Gary Renards *Die Illusion des Universums* ist mit über 500 Seiten immer noch kein Lesespaziergang für ein gemütliches Wochenende. Aber das Buch, das er neun Jahre lang von zwei aufgestiegenen Meistern empfangen hat, durchweicht mit Humor und Leichtigkeit unser gesamtes Ego bis in die Tiefen. Es ist eins dieser seltenen Bücher, die einen schon beim bloßen Lesen verändern. Es macht erfahrbar, dass es nur eine wahre Heilkraft gibt: die Vergebung. Aber nicht Vergebung im herkömmlichen Sinne. Hier wird uns gezeigt, dass Trennung nur Illusion ist, dass es in Wahrheit nichts zu vergeben gibt. Dass es hinter unserem illusionären Denken und Urteilen nur eine Wahrheit gibt: die alles verbindende Liebe.

Chuck Spezzano: *Wenn es verletzt, ist es keine Liebe. Die Gesetzmäßigkeiten erfüllter Partnerschaft*, München: Goldmann ARKANA 2005
Als ich das erste Mal Chuck Spezzano auf einem seiner Seminare gehört habe, war das eine Revolution in meinem Leben. Etwas in meinem Herzen hat sich geöffnet, was bis dahin nie berührt worden war. Heute, Jahre danach, zitiere ich Chuck Spezzano viele Male in meinem eigenen Buch. Er hat mir gezeigt, dass es einen anderen Weg gibt, statt draußen im Leben nach einem Traumpartner zu suchen. Es ist der Weg zurück zu sich selbst. Es ist ein Weg der Heilung des Herzens. Jedes Mal, wenn wir etwas in uns selbst heilen, heilt damit auch etwas in unseren Beziehungen.
Wenn es verletzt, ist es keine Liebe zeigt in 366 kleinen Kapiteln die wichtigsten Gesetzmäßigkeiten für Beziehungen. Ich kann dieses Buch nicht nur empfehlen, weil es weise und doch lebensnah ist. Es ist ein herrliches Instrument im Alltag, weil Sie es einfach als Aufschlag-Orakel verwenden können, wann immer Sie in Ihrer Beziehung oder in Ihrem Herzen in eine Sackgasse geraten sind.

Eckhart Tolle: *Leben im Jetzt. Lehren, Übungen und Meditationen aus »The Power of Now«*, München: Goldmann ARKANA 2001

Als mir *Leben im Jetzt* in die Hände fiel, spürte ich nach wenigen Zeilen, dass mir hier ein Einblick in das gewährt wird, was wir Erwachen nennen. Es vergeht kaum ein Tag, an dem ich nicht ein paar Zeilen seiner einfachen und gleichermaßen revolutionären Botschaft lese. Jedes Mal ist es, als ob sich in mir etwas erinnert an mein eigentliches Sein. Habe ich mich eben noch in der Rastlosigkeit des Alltags verirrt, weiß ich beim Lesen sofort, worum es eigentlich in meinem und unser aller Leben geht. Diese fundamentalen Erkenntnisse und konkreten Anleitungen können einen durch unsere tiefsten unbewussten Muster mitten in die befreiende Kraft des Jetzt führen.

Eckhart Tolle: *Eine neue Erde. Bewusstseinssprung anstelle von Selbstzerstörung*, München: Goldmann ARKANA 2005

Auch das neue Buch von Eckhart Tolle kann ich einfach nur ohne Einschränkung empfehlen, weil es noch einen Schritt weiter geht als seine bisherigen Bücher. Es führt uns vom Mikrokosmos in den Makrokosmos, indem es deutlich macht, dass wir alle Teil vom Ganzen sind. Dass alles, was wir in uns verändern, die Welt verändert. Aber das eigentlich Faszinierende ist nicht das Thema, sondern die Wirkung des Buches. Ich habe wieder den »Jetzt-Effekt« erlebt. Man liest nicht einfach, man fühlt sich von den Worten bewegt. Im Inneren vollzieht sich während des Lesens ein geradezu spürbarer unmittelbarer Wandel.

Neale Donald Walsch: *Gespräche mit Gott. Ein ungewöhnlicher Dialog*, München: Goldmann ARKANA 1997
Bei Neale Donald Walsch muss ich mich bedanken. Er hat mir eine Menge Arbeit abgenommen. So oft musste ich erleben, dass meine Versuche, mit Menschen während meiner Arbeit über Gott zu reden, fehlschlugen. »Gott« – allein bei diesem Wort legte sich so manche Stirn in Falten. Dann entdeckte ich die *Gespräche mit Gott* von Walsch, las sie begeistert, erheitert und berührt – und gab sie weiter an so manchen suchenden Skeptiker. Kaum einer, der nicht eine Öffnung erfahren und Antworten auf die entscheidenden Fragen der Existenz bekommen hätte.

Literaturnachweis

Coelho, Paulo: *Elf Minuten*, Zürich: Diogenes 2003

Katie, Byron/Katz, Michael: *Ich brauche deine Liebe – stimmt das? Liebe finden, ohne danach zu suchen*, München: Goldmann 2005

Leider, Richard J., David A. Shapiro: *Lass endlich los und lebe*, Augsburg: Weltbild 2003

Long, Barry: *Sexuelle Liebe auf göttliche Weise*, Saarbrücken: Verlag Neue Erde/Lentz 2001

Pierrakos, Eva: *Bereit sein für die Liebe*, Essen: Synthesis 1997

Richardson, Diana: *Zeit für Liebe, Sex, Intimität & Ekstase in Beziehungen*, Köln: Osho Verlag 2002

Spezzano, Dr. Chuck, Lency Spezzano: *Es muss einen besseren Weg geben. Ein Handbuch zur Psychologie der Vision*, Petersberg: Via Nova 2003

Wapnick, Kenneth: *Wunder als Weg. Die 50 Grundsätze der Wunder in »Ein Kurs in Wundern«*, Gutach i. Br.: Greuthof 2001

Den beiden Magazinen *Gala* und *Bunte* möchte ich danken, dass sie mir Einblick in die Welt der Reichen und Schönen ermöglicht haben. Nur so konnte ich das Leben der in meinem Buch beispielhaft angeführten Prominenten verfolgen. Konnte ich in die Hochglanzwelt der modernen Märchen und Tragödien eintauchen, in der die menschlichen Sehnsüchte und Abgründe oft deutlicher erkennbar sind als in der freundlich angepassten Mittellage des Alltagslebens.